Leila Cobo

LA FÓRMULA "DESPACITO"

Nacida en Cali, Colombia, Leila Cobo es la vicepresidenta de industria latina de *Billboard* y lidera la Conferencia *Billboard* de la música latina. Es pianista concertista, y ha publicado dos novelas premiadas y tres libros sobre música latina, entre ellos una biografía de Jenni Rivera, *La increíble vida de una mariposa guerrera*, que alcanzó los primeros puestos de ventas en Estados Unidos.

Leilacobo.com / @leilacobo

2021

JUN

LA FÓRMULA "DESPACITO"

LOS HITS DE LA MÚSICA LATINA CONTADOS POR SUS ARTISTAS

LA FÓRMULA "DESPACITO"

LOS HITS DE LA MÚSICA LATINA CONTADOS POR SUS ARTISTAS

Leila Cobo

Traducción de Abel Berriz

VINTAGE ESPAÑOL

UNA DIVISIÓN DE PENGUIN RANDOM HOUSE LLC

NUEVA YORK

"El hombre que no siente ningún género de armonía es capaz de todo engaño y alevosía, fraude y rapiña; los instintos de su alma son tan oscuros como la noche, tan lóbregos como el Tártaro.
¡Ay de quien se fíe de él!".

—Shakespeare, *El mercader de Venecia*

CONTENIDO

LA FÓRMULA "DESPACITO"

LOS HITS DE LA MÚSICA LATINA CONTADOS POR SUS ARTISTAS

Prólogo

El gran momento de la música latina

El artículo de la revista *Billboard* se parece a muchos otros que hablan de artistas latinos que alcanzan renombre internacional. El artista en cuestión es descubierto y catapultado a la fama por el jefe de la compañía latina, pero alcanza tanto éxito que no le basta el mercado latinoamericano, de modo que ahora lo preparan para lanzarlo al mercado internacional.

Podría tratarse de Rosalía en 2019, o de Ricky Martin en 1999, pero en este caso es el músico cubano Dámaso Pérez Prado, cuya *big band* tocaba mambo y otros ritmos latinos, y el año es 1950.

El pianista y arreglista, que como decía *Billboard* "graba sus discos en México", hacía una década que era el mayor éxito de ventas de RCA Victor en Latinoamérica cuando la disquera decidió lanzarlo dentro de su catálogo *pop*. La música de Pérez Prado ya no sería comercializada solo para el mercado latino, sino para el mercado general anglófono.

Para entonces, ya había causado impacto con su "Qué rico el mambo", un tema que hoy se considera un clásico latino,

comercializado como "Mambo Jambo" para el mercado estadounidense. Sin embargo, fue en 1950, cuando la disquera lo
lanzó al mercado internacional, que la popularidad de Pérez
Prado despegó a la par de la globalización del mambo. En 1955,
su versión de "Cherry Pink and Apple Blossom White", tema
incluido en la banda sonora de la película *Underwater!*, de Jane
Russell, se mantuvo diez semanas en el número uno de las listas
de éxitos *pop* de *Billboard*, convirtiéndose en uno de los instrumentales más exitosos de la historia.

La historia de "Cherry Pink and Apple Blossom White" es la
de una fenomenal pieza musical construida con ritmos latinos,
un fascinante director de orquesta y pianista, y un momento
clave no solo para la música latina, sino para la música y la cultura en general. Los años cincuenta fueron más que Pérez Prado.
En esa década Nat King Cole cantó en español, el jazz afrocu-
bano se popularizó, y se vio el mayor triunfo de la cultura latina
en Estados Unidos: la telecomedia *I Love Lucy*, con la actuación
del cubano Desi Arnaz, director de orquesta en la vida real (y
esposo de Lucille Ball también en la vida real), que interpretaba
a un entrañable director de orquesta cubano casado con Lucy.

Hicieron falta más de siete décadas para que se cerrara el
círculo. En 2017, "Despacito", otro éxito construido con ritmos
latinos, alcanzó el lugar No. 1 en la lista de éxitos Hot 100 de
Billboard, lugar en el que se mantuvo durante 16 semanas, un
récord que empató con "One Sweet Day" de Mariah Carey y Boyz
II Men en aquel momento. Y, al igual que en el caso anterior,
"Despacito" realzó la avalancha de temas latinos que lo habían
precedido y que le sucedieron, éxitos que encontraron una visi-
bilidad a nivel global sin precedentes, gracias a la proliferación de
los servicios de *streaming* en un mundo cada vez más pequeño.

En 2020, la música latina es el género musical de mayor crecimiento en el mundo. Y, si bien en el pasado se le conocía más
que todo por las baladas románticas y las canciones populares,

el género ha florecido y se ha diversificado para incorporar una variedad abrumadora de subgéneros, voces, nacionalidades, ritmos, síncopas y estilos musicales conocidos y más de nicho. Se canta en español, en inglés o en ambos idiomas. Su presencia es inescapable.

Ha sido un largo trayecto desde los días de Pérez Prado. En esas siete décadas, la música latina continuó colándose en la cultura popular, aun cuando su popularidad más allá de Latinoamérica y España tuviera sus altibajos, algunas veces manteniéndose por debajo del radar de la corriente internacional, y otras, espectacularmente por encima.

Sin embargo, incluso durante los años de aparente silencio, cuando ni una sola conga o balada conmovedora llegó a oídos no latinos, la música latina —término que generalmente califica a la música cantada predominantemente en español, sin importar su origen— florecía. Apoyada por una diáspora cada vez mayor que rehusaba olvidar los ritmos y sonidos de su tierra, la música y su alcance se expandieron de forma inexorable. En esos años, el número de emisoras radiales dedicadas a la música en español aumentó, al igual que las ventas de discos y los conciertos. A finales de la década de 1980, cuando llegué a este país, el estadounidense promedio no sabía quién era Vicente Fernández, Luis Miguel o Juan Luis Guerra, pero estos artistas llenaban el Madison Square Garden.

Cuando empecé a trabajar como directora de la sección de música latina en *Billboard*, en el año 2000, el género vivía un nuevo renacimiento. La llamada "explosión latina" estaba encabezada por Ricky Martin, Shakira, Marc Anthony y Enrique Iglesias, entre muchos otros. El momento no podía ser más oportuno.

Nacida y criada en Colombia, me había mudado a Estados Unidos para estudiar piano clásico en la Manhattan School of Music. Tras graduarme, decidí seguir mi otra vocación, el periodismo, y obtuve una beca Fulbright para completar una maestría en la Annenberg School of Communications de la Universidad del Sur de California. Tenía que existir una manera, pensaba, de juntar la música y el periodismo, mi origen latino y mi formación musical. Todo esto cobró forma cuando me contrataron como crítico de música *pop* para el *Miami Herald*. Cuando se abrió una plaza en *Billboard*, en el año 2000, el momento era propicio para que la música latina alcanzara su merecido reconocimiento.

La semilla ya estaba plantada. A mediados de la década de 1990, Gloria Estefan y la Miami Sound Machine le habían abierto los ojos al mundo al ritmo de las congas con su música cantada en inglés pero con agresivos ritmos latinos como base, una excelente metáfora de la mezcla de culturas. Era, en palabras de Emilio Estefan, "arroz y frijoles con hamburguesa". Para entonces, el *crooner* sexy —símbolo latino por excelencia— se había colado en los hogares de Estados Unidos gracias a "To All the Girls I've Loved Before", el dueto que cantaron Julio Iglesias y Willie Nelson. Quién hubiera imaginado que la música latina y el *country* podían mezclarse.

Pero la explosión latina de finales de la década de 1990 fue como un tsunami que envolvió al planeta, con "Livin' la vida loca" de Ricky Martin y "Whenever, Wherever" de Shakira, como algunos de sus abanderados. Ambos se volvieron tan populares, que llegaron a aparecer en la portada de la revista *Time*. La explosión latina eventualmente menguó, como suele suceder con las tendencias de la música *pop*, pero la música latina persistió y floreció.

Hubo inesperados éxitos aislados, entre ellos "Macarena", un tema típicamente español, salido de Sevilla, España, cuyo ritmo irresistible llegó a ser el favorito de los eventos deportivos, y hasta la banda sonora de la Convención Demócrata.

Al mismo tiempo, géneros regionales como la bachata dominicana y el vallenato colombiano encontraron admiradores más allá de sus fronteras geográficas, gracias a la fusión embriagadora en las canciones de artistas como Juan Luis Guerra y Carlos Vives. La salsa, esa mezcla de ritmos cubanos, puertorriqueños y locales nacida en Nueva York, encontró un discurso social en las voces de Willie Colón y Rubén Blades. Gracias al influjo de los inmigrantes mexicanos, florecieron muchas variantes regionales de la música mexicana, desde la música de mariachis interpretada por Vicente Fernández hasta los corridos norteños de Los Tigres del Norte, con sus historias de héroes y antihéroes.

Por su parte, el reggaetón, un ritmo urbano latino particularmente distintivo, maduró en Puerto Rico y rápidamente migró al Norte y al Sur, con "Gasolina", de Daddy Yankee, convirtiéndose en un sorpresivo éxito global que dio a conocer el ritmo al mundo.

En el tiempo que llevo trabajando en *Billboard* he visto cómo la música latina, y el interés que esta despierta, han alcanzado niveles sin precedente. Ha crecido nuestra presencia en las listas de éxitos, ha crecido el tráfico a nuestro sitio web, han crecido nuestros premios. La Conferencia de Música Latina, celebrada anualmente, se convirtió en el destino por excelencia de artistas de todo el mundo, y la cobertura de nuestra música se ha multiplicado tanto en español como en inglés. Algunos artistas que solían ser "nuestros" ahora pertenecen al mundo entero. Shakira, Balvin, Ozuna y Enrique Iglesias resultan nombres familiares.

El auge inexorable de la música latina alcanzó el clímax en los Grammy de 2019, cuando por primera vez en la historia de estos premios el espectáculo arrancó con música latina, interpretada tanto en inglés como en español por un grupo de artistas que incluía a Camila Cabello, Ricky Martin y J Balvin. Esto marcó un enorme cambio de paradigma: finalmente se veía a la música latina como una fuerza de la cultura popular de los Estados Unidos, con una audiencia innata.

Pero para llegar a ese punto, primero existieron una serie de creadores de éxitos que pavimentaron el camino con sus canciones. Cada uno, a su manera, contribuyó a cambiar el lugar de la música latina en la cultura popular.

En *La fórmula "Despacito"* repasé 50 años de música latina a través de 19 canciones que definieron movimientos, momentos y la sociedad misma, musical y culturalmente hablando. Tras seleccionar los temas, me di a la tarea de encontrar a los artistas, los compositores, los productores, los representantes, e incluso a veces sus padres, esposas o esposos, gracias a los cuales esas canciones cobraron vida. Son sus voces las que escucharán en las páginas de este libro.

Para seleccionar los temas me basé en la experiencia adquirida durante los 20 años que he estado cubriendo la música y la industria musical latina. Algunas de las entrevistas que leerán se remontan literalmente a esas dos décadas, aunque muchas otras fueron expresamente hechas para este libro, durante incontables conversaciones con artistas que he seguido desde que sacaron su primer disco. Su crecimiento ha sido también el mío; y sus logros también los considero propios.

Unos pocos artistas no estuvieron disponibles, por razones de salud o de viaje, y un número aún menor ha fallecido. En ambos casos, investigué hasta dar con personas que conocían las historias detrás sus canciones, y entrevistas anteriores que resultaran relevantes. En total, entrevisté no solo a los artistas, sino a más de 50 músicos, ejecutivos, representantes, productores y otras personas a su alrededor.

¿Contiene este libro todas las canciones que marcaron la diferencia? No. Debo admitir que eran demasiadas para incluirlas a todas. Espero y planeo incluir otras en un próximo volumen, porque nuestro abundante y prolífico catálogo musical lo amerita. Sin embargo, este punto de partida, que abarca muchos años, nacionalidades y géneros musicales, ofrece una imagen inspiradora y amplia de los momentos que definieron nuestra música en los últimos 50 años.

Comenzando con "Feliz Navidad", de José Feliciano en 1970, y concluyendo con "Malamente", el éxito de 2018 de Rosalía, son canciones que marcaron hitos, no necesariamente en las listas de éxitos (aunque muchas sí lo hicieron), pero sí logrando cambiar la percepción de la música latina en general. Estas canciones rompieron las reglas y las reescribieron, transformaron la industria de la música, marcaron un antes y un después tangibles, y expandieron el alcance de la música y la cultura latinas más allá del momento específico de su éxito.

Al escribir *La fórmula "Despacito"* quise dar vida al fascinante proceso de creación musical, contando historias rara vez contadas, si es que alguna vez lo han sido. Como músico (aunque ya pocas veces me dedico a la interpretación), intenté ponerme en el lugar de todos estos artistas, y conversé con ellos de músico a músico, respetando siempre su arte y su pasión. En mis entrevistas encontré personas que se abrieron sin reservas. Uno de los más grandes placeres que me llevo de escribir este libro fue el ver a algunos artistas reír a carcajadas al recordar anécdotas que habían olvidado. Conversaciones que debían tomar solo 15 minutos, a menudo se extendieron durante horas. Tales son la complejidad y la emoción involucradas en el proceso de hacer música hermosa.

Desde la salsa, nacida y desarrollada en las calles de Nueva York, hasta el reggaetón puertorriqueño y los artistas bilingües que alcanzan los primeros puestos de las listas de éxitos, aquí están los creadores, los soñadores y los optimistas que creyeron en la cultura y en la música y, de manera abrumadora, en las emociones que esta música nuestra puede despertar en cualquier idioma.

Este es el recuento de lo que realmente ocurrió, contado por quienes estuvieron allí.

Leila Cobo

"Feliz Navidad"

José Feliciano
1970

CRÉDITOS

José Feliciano: Artista, compositor

Rick Jarrard: Productor

Susan Feliciano: Esposa, fan

Si alguien pudiera precisar los orígenes de lo que luego sería llamado "*crossover*", sin duda algo encontrarían en la música de José Feliciano. En 1968, el guitarrista y cantante puertorriqueño captó la atención del público con su alucinante versión de "Light My Fire", un *tour de force* vocal en el que la voz comparte la gloria con la guitarra de Feliciano. Se pueden encontrar referencias al bolero en la interpretación, pero en realidad se trata de un homenaje a The Doors y Jim Morrison, interpretado por un virtuoso puertorriqueño cuya música está tan enraizada en el *blues* como en la música latina. El tema fue producido por Rick Jarrad, quien se convertiría en amigo y productor de Feliciano por muchos años.

"Light My Fire" alcanzó el puesto No. 3 en la lista Hot 100 de *Billboard* de 1968, estableciendo a Feliciano como una fuerza a tener en cuenta, y pavimentando su camino al Grammy ese año como Mejor Nuevo Artista. Tras este éxito, podría pensarse que "Feliz Navidad" formó parte de una estrategia bien planeada. Pero nada está más lejos de la verdad.

Feliciano estaba trabajando en un álbum de canciones navideñas, donde incluiría un par de temas nuevos. Jarrard le sugirió un tema original, y Feliciano se sacó de debajo de la manga "Feliz Navidad". La canción salió bilingüe, dijo, porque no quería que la radio en inglés dejara de ponerla.

Para entender lo revolucionaria y previsora que fue esta decisión, basta mirar lo que depararía el futuro de la música latina, y la cantidad asombrosa de canciones bilingües que dominarían las listas de éxitos apenas cinco décadas después.

En cuanto a "Feliz Navidad", su popularidad creció lenta, pero firmemente durante años, hasta alcanzar uno de los logros más difíciles: convertirse en un clásico navideño, en español y en inglés.

Rick Jarrard

Hemos sido amigos por muchos años. Somos hermanos. Me llama todos los días y todas las noches, y terminamos tomándonos un Grand Marnier u otra cosa por teléfono. Un pequeño brindis.

Mi primer disco con José fue "Light My Fire", y fue un desafío enorme, aunque también fue emocionante. Soy un gran aficionado de la música latina. Chico, me encanta la percusión. Esa es una de las razones por las que me gustó lo que hacía José, y siempre lo intenté, desde el primer álbum. Le decía: "Oye, José, vamos a meter un temita en español aquí". Me encanta cuando canta, porque resulta muy emotivo y romántico. Él es un músico y un guitarrista increíble. A mí me gusta el rock, pero también la música clásica, y José combina todos esos elementos.

Susan Feliciano

Rick y José se conocieron cuando Rick fue a verlo tocar al Bear Club, en el sur de California. Escuchó algunas de las cosas que José hizo en vivo, y de ahí sacó la inspiración para hacer el álbum, basándose en lo que había escuchado. Él hizo varios de los temas del disco *Feliciano*. "Light My Fire" había sido un éxito el año anterior [con The Doors], y Rick le dijo: "José, nos queda algo de tiempo. ¿Quieres hacer 'Light My Fire'?".

José le dijo: "Ay, Rick, eso fue un éxito el año pasado. No me parece". Sin embargo, terminó haciéndola casi como broma, y "Light My Fire" se convirtió en el éxito que fue. Tres años después, José y Rick tienen una relación extraordinaria. Son verdaderos hermanos. He visto a Rick abrirse las venas por José. Es de verdad, no son solo palabras. Hablan todos los días, lo han hecho por mucho, mucho tiempo.

José Feliciano

Nunca esperé que "Feliz Navidad" se volviera tan icónica. La escribí para un álbum de canciones navideñas que hice con Rick Jarrad, el mismo productor con el que acabo de grabar mi álbum en inglés.

Extrañaba un poco a mi familia en Puerto Rico. Rick y yo estábamos trabajando en el álbum, y él me dice: "José, deberías escribir una canción navideña". Lo miré, un poco desconcertado, y le dije: "Rick, no estoy seguro de poder escribir una canción navideña que sea tan buena como las que ya existen, como las de Mel Torme y su gente. Rick me dijo: "No, chico, escribe la canción".

Entonces escribí el primer texto de la canción: "Feliz Navidad, feliz Navidad, próspero año y felicidad".

Rick Jarrard

Yo adoro la Navidad, José adora la Navidad. Estábamos trabajando en al álbum de canciones navideñas, y escogimos un montón de canciones tradicionales, algunas de las cuales no habían sido grabadas en mucho tiempo. Estábamos en su casa, y estábamos trabajando en las canciones que él había seleccionado, y es muy gracioso, porque en esa época él tenía unas cotorras y estas estaban gritando. Nunca olvidaré esa escena; se me quedó grabada. Después de trabajar en "Noche de paz" y las otras canciones, dije: "José, chico, sería genial si pudieras escribir una canción navideña original". Y fue muy simpático, porque hablamos y hablamos, y nos reímos y bromeamos, y de pronto él dice: "¿Qué te parece esto?: 'Feliz Navidad, feliz Navidad'". Yo dije: "Chico, ¡me encanta!". Y él me dijo: "Ricky, es demasiado simple. A nadie le va a gustar esa canción". Yo le dije: "José, la vamos a grabar en la próxima sesión".

Él es un músico excepcional. Le parecía que la canción era demasiado simple, que no estaba a su nivel. Se lo tomó muy en serio. Y yo le dije: "José, me encanta. La vamos a hacer en la próxima sesión"; y él dijo: "okay".

Esa es una característica de mi relación con José. Siempre hemos trabajado en equipo, y nos respetamos mucho mutuamente. Si yo quiero probar algo, él accede, y si él quiere probar algo, yo digo: okay, hagámoslo. Él estuvo dispuesto a hacerlo, grabamos la canción en la sesión siguiente y, *voilà*, nació "Feliz Navidad".

Susan Feliciano

Cuando estaban trabajando en un álbum de canciones navideñas, que se suponía que debía ser algo especialmente maravilloso —tuvieron mucho cuidado al escoger los temas y los instrumentales; fue un trabajo magnífico—, Rick de pronto le dice a José: "José, necesitamos una canción navideña". Y José le dice: "Ay, Rick, no me parece. No puedo competir con Irvin Berlin". Y Rick le dice: "Vamos, José", y 15 minutos después tenían "Feliz Navidad".

José Feliciano

Entonces me dije: "Bueno, mejor la hago bilingüe para que las estaciones de radio no la rechacen". Así que escribí la letra: "I wanna wish you a merry Christmas, I wanna wish you a merry Christmas, I wanna wish you a Merry Christmas from the bottom of my heart". Me salió así, sin rima ni sentido. La primera parte de la letra se me había ocurrido, y luego le añadí la parte en inglés, sin darme cuenta de que había creado la única canción navideña bilingüe del mundo. Había creado un monstruo, porque la canción se ha convertido en una canción navideña icónica. La única grabación "latina" que se había escuchado era "Dónde esta Santa Claus" [un éxito novedoso de 1958, interpretado por la estrella infantil Augie Ríos, nacido en Nueva York de padres puertorriqueños]. Esa era la única canción navideña que la gente había escuchado. Luego salió "Feliz Navidad" y era algo totalmente nuevo.

No sabía si nos iban a poner en la radio [en inglés], así que me anticipé y la escribí de modo que las estaciones no tuvieran ninguna excusa. Ahora en todas las Navidades, les toca ponerme.

Rick Jarrard

Nadie más estaba grabando en español y en inglés. Nadie lo estaba haciendo. José fue realmente el primer artista latino, según tengo entendido, en alcanzar éxito en todo el mundo, algo que no ha sido debidamente apreciado, en mi opinión.

Cuando grabamos ["Feliz Navidad"] me pareció que iba a ser un tema exitoso, pero, por supuesto, tenía la desventaja de competir contra todas las canciones navideñas tradicionales, y era difícil. Sin embargo, me parecía algo increíble, y siempre tuve esperanzas. Con todo lo que he producido para José he tenido el presentimiento de que, "oye, esto puede ser algo grande". Sin embargo, era difícil.

José Feliciano

Rick y yo fuimos al estudio, en California, y grabamos el tema. En esa época yo tenía un baterista brasileño, Paulino, y él me grabó la batería. Yo toqué el bajo, la guitarra y el cuatro puertorriqueño [una guitarra pequeña, común en Puerto Rico], y también toqué el güiro [un instrumento musical hecho de una calabaza, con una superficie aserrada que se ralla con un palillo]. Hice un dueto con el bajo y el cuatro. Si lo escuchas, vas a ver lo que quiero decir.

El arreglo fue algo mío. Mientras estaba grabando, Rick me apoyó mucho. Quise incluir el cuatro porque es un instrumento típico puertorriqueño. En Venezuela tienen un cuatro diferente, parece más un ukelele. En México hay un instrumento parecido llamado "vihucla", que usan los mariachis.

Rick Jarrard

Me encantaba cómo José tocaba el cuatro, y siempre le sugería que lo hiciera si la canción lo pedía. Él toca muy bien, y el instrumento tiene un colorido fantástico. No hay muchas canciones en las que funcione, pero si la canción lo pide, queda muy bien. No contratamos a nadie para que lo tocara. No cuando José Feliciano está ahí. Lo toca él mismo, y lo hace de manera increíble. También puede tocar el bajo. Lo que se te ocurra, José puede tocarlo.

Grabamos en los estudios de la RCA en Hollywood, a mediados del verano, así que era muy difícil conectarse con el ánimo navideño. José se acababa de mudar de Nueva York.

Siempre grabo a José con una instrumentación muy básica: una batería muy elemental, y tal vez algo de percusión; luego le vamos poniendo cosas encima. Lo hago así para que él se sienta libre para tocar, y no se sienta acorralado por una orquestación muy grande. José es uno de esos artistas que tienen que ser libres. De modo que así lo hicimos, y luego añadimos la percusión y el cuatro, y empezamos a montarlo a partir de ahí, añadiendo las voces y la armonía. Más tarde añadimos las cuerdas y los metales, y yo intenté variar las diferentes secciones del tema usando los metales o las cuerdas.

José grabó juntas la voz y la guitarra. Algunas veces lo hacemos de modo separado: primero la guitarra y luego la voz. Pero grabar ambas juntas suele ser la mejor manera de obtener una interpretación genial de José, porque es la manera en la que él toca en los conciertos: guitarra y voz. Él es uno de esos tipos que graba las canciones de principio a fin, a diferencia de muchos artistas que he visto que graban línea por línea. Nada de eso. Hacemos la canción de principio a fin, y él la interpreta, y así es como se logra algo realmente emotivo con José. Es una sola interpretación larga, como si estuviera dando un concierto frente a miles de personas. Probablemente hayamos grabado muy rápido y en una sola toma. Las armonías tomaron tal vez otra hora. José trabaja rápido, y es tan increíble que la grabación no tomó mucho tiempo. Con José no hay dudas, chico. "José, vamos a poner una armonía en esa línea". "Okay, ya". Y, repito, él es muy rápido. Es uno de los músicos más virtuosos e increíbles con los que he trabajado, y he trabajado con algunos de los grandes.

José Feliciano

Nadie me dijo si a la disquera le había gustado o no. Simplemente la sacaron, y debo decir que la canción hizo el resto. El álbum se llamó *Feliz Navidad*, y la carátula tenía mi nombre y un ramo de muérdago. Creció poco a poco. El primer año se puso mucho, y "Feliz Navidad" fue creciendo y creciendo, cada vez más fuerte con los años.

Susan Feliciano

Organicé el club de admiradores de José cuando tenía 14 años. Mi ascendencia es irlandesa, polaca y de Europa del Este, pero tomé clases de español en la escuela. Fue algo muy importante para mi educación, y José tuvo mucho peso en eso. La gente me decía que mi pronunciación era muy buena, todo por escuchar su música.

Al salir de clases tomaba el autobús hasta el centro, e iba a la tienda de departamentos Hudson, porque allí tenían la mejor colección de discos. El álbum se llamaba *José Feliciano* [más tarde fue reeditado como *Feliz Navidad*]. La carátula original parece un regalo navideño envuelto en papel de aluminio, con un ramo verde y rojo y una hoja de muérdago en lugar del acento en la *e* de José. Él quería que fuera un regalo, porque era como un regalo para sus seguidores, así que RCA se las agenció para darle ese efecto de envoltorio.

La canción era la única en todo el álbum que yo no había escuchado antes, y me di cuenta de que era algo que José había escrito, lo cual me interesó mucho. Era alegre, positiva, bilingüe y lo suficientemente sencilla como para recordarla.

José Feliciano

La guitarra que usé para componerla está en el Smithsonian Institute. Cuando escribí "Feliz Navidad" no le di demasiada importancia. La escribí estando un poco deprimido porque extrañaba Puerto Rico y a mi familia, y extrañaba comerme el lechón con ellos. Ese toque de nostalgia y alegría me ayudó a escribir la canción.

Este año estuve en Japón, y querían que tocara "Feliz Navidad" en el verano. Y querían que cantara "Feliz Navidad" en China, donde es muy, muy popular, a pesar de que no era Navidad y los chinos ni siquiera la celebran; ellos son budistas.

Susan Feliciano

Tenemos tres hijos que ya son mayores, y eso es algo que los llena de orgullo. Johnny [Jonathan Feliciano es el baterista y *tour manager* de Feliciano, además de su hijo] tiene una camiseta que dice "Feliz Navidad: No es una canción, es una actitud". Está muy orgulloso. Todos ellos lo están. No sé si es su canción favorita de José, pero es la que más atención ha recibido y, por tanto, es con la que más se identifican. "Feliz Navidad" es como su hermanita. Es parte de la familia. Nunca antes lo había dicho en voz alta, pero es así.

José Feliciano

Cada Navidad "Feliz Navidad" parece hacerse más fuerte, y siempre desplaza a las otras canciones navideñas en el mercado. Me he dado cuenta de que ahora ponen otras versiones de "Feliz Navidad", y aunque esto puede parecer presuntuoso de mi parte, creo que la original sigue siendo la mejor.

Rick Jarrard

En cualquier lugar del mundo, ya sea en Polonia, China o donde sea, si él empieza a cantarla, la gente la canta con él. Esa expresión no se conocía en inglés antes de que José compusiera esa canción, y ahora todos la conocen. Ves a todos por la calle diciendo "Feliz Navidad", y si les dices "Feliz Navidad" en español, te entienden. Se ha convertido en parte de sus vidas.

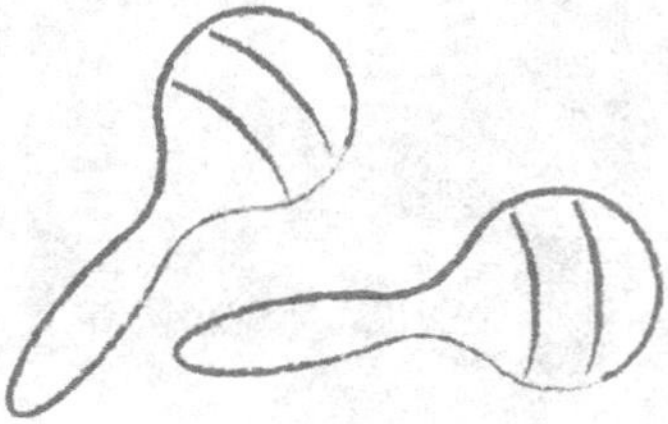

"Contrabando y traición"
Los Tigres del Norte
1974

CRÉDITOS

Jorge Hernández: Cantante principal, Los Tigres del Norte

Ángel González: Compositor

Arturo Pérez-Reverte: Novelista

La historia era fascinante: "Salieron de San Isidro procedentes de Tijuana. Traían las llantas del carro repletas de hierba mala. Eran Emilio Varela y Camelia, la Texana". Así comienza "Contrabando y traición", una canción del compositor mexicano Ángel Sánchez.

Grabada originalmente por el artista Joe Flores, radicado en Los Ángeles, la canción se convirtió en un éxito entre la audiencia de origen mexicano con la versión de 1974, interpretada por Los Tigres del Norte. En ese entonces, eran un grupo nuevo de música norteña compuesto por los hermanos

Hernández —Jorge, Hernán y Raúl— y el primo de estos, Oscar Lara (actualmente el grupo está compuesto por los hermanos Jorge, Hernán, Eduardo y Luis Hernández). "Contrabando y traición" no se convirtió en un éxito en la radio, pues no muchas estaciones la pusieron en aquel entonces. Sin embargo, su huella en la cultura popular no se puede exagerar. La influencia del tema, a menudo llamado "Camelia, la Texana", abarca varias generaciones y manifestaciones culturales, hasta hoy día.

En el nivel más elemental, "Contrabando y traición" sirvió como plataforma de lanzamiento para Los Tigres del Norte, considerados uno de los grupos de música norteña más prestigiosos y exitosos de nuestra época. Con más de cuatro décadas de existencia, y más de 35 millones de discos vendidos, el grupo continúa representando tanto lo novedoso como lo tradicional del género, no solo en lo que respecta a la música, sino también con relación a los temas que abordan en sus corridos legendarios: desde la reforma migratoria hasta el narcotráfico y la política. Esa tradición comenzó con "Contrabando y traición". Sin embargo, la canción no solo catapultó a Los Tigres, sino también a todo un género musical, que desde entonces se ha extendido a la literatura, el cine y la televisión, y continúa floreciendo sin mengua.

"Contrabando y traición" es, ante todo, un corrido. Los corridos son un tipo de canción popular mexicana que, teniendo el acordeón como instrumento base, cuentan historias reales de lucha, héroes y antihéroes, y han sido parte integral de la cultura mexicana desde la Revolución de principios del siglo XX. El género evolucionó hasta llegar a convertirse en uno de los más populares de la música mexicana, o música "regional mexicana", como se la conoce en EE.UU. La versión "narco" incursiona en las historias de los vendedores de droga, los narcotraficantes y los "capos" de la droga. En 1974 los narcocorridos no eran populares, pero tampoco eran desconocidos. Hay constancia de narcocorridos que se remontan a la década de 1930, con canciones como "El contrabandista", que trata de un contrabandista de licores que se convierte en narcotraficante, y termina vendiendo cocaína, morfina y marihuana.

"Contrabando y traición" salió, además, en un momento en el que el narcotráfico se estaba convirtiendo en un problema serio que afectaba visiblemente las relaciones entre México y EE.UU. en la frontera. Según apunta su autor, la historia no es verídica, pero podría haberlo sido. En poco tiempo, los narcocorridos comenzaron a inundar las ondas radiales y el ambiente *underground*, cosa que han continuado haciendo, convirtiéndose en el repertorio estándar de los grupos norteños más exitosos. Sus letras van desde abiertos homenajes a famosos miembros del cártel, hasta anécdotas específicas de transacciones exitosas o fallidas, asesinatos, venganza y encarcelamiento.

Sin embargo, "Contrabando y traición" no solo es un narcocorrido. Es también una historia de amor, y su protagonista, la "tipa dura" que jala el gatillo al final, es una mujer: Camelia la Texana. Ningún personaje de corridos ha resultado tan memorable como la esquiva Camelia la Texana, quien inspiró una avalancha de corridos entre los que incluyen "Ya encontraron a Camelia" y "El hijo de Camelia", ambos grabados por Los Tigres del Norte.

El hecho de que la influencia de Camelia se haya convertido en catalizador del éxito de todo un subgénero musical es ya de por sí impresionante, pero la cosa no acaba ahí. En 2002, el aclamado novelista español Arturo Pérez-Reverte publicó *La reina del sur*, una novela inspirada directamente en "Contrabando y traición", que cuenta la historia de otra mujer narcotraficante, Teresa Mendoza. La novela se convirtió en *best seller* e inspiró a Los Tigres a grabar un corrido y todo un álbum con el título de *La reina del sur*.

Pero eso no es todo. La novela de Pérez-Reverte se convirtió en una telenovela, la más exitosa en ese momento en la cadena Telemundo, tras lo cual USA Network sacó su propia *Queen of the South*. Son solo dos ejemplos de producciones inspiradas en el mundo del narcotráfico que se han convertido entre las más vistas en televisión, cable y servicios de *streaming*, junto con *Narcos*, la exitosa serie de Netflix basada en el tráfico ilegal de drogas en Colombia. La primera temporada de *Narcos México*, una serie paralela, salió al aire en 2018 con un episodio titulado "Jefe de jefes". No es coincidencia que sea el mismo título de un narcocorrido de Los Tigres del Norte. La segunda temporada salió al aire en febrero de 2020.

Jorge Hernández

La canción fue producida por Art Walker, un inglés que conocimos en San José [California] y a quien le pusimos Arturo Caminante en español. Él acababa de llegar de Inglaterra, y nosotros de México. Él no hablaba español y nosotros no hablábamos inglés. A señas nos conocimos y nos comunicamos. Yo aprendí inglés con él, y él aprendió español conmigo.

Arturo fue como un padre para nosotros. Los que nos habían traído a Estados Unidos se fueron, se llevaron nuestros pasaportes, y nos dejaron en San José, sin dinero. Teníamos que trabajar para vivir, y comenzamos a tocar en restaurantes, por dinero. Había un locutor que tenía una hora diaria en la que ponía música latina en la radio, desde un lugar llamado Pink Elephant [la pastelería Pink Elephant Bakery aún existe y es conocida por su pan dulce mexicano]. Fuimos a verlo para que nos diera la oportunidad de tocar en su programa, para que la gente nos escuchara y, con suerte, nos contratara para tocar en fiestas y bautizos. Ahí fue cuando Arturo nos escuchó. Un día fue al programa y nos llevó a un estudio de grabación. Trabajamos con él durante 15 años.

La canción "Contrabando y traición" salió de Los Ángeles, California. Cuando llegué a Estados Unidos, en 1968, yo era menor de edad y no podía entrar a los bares, pero Arturo había escuchado la canción interpretada por un hombre que la cantaba en vivo en un bar, y nos llevó allí. Yo buscaba un número que nos hiciera conocidos. Para ese entonces ya habíamos grabado cuatro discos, pero no había pasado nada. Necesitábamos una canción que la audiencia pudiera reconocer, así que Arturo nos llevó a escuchar al hombre, y nos dijo que la canción contenía algo importante y que cada vez que el hombre la cantaba en ese club de Los Ángeles la gente le aplaudía mucho. El hombre se llamaba Ángel González, e imitaba a Pedro Infante. Era cantante y compositor, oriundo de Chihuahua, y nos dio la canción. Ángel murió hace algunos años.

Ángel González *

Fui [a Estados Unidos] con la idea de grabar mis canciones —para entonces tenía alrededor de treinta o cuarenta canciones escritas—, porque me habían dicho que allí había mucho talento local, y era fácil grabar e introducir canciones nuevas porque no había mucha competencia entre compositores. Yo tenía una hermana que se había

---

* Las citas de Ángel González fueron tomadas del libro *Narcocorrido: A Journey Into the Music of Drugs, Guns and Guerrillas*, de Elija Wald, publicado por Rayo. González falleció en 2005.

casado allí, así que fui, y tuve la suerte de entrar con el pie derecho.
Esa es una de las cosas buenas de Estados Unidos, que alguien que
haya inventado algo puede lograr que la gente escuche lo que tiene
que decir, que lo escuchen y le presten atención.

Jorge Hernández

Mis amigos me llevaron a la parte de atrás, y desde ahí lo vimos
cantar. Él me entregó la canción, y esa fue la canción que nos dio
a conocer; pero era una canción muy rara. Él la cantaba como
si fuera una canción de amor, sobre una flor muy bella. [Ángel]
me dijo que la había escrito por eso, porque le gustaban mucho
las camelias. Era una canción de amor, pero era muy comercial,
y pensé que a la gente le iba a llamar la atención. Cuando vi la
letra, comenzamos a imaginarnos cómo la cantaba él y cómo la
íbamos a cantar nosotros.

Ángel González

Mis otras canciones tratan de problemas sociales... Problemas
matrimoniales, problemas de los hijos con sus padres. Ese es el
tipo de cosas de las que me gusta escribir. Mi única canción que
no tiene ningún mensaje es "Contrabando y traición". Cuando
escribí ese corrido estaba trabajando en otro proyecto, en otra
canción, y no me estaba saliendo, así que la dejé de lado, y
entonces las rimas me empezaron a salir, y siguieron saliendo
y saliendo.

Jorge Hernández

La canción tenía esa cosa pícara que no nos animábamos a cantar en aquellos años. En esos tiempos hablar de ciertas cosas tan abiertamente como se hace hoy estaba medio prohibido. Todo era un poquito más reservado.

Nosotros empezamos cantando corridos, pero corridos de caballos. También nos pedían mucho que cantáramos algunas historias sobre ciertos personajes. Por ejemplo, la historia de Joaquín Murrieta, que defendía a los pobres y les robaba a los ricos por allá por los años 40 y 50. También cantábamos la historia de una mujer llamada Juanita la Traicionera. Cantábamos sobre caballos, sobre pueblos, sobre la historia de Pancho Villa y Emiliano Zapata. Cosas que la gente pedía, y que nos aprendíamos de memoria; pero, cuando llegamos aquí a la frontera de Estados Unidos, comenzamos a aprender las historias que pasaban aquí, que no nos las sabíamos. Aquí en California nos enseñaron los corridos de la frontera. Nunca antes habíamos cantado sobre el contrabando. Había una canción que se llamaba "El contrabando de El Paso", pero hablaba de un hombre al que agarraron con contrabando y lo metieron a la cárcel. Nunca habíamos hecho una canción de amor como esa de Camelia, contada a través de la dinámica entre el hombre y la mujer. También esa era una novedad, que la historia se desarrollara entre el hombre y la mujer. Eso le daba el toque. Porque siempre se habla de puros hombres que hacen todo eso.

Ángel González

[La historia es inventada]. En Los Ángeles conocí a una mujer llamada Camelia, pero ella no era de Texas. Hay un Emilio Varela en mi familia, pero ellos [él y Camelia] nunca se conocieron. Yo soy feminista al quinientos por ciento. Feminista es un hombre que conoce el valor de la mujer, que sabe que la mujer es lo más grande. ¿Por qué la mujer es lo más grande? Porque la mujer es la mitad del planeta, y es la madre de la otra mitad. En mis canciones siempre hago que las mujeres sobresalgan. "Contrabando y traición" fue la primera de su tipo. No existía nada así antes.

Jorge Hernández

Todo esto era nuevo. Había otras historias, pero hablaban de que era prohibido el licor. Al Capone y eso. Y todas eran sobre hombres. Había viejos corridos sobre las drogas, pero no eran como este. Nos fuimos al estudio y ahí fue donde descubrimos nuestro estilo de cantar. Nosotros no cantábamos como solistas. Cantábamos en duetos; así se usaba antes. Pero esta canción estaba en un tono que yo no podía cantar, no era alto ni bajito. Yo estaba como en el medio. En esa época mi voz era medio de niño, muy muy finita, y me parecía que no funcionaría con ese tono. Cuando fuimos al estudio fue cuando descubrimos lo que ahora son Los Tigres del Norte. Art Walker nos dijo: "No pueden cantarla a dúo. Tienes que cantarla tú solo". Hernán se enojó. Se sintió y se salió del estudio. Para calmarlo tuvimos que tomarnos un receso de dos o tres horas.

Tuvimos que trabajar en el estilo de cantar, en la pronunciación. Grabamos la voz cinco veces. Está doblada porque yo estaba muy chiquito y mi voz sonaba aniñada. Arturo me decía: "Do it again, do it again, do it again". Cambiamos nuestro estilo y también un par de cosas en la letra. En ese entonces no había la tecnología que hay ahora, así que no tengo idea de qué milagros hizo la persona que nos grabó, porque había que grabar de un solo golpe. Sacamos la canción como sencillo: el lado A era

"Contrabando y traición", y el B era "El porro colombiano". A mí me gustaba no solo grabar para mi país sino para muchos países.

Terminamos, nos la llevamos y dijimos: "A ver qué pasa ahora". Yo iba con Arturo todos los domingos al flea market [el pulguero] y allí vendíamos discos. Llevábamos canciones con diferentes grupos y las poníamos. Y ahí pusimos la canción con un tocadiscos. Y la gente pasaba, escuchaban la canción y se devolvían y preguntaban que qué canción era. Ahí fue cuando nos dimos cuenta de que la canción podía ser un éxito, cuando la gente la escuchó en el flea market. De repente la canción se convirtió en otra cosa. Los fanáticos comenzaron a escucharla, cada uno a su manera, y cada cual le daba un significado diferente.

Ángel González

[Traficar drogas en llantas de carro]. No existe constancia de que alguien lo haya hecho antes, pero si lo piensas bien, ¿dónde puede ir la hierba completamente escondida? A alguien se le tiene que haber ocurrido esconderla en las llantas.

Los contrabandistas son como los *mojados* [los "espaldas mojadas", inmigrantes ilegales], se saben todos los trucos y lo intentan todo... Esta canción la escribí sin pensarlo, no tenía ni idea de lo que pasaría luego. Después de mi corrido empezó a salir un montón de canciones sobre narcotraficantes, pero cuando lo escribí no tenía ni idea de eso. Era un problema que saqué a la luz, pero no era algo de lo que yo supiera mucho. Yo no había conocido a ningún contrabandista. El contrabando es un problema que ha existido y existirá siempre en todas las fronteras del mundo, así es como son las cosas, pero yo nunca pensé que la canción llegaría tan lejos porque mis canciones normalmente son otra cosa, tienen un mensaje, tratan de la vida cotidiana de la gente, y ninguna de esas canciones había llegado tan lejos.

Jorge Hernández

Era una canción de amor. Cuando empecé a cantarla, cuando el público la empezó a apoyar, nunca pensé que era droga. Yo pensé que era de un amor muy profundo de la mujer porque le quitó la vida al hombre. Era pasional, pero también de un amor muy puro, y unos celos. Siempre se dice que los celos matan. El público se fijó más en la parte de las drogas porque el compositor pone que pasa las drogas en las llantas. Fue como que pensaron: "Ay, no nos habíamos imaginado que así se podía pasar la droga". En aquellos años era muy sorprendente. Pero también, hasta la fecha, la canción es un himno para todo tipo de gente, ya sea que hable de amor, de pasión o de traición, de que si el hombre traiciona a la mujer o si la mujer traiciona al hombre. Los jóvenes se enamoran escuchándola, porque es una canción de amor. Ella siente un amor muy puro por él, y a él no le importa. Al ver a los jovencitos de ahora nos damos cuenta de que nada ha cambiado. Sin embargo, no importa que yo repita y repita que es una canción de amor, porque el público la tiene catalogada como algo diferente. La canción se ha transformado, y como que cada día adquiere una dimensión diferente. Ya no sé ni cómo describirla: si es una canción de política, de amor o simplemente un tema que nos hace reflexionar sobre los comportamientos en la vida real entre el hombre y la mujer.

Nos hicimos muy amigos del compositor. Tuvimos muchos éxitos suyos. Te iba hablando en las canciones, como si estuviera narrando una película o un documental. Arturo Pérez-Reverte nos contó que estaba en un bar en Ciudad de México la primera vez que la escuchó, y a partir de ahí empezó a investigar su origen. Supo de nosotros, y se pasó un tiempo en el estado de Culiacán documentando la historia de Camelia, y así creó el personaje de Teresa la Mexicana.

Arturo Pérez-Reverte*

Hace muchos años escuché casualmente un corrido que se llamaba "Camelia la Tejana" ["Contrabando y traición"], y de pronto dije: "Anda, ¿qué mundo es este que no conozco y que me parece fascinante"; en lo bueno y en lo malo, en lo negativo y en los valores que también tiene en algunos códigos de conducta. Empecé a oír narcocorridos, a interesarme, y poco a poco me fui adentrando en ese mundo de la música que me fascinó. Un día surgió la necesidad de contar una historia mexicana, y vine aquí [Culiacán, Sinaloa] para asegurarme de que realmente era este el escenario adecuado para la historia, y lo era.

Jorge Hernández

Cuando me preguntaron si podía hacer una canción sobre un libro de un escritor español, pedí que me mandaran el libro. Lo leí y dije, claro que sí. Ya cuando me enteré de que el autor había pasado tiempo en Culiacán, le puse más atención. Siempre pensé que "Contrabando y traición" sería interesante. Cuando salió, era impresionante que, en menos de dos meses, nos conocían tanto en México como en Estados Unidos. En la década de 1970 era difícil tener éxito tan rápido, pero con esta canción a

---

* Las citas de Arturo Pérez-Reverte fueron tomadas del programa de televisión de 2002 *Al 100 x Sinaloa*. https://www.youtube.com/watch?v=n4xRCD-f4RUg&t=960s.

los dos, tres meses nos empezaron a buscar para que hiciéramos películas. Hicieron una obra de teatro sobre Camelia. Eso me hizo pensar que el éxito de la canción iba a durar mucho tiempo. Cada vez que salíamos a cantarla, la ovación era enorme. Se sentía un aire distinto. Sin embargo, al principio no creí que fuera a durar tantos años.

Nos empezaron a llegar ofertas para hacer cine, y un director nos contrató para hacer una película que se llamaba *La banda del carro rojo*. Los intelectuales nos empezaron a buscar. Me empecé a juntar con escritores, y se me hacía muy raro, porque nunca había tenido esa experiencia. Hasta la fecha me invitan a dar conferencias, vamos a escuelas y a universidades a hablar del significado de la canción y del grupo.

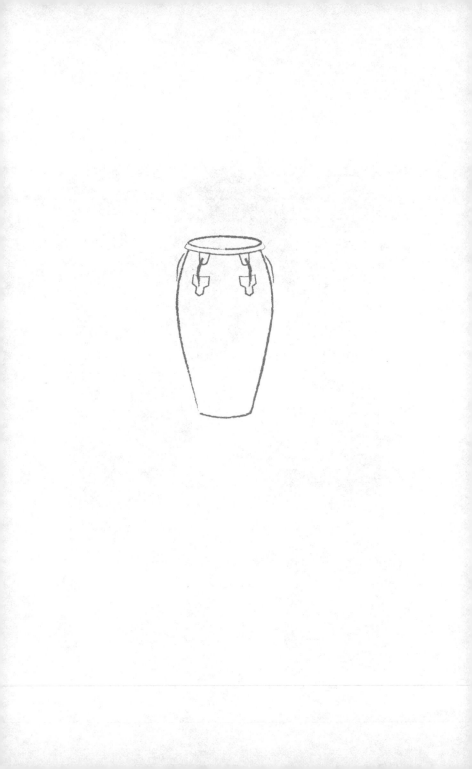

"To All the Girls I've Loved Before"
Julio Iglesias y Willie Nelson
1984

CRÉDITOS

Albert Hammond: Compositor, productor ejecutivo

Julio Iglesias: Cantante

Willie Nelson: Cantante

En 1984 no existía el concepto de "crossover". Ningún cantante en español había intentado deliberadamente llegar a una audiencia estadounidense grabando en inglés. Sin embargo, Julio Iglesias era universalmente conocido; de Argentina a Canadá, de Egipto a Rusia, era el rostro y la voz de la música latina, en español o en cualquier otro idioma: italiano, portugués, francés y hasta ruso. Iglesias era, sin discusión, el nombre más importante y reconocido de la música latina en aquella época.

Había vendido tantos discos en Europa y América Latina que Walter Yetnikoff, el legendario presidente de CBS, decidió que era hora de intentarlo en inglés. "Yo no hablaba inglés", recuerda Iglesias, riendo. "Absolutamente nada. Bueno, hablaba un inglés un poco rudimentario, pero no lo suficiente como para cantar".

Aunque Iglesias había grabado en muchos idiomas, siempre admitió que eso no quería decir que los hablara. El inglés presentaba un reto adicional.

"El problema no es que yo no pueda cantar en inglés", dijo en 1984. "Me puedo sentar con un profesor hasta que el acento sea perfecto. El problema del inglés no es el acento. Lo importante es la expresión, el *swing*. Los estadounidenses envuelven la voz con la música de un modo completamente distinto al de los europeos".

Iglesias no tenía nada que probar al cantar en inglés y, dada su popularidad y sus ventas, poco que ganar. No obstante, le gustó el desafío. "A menudo pensamos que somos los pioneros, y es la cultura de un país la verdadera pionera", dice. "Yo era un artista latino que quería hacer cosas en los países donde no era conocido. Era una aventura. Y había gente que pensaba —no sé si de veras lo creían— que tal vez yo podía hacer algo allí, así que lo intenté".

Richard Perry, cuyo currículo incluye álbumes de Harry Nilsson, Barbra Streisand, Carly Simon y Diana Ross, fue el productor, pero Iglesias se mantuvo fiel a sus raíces con la ayuda de sus habituales colaboradores Ramón Arcusa (de El Dúo Dinámico) y el cantante y compositor de Gibraltar Albert Hammond, ya famoso por su "The Air That I Breathe". Ambos hombres asumieron parte de la producción (Hammond aparece como productor ejecutivo).

El álbum resultante, *1100 Bel Air Place*, titulado así porque esta era la dirección de la residencia de Iglesias en Los Ángeles, no fue simplemente un disco en inglés, sino un testamento del amor de Iglesias por la cultura pop estadounidense, e incluyó colaboraciones con los artistas más populares del momento: Diana Ross, The Beach Boys, Willie Nelson y Stan Getz. El álbum reunió a una orquesta sinfónica completa, además de los mejores compositores, productores, arreglistas y músicos de sesión de la época. La lista aún hoy es impresionante: los tecladistas David Foster, James Newton Howard y Michel Colombier, entre otros; los guitarristas Michael Landau y David Williams; el ingeniero de sonido Humberto Gatica; los productores Perry y Arcusa y, naturalmente, la música de Albert Hammond.

El tema más exitoso del álbum fue la canción "To All the Girls I've Loved Before", compuesta por Hammond y Hal David e interpretada por Iglesias junto a Willie Nelson. Un video de 1986 muestra a Iglesias y a Nelson tocando juntos en Farm Aid, casi incongruentes en sus diferencias: Nelson viste *shorts* y camiseta, mientras que Iglesias lleva unos pantalones de vestir, una pulcra camisa blanca y un blazer azul con botones dorados. Quién hubiera podido imaginar que dos hombres con voces tan diferentes —nasal y provocadora la de uno, liviana y aterciopelada la del otro— podrían amalgamarse con tal facilidad.

"To All the Girls I've Loved Before" conectó con el público, y ascendió al lugar No. 5 de la lista Hot 100 de *Billboard* —puesto más alto alcanzado por Iglesias en esa lista— y encabezó por dos semanas la de sencillos de música *country* de la revista. La Asociación de Música Country nombró al dueto de Nelson e Iglesias Dúo Vocal del Año, y la Academia de Música Country nombró a "To All the Girls I've Loved Before" Sencillo del Año. *1100 Bel Air Place* alcanzó el No. 5 del *Billboard 200*, permaneció 33 semanas en la lista y fue declarado cuatro veces disco de platino (4 millones de copias vendidas) solamente en EE.UU.

1100 Bel Air Place le abrió las puertas a Julio Iglesias para continuar grabando temas del cancionero estadounidense contemporáneo que tanto adoraba; pero además abrió una puerta más grande que acercó a los artistas hispanos a la miríada de posibilidades que proporcionaba grabar en inglés. "Julio fue el que logró que el mundo entero se enamorara del sonido latino", me dijo Emilio Estefan hace años. "Le dio clase al mundo hispano. Siempre buscamos personas que nos hagan sentir orgullo de alguna manera, y Julio siempre nos hizo sentir orgullosos. Todos intentamos meter presión, pero él fue una de las piezas clave".

Como dijo el propio Julio, no se trataba simplemente de cantar en otro idioma, sino de la manera en que se hacía. Dicho de otro modo, la cosa era tomar una expresión musical única y aplicarla con sumo cuidado e infinito entusiasmo a otro repertorio, otra forma de hablar y otra lengua.

Albert Hammond

Escribí la canción para mí en 1973, junto con Hal David [del dúo de compositores Hal David y Burt Bacharach]. Comencé a trabajar con Hal porque necesitaba un nuevo compañero después de trabajar con Mike Hazlewood, quien había hecho todo conmigo desde "The Air That I Breath" hasta "Down By the River". Tenía que encontrar a alguien con quien hacer un disco, y entonces lo busqué y me pareció que Hal sería genial. Me comuniqué con alguien que lo conocía, y de repente me llama y dice: "Mi nombre es Hal David, estoy hospedado en el Beverly Comstock. Te veré mañana a las 10 a.m.".

Hal vivía entonces en Nueva York, así que vino y se quedó en el Beverly Comstock, que ahora se llama Beverly Plaza. Nos pasamos 15 días escribiendo, e hicimos 15 canciones, una por día. El proceso era el siguiente: yo me iba a mi casa en la tarde y pensaba en una melodía, y lo iba a ver al día siguiente a las

10 de la mañana, y él se recostaba en un sofá y yo me sentaba en un taburete a cantar lo que me viniera a la cabeza, y él lo escribía. Luego nos tomábamos un café y conversábamos sobre su vida y la mía, y nos íbamos conociendo. Esa fue la primera vez que trabajábamos juntos, y dos de esas canciones, "99 miles from LA" y "To All the Girls...", se volvieron algo muy grande.

Así que grabé la canción, y de verdad creí que iba a ser todo un éxito para mí, pero no funcionó del todo. Sin embargo, siempre tuve fe en la canción. Cuando uno tiene fe en una canción, esta se queda siempre adentro. De vez en cuando iba a ver al presidente de CBS en esa época, y él me decía: "¿Sabes? Esa canción, 'To All the Girls I've Loved Before', todavía creo que es un éxito". Luego me encontraba a alguien en Europa que me decía exactamente lo mismo. Entonces fuimos al Congreso en Washington, D.C. y Hal y yo la tocamos juntos. La canción me perseguía, no me dejaba en paz. Y como cantada por mí no se volvía un éxito, incluso pensé en reunirme con Frank Sinatra para que él la hiciera con Deana Martin [la hija de Dean Martin]. La estuve cantando alrededor de 11 años, y entonces Julio llegó a L.A. Nos conocíamos porque yo había escrito varias canciones muy largas en español para él, como "Por un poco de tu amor".

Julio me llama y me dice: "Estoy haciendo mi primer álbum en inglés. ¿Puedes venir?". Así que fui y busqué canciones para él, cosas como "When I Fall In Love", de Nat King Cole. Entonces pensé: "'To All the Girls I've Loved Before' es la canción perfecta para este tipo. Él es un *playboy*, es el tipo que todas las mujeres quieren. No puedo ponérsela, porque va a saber que ya está en un disco". Así que fui a casa y volví a grabar la canción. Luego fui a buscarlo en el auto y le dije: "Julio, escribí una canción nuevecita para ti", y se la puse. Él dijo: "Oh, qué bonita esta canción. Hay que grabarla esta noche".

Julio Iglesias

Esa canción, incluso hoy, después de tantos años, siempre que entro a Estados Unidos algún oficial de inmigración me canta: "To all the girls I've loved before...".

La canción es simpatiquísima, y tiene una historia muy bonita. Pero la historia bonita la pone Willie Nelson. Lo demás es el contraste de dos voces diferentes, el contraste de un artista latino, occidental, europeo, con un artista de *country* puro, fuerte y con una voz muy especial.

Richard Perry fue el productor. Richard debía tener unos 40 años, estaba en la plenitud de sus años. Era uno de los tres o cuatro productores más importantes de Estados Unidos, y yo estaba haciendo el disco con él. Albert Hammond también estaba con nosotros, y Ramón Arcusa, por supuesto. De pronto llega la canción. La cuestión más importante es que Richard Perry dice: "Deberíamos hacer un dúo con alguien". En aquel momento, Walter Yetnikoff [en ese entonces presidente de CBS Records] había oído decir que Willie Nelson quería cantar conmigo. La historia es la siguiente: Willie estaba en Londres con su esposa, y de pronto escucharon mi grabación de "Begin de Beguine" en la radio del hotel. Willie dice: "¿Quién es ese? Me gustaría hacer un dúo con él". Y ahí nació toda la historia. Él se empeñó en decirle a la compañía que quería hacer una canción, y ellos le mandaron esta canción.

Willie Nelson*

Estaba en Londres escuchando la radio, cuando de repente escucho un cantante que me gustó. Tenía un timbre distintivo en la voz.

---

*   Las citas de Willie Nelson fueron sacadas de su autobiografía, *It's a Long Story: My Life,* por Willie Nelson.

Pregunté, y me dijeron que su nombre era Julio Iglesias. Pensé que sería interesante hacer un dúo con él, no me importaba que fuera poco conocido.

"¿Poco conocido?", exclamó mi representante, Mark. "Este tipo es uno de los cantantes más exitosos en el planeta. Ocupa el número uno en América Latina, y es súper conocido en Europa, súper conocido en Asia". "Mucho mejor", dije. "Mira a ver si quiere cantar conmigo". Y resultó que él quería. Escogió una canción con letra en inglés. Se llamaba "To All the Girls I've Loved Before". "Sin embargo, vas a tener que dejar un poco la marihuana, Willie", dijo mi representante. "Julio es un abogado español".

Julio Iglesias

No sé quién le mandó la canción, pero el caso es que dijo que sí al dúo. Estábamos grabando el disco en Los Ángeles, y Richard Perry me dice de repente: "Willie quiere grabar la canción, y la quiere grabar contigo en Austin, donde él vive". Le alquilamos un avión a Johnny Cash, que tenía un Jetstream.

Albert Hammond

Recibí una llamada esa misma noche: "Móntate en el primer avión de la mañana. Willie está muy emocionado con esto". Así que rentamos un jet privado y volamos de Burbank a Austin, Texas, al estudio de Willie, y grabamos la canción. El momento en que se vieron por primera vez cara a cara fue increíble. Willie había estado jugando golf y andaba en *shorts* y camiseta, y tenía puesto un pañuelo en la cabeza, y sus trenzas. Yo le digo a Julio: "Este es Willie". Y Julio dice: "¿Este es Willie?". Ambos empezaron a hablar, y fue mágico. Le mostré la canción a Willie, y el la cantó completa, luego yo la traje y le añadí la parte de Julio.

Julio Iglesias

Llegamos a Austin y Willie nos recibió en *shorts*. Llevaba el pelo muy largo. Yo me volteé a Richard en el auto y le dije: "Creo que no puedo cantar con él", porque tenía una pinta de jardinero. Entonces nos saludamos y fue de lo más simpático. Después de media hora fuimos al estudio. Willie fuma mucha marihuana, y yo no había fumado nunca en mi vida, y todo olía a marihuana. Al cabo de 10 minutos yo no podía ni cantar, ni hablar, estaba tosta'o.

Willie Nelson

Un día antes de que llegaran, yo aún no había escuchado la canción. El coach de fútbol, Darrell Royal, que estaba ahí en el estudio, me preguntó: "¿No necesitas escuchar la canción a ver si quieres cantarla?". "Diablos", dije, "un tipo que vende tantos discos en todo el planeta tiene que tener buen gusto". Y resultó que Julio tenía un gusto excelente. Llegó con estilo, rodeado de alrededor de una docena de tipos, bien vestido y con modales exquisitos.

"Julio, espero que no te importe la atmósfera doméstica del lugar", le dije, "pero yo creo en que, para grabar, hay que estar relajado". "Estoy totalmente de acuerdo", dijo él. "Bien", dije, y encendí un grueso cigarrillo de marihuana. Julio no hizo ninguna objeción, se concentró en cantar. Tenía una que otra sugerencia sobre cómo debía yo expresar la letra. Las sugerencias eran buenas, y las puse en práctica. Julio y yo simpatizamos mucho.

Julio Iglesias

Dentro del estudio, ponen la música y Willie empieza a cantar "To All the Girls I've Loved Before". Entonces llega mi parte y empiezo a cantar [con un marcado acento español]. Willie dice: "Este chico no habla inglés". Para la grabación, y dice: "Este chico no habla inglés". Le pido perdón, y le digo: "Yo en tres semanas te canto la canción". El disco salía en seis, siete meses. Pero lo bueno fue que cenamos en su casa más tarde, y él todo simpático me pregunta: "¿Qué canciones te sabes en inglés?". Yo le digo: "Pues he cantado mucho 'As Time Goes By' porque es una canción que solían cantar mis padres, y conozco la letra". Así que Willie reúne a sus músicos, vamos a su estudio a las 11 o 12 de la noche, y grabamos 'As Time Goes By', y la canción fue nominada a los Grammy [en la categoría de Mejor Interpretación Country por un Dúo o Grupo Vocal, del álbum *Without a Song*, de Nelson].

Pero esa es solo una historia pequeñita. La historia principal es que, cuando canté con Willie, yo realmente no hablaba inglés en absoluto. Hice "As Time Goes By" porque la cantaba todo el tiempo en las tertulias de mi padre y mi madre, y me la sabía de memoria. Pero yo no sabía nada de inglés. Hablaba un poquito rudimentario, pero no lo suficiente como para cantar. Esa es la historia auténtica.

Albert Hammond

Willie grabó en *shorts*. Tuve que enseñarle la canción para que él pudiera llevarla a otro nivel. Willie tuvo que aprenderse de memoria la canción para poder ponerle su sello, tal como Julio le puso el suyo. Eso es lo hermoso de estos artistas. Ocurrió algo que hizo que me dijera: "Este es el tipo que debe hacer el dúo con Julio. Podía haber escogido a Frank Sinatra, pero no hubiera sido lo mismo. Willie Nelson era el hombre indicado. Esa es la cosa de nadar contra la corriente. No se supone que seas feliz, pero lo eres.

Era algo increíble. Primero que todo, Walter Yetnikoff, que en esa época era el presidente de CBS, me dijo: "Estás destruyendo a mi *playboy* con ese vaquero", así que pensé que lo mejor era que Julio hiciera algunos dúos con gente increíble. Traje a los Beach Boys para hacer "The Air That I Breath", de modo que teníamos a Diana Ross con una canción R&B, los Beach Boys, y Willie Nelson con el *country*. Pasé mucho tiempo [en Bel Air] con Julio durante nueve meses grabando, por eso es que llamamos [al disco] *1100 Bel Air Place*.

Julio Iglesias

Yo ya estaba grabando otras canciones en inglés. Para entonces había grabado con los Beach Boys, y creo que con Diana Ross. Pero aprendía las canciones fonéticamente. Cuando fuimos a ver a Willie, el plan era cantar a la primera. Imposible para mí. No hablaba el idioma suficientemente bien, y cometí muchos errores fonéticos. Cada palabra era difícil para mí. "*To all. The girls. I've. Loved. Before*".

Lo que hicimos con los Beach Boys y Diana Ross fue que ellos grabaron sus voces, y yo tardé una semana o dos en cada canción. No era como cantar en directo con Willie. Él la grabó muy rápido: Pum, pum, pum, pum. Yo sufría, porque decía: "*To all the geerls, geeerls*". Cuando llegaba a "*before*", ya había pasado la música. Por eso decidí poner mi voz después en el estudio en California.

Cuando estábamos haciendo el *mastering* con Richard Perry, lo recuerdo como si fuera hoy. Yo estaba a un lado, y él se da la vuelta, me mira y dice: "*This is going to be Number One in the world*".

Albert Hammond

Las mujeres reaccionan con esta canción porque yo creo que Julio las atrae. Sea o no un mito, el asunto es que a él le funciona. Cuando canta "to all the girls who shared my life", realmente es una canción sobre todas las chicas que uno ha querido sinceramente. No que las haya usado. Algunas obviamente terminaron casándose con otro. Yo podría contar con una mano todas las chicas que he querido, pero estoy seguro de que muchos, muchos hombres en el mundo han querido a muchas mujeres, y muchas mujeres han amado a muchos hombres. La canción también funciona para las mujeres. Shirley Bassey cantó "To All the Men I've Loved Before" y se convirtió en un éxito impresionante.

Julio Iglesias

Lo bonito de todo esto es que me hice muy amigo de Willie. Es un hombre maravillosamente natural. Es un natural de la vida. Nunca me imaginé que iba a cantar con un cantante de *country* tan puro, tan especial, tan directo, tan natural como Willie. Es un tipo que agarraba la guitarra y se largaba. Es un señor cantante, se fuma su cigarrillo de marihuana y sale al escenario a cantar "On the Road Again", y te vuelves loco, porque ni siquiera se cambia el traje. Sale como está. Un tipazo.

Albert Hammond

Hice todos los discos en inglés [de Julio], excepto uno. Hice el primero con Richard, y los demás los hice yo mismo. "To All the Girls I've Loved Before" es la canción más grande que Julio va a tener en su vida. La gente en todo el mundo lo recordará por esa canción. Es su canción en todo sentido, por cómo es él. Es la canción perfecta para él, y cuando uno cree en una canción... Yo esperé 11 años para encontrar a la persona indicada para cantarla. Tal vez la persona indicada llegó en el momento justo. Si él no me hubiera llamado, yo tal vez ni siquiera hubiera pensado en la canción. Las cosas pasan porque lo decide el universo. La energía allá afuera tiene mucha influencia en las cosas.

Julio Iglesias

Yo no he tenido conciencia hasta ahora, que el tiempo ha pasado; hasta ahora, que el tiempo es escaso; hasta ahora, que la vida está dando golpes tan fuertes que uno se mantiene vivo por pura fuerza de voluntad, con el espíritu que Dios me ha dado para sobrevivir. Es ahora que te das cuenta de que todas las cosas que has hecho las hacías por pura emoción. Eso es lo bonito que tiene la vida cuando alcanzas el éxito. No es por la riqueza, no estoy arrepentido de nada; pero si yo hubiera sabido en ese momento lo que todo esto significaba... Han pasado ya casi 50 años desde que empezó mi historia y escribí "El amor" y "Canto a Galicia". Después pasé a otras lenguas, como el inglés, el chino, el francés, el italiano, el portugués, el alemán, tantos idiomas en los que he cantado. Y es la emoción la que gana puntos. Hoy estoy en un momento de mi vida en el que mi pensamiento está más que nada en mi legado, en saber cómo le explico a la gente la verdad de todo.

Esta fue una canción muy importante en mi carrera, y fue muy importante para Willie. Él la sigue cantando todos los días, y yo igual. Sigue siendo una canción vital. Mi gran *crossover* en Estados Unidos, en el mercado anglosajón es, sin lugar a dudas, "To All the Girls I've Loved Before". "Begin the Beguine" fue un éxito en Australia y en Inglaterra, pero no pasó de ahí y no logró el *crossover* total a Estados Unidos ni a otros países donde no se habla inglés y yo no había cantado antes, como en China. "To All the Girls I've Loved Before" fue mi primer gran éxito en Asia. Por eso es un agradecimiento total: a Albert, a Richard, a Willie, a toda la gente que tuvo la idea de que yo cantara con Willie Nelson. Yo no sabía quién era Willie Nelson, pero ahora sí que lo sé.

"Conga"
Miami Sound Machine
1985

CRÉDITOS

Gloria Estefan: Artista

Emilio Estefan: Director de la banda, productor, artista

Enrique "Kiki" García: Percusionista, compositor

Jeffrey Shane: Gerente local de promoción para Epic Records, ahora retirado

Sergio Rozenblat: Entonces director de artistas, repertorio y mercadeo para Discos CBS International, que se convertiría en Sony Discos

La de 1980 fue una década fértil para la música latina, en la cual ascendieron baladistas y compositores legendarios como Julio Iglesias, José Luis Perales, José José, Juan Gabriel y Rocío Dúrcal. La mayoría de estos artistas eran oriundos de España,

México y Argentina, pero su música romántica tocaba una fibra sensible que les permitió vender millones de copias en todo el mundo latino, estableciendo firmemente la viabilidad de esta industria a nivel internacional. Al mismo tiempo, la salsa cubana y puertorriqueña comenzó a propagarse a países como Colombia y Venezuela. Sin embargo, en Estados Unidos la música y cultura latinas no eran más que una nota exótica en la conciencia colectiva. La presencia latina en la televisión era prácticamente inexistente. Salvo por *¿Qué pasa USA?*, que estaba dirigida a una audiencia específica, ninguna otra comedia o artista latino había alcanzado el éxito de *I Love Lucy*. En lo tocante a la música, prácticamente todos los éxitos eran importados, principalmente de México, España y Argentina. Con la excepción de Julio Iglesias, el *crooner* de la voz de terciopelo que se estaba imponiendo en todo el planeta cantando baladas en todos los idiomas, las personalidades latinas, y tal vez más significativamente, los ritmos latinos, estaban ausentes del menú musical *mainstream*.

Miami era la excepción. Aunque apaleada por las guerras de la droga, la ciudad era un crisol de culturas, alimentado aún más por el éxodo del Mariel en 1980. Allí la cultura y los ritmos latinos penetraban el mercado anglófono con abandono. Miami también se beneficiaba de su clima tropical, y su condición de puerta de entrada a EE.UU. para América Latina. Las grandes discográficas abrieron sucursales allí, comenzando con Discos CBS (que más tarde se convertiría en Sony Discos), la primera división latina de una compañía multinacional.

El sello era un éxito comercial, y se vanagloriaba de tener un poderoso elenco latino que incluía al gigante brasileño Roberto Carlos, al español Julio Iglesias y al venezolano José Luis Rodríguez. Pero también había firmado a artistas locales como Willie Chirino, Lissette y un prometedor grupo de fusión radicado en la ciudad llamado Miami Sound Machine. No se parecían a nadie más. Liderado por Emilio Estefan, el grupo —que tenía como cantante a Gloria, la joven esposa de Estefan— se consideraba a sí mismo completamente bicultural y bilingüe. A pesar de la consternación inicial del sello, querían grabar en inglés y en español, lo cual era un territorio prácticamente inexplorado en una época en la que los artistas grababan en uno u otro idioma. Pero la mezcla de agresivos ritmos latinos con letras en inglés, en un momento en que la música disco comenzaba a decaer, a principios de la década de 1980, funcionó y el sencillo en inglés "Dr. Beat" se convirtió en un éxito sorpresa en los clubes europeos. Ello preparó el camino para "Conga", una canción con ritmo latino de base, pero con una sensibilidad global. El título estaba en español, pero su significado se entendía en todo el mundo. La letra estaba en inglés, pero el ritmo era inconfundiblemente latino.

El tema fue producido por Emilio Estefan junto a un trío de productores conocidos como "The Jerks" (los patanes): Joe Galdo, Lawrence Dermer y Rafael Vigil. El grupo, la canción y los productores eran todos una mezcla de identidad latina y estadounidense, idioma inglés y español, o, como Emilio Estefan diría muchas veces a lo largo de los años, arroz y frijoles con hamburguesa.

A pesar del escepticismo inicial, "Conga" alcanzó popularidad gracias a la mezcla de elementos sonoros únicos y de un grupo apasionado de arreglistas que se involucró en el proceso desde el comienzo. Tras salir en 1985, el tema se impuso en las estaciones de radio y en los clubes, alcanzando el puesto No. 10 en la lista Hot 100 de *Billboard*, y convirtiéndose en el primer éxito de Gloria Estefan (como parte de Miami Sound Machine) en la lista, su primer top 10 en dicha lista y el tema suyo que por más tiempo ha estado en esta, con un total de 27 semanas.

Gloria Estefan

Todo comenzó realmente cuando "Dr. Beat" —una de las dos únicas canciones en inglés de nuestro disco en español *A Toda Máquina*— alcanzó el No. 1 en Holanda, y el top 20 en el Reino Unido. Nos llevaron a Holanda para darle promoción. Estábamos en Utrecht, que casualmente es donde nuestro musical se estrenó en el 2017. Estábamos grabando un programa de televisión con el público en vivo en un club allí. Eran las tres de la mañana, y tocamos "I Need a Man" y "Dr. Beat", que eran éxitos enormes en Holanda. No teníamos mucho material en inglés, así que cuando terminamos y ellos dijeron: "¡Queremos más! ¡Queremos más!", realmente no teníamos más. Emilio había llevado su acordeón, y dijo: "Vamos a hacer nuestro popurrí de congas", que es lo que hacíamos al final de todos nuestros espectáculos. Era literalmente un popurrí de viejas congas cubanas, muchas de las cuales eran de dominio público de lo viejas que eran. Yo dije: "¡Pero ellos no hablan español!", y el contestó: "¿Y eso qué importa?". Así que lo hicimos, y se volvieron LOCOS con eso en Holanda. Más tarde, estaba parada en el callejón esperando el carro para regresar al hotel, y hablando con nuestro percusionista, Kiki García, y le digo: "¿Sabes qué? Tenemos que escribir una canción que hable de lo que este ritmo representa. Que hable de la conga, pero en inglés, y podemos hacer la misma fusión que hicimos con 'Dr. Beat'. Pero 'Dr. Beat' está más en un ritmo ⁶⁄₈, así que deberíamos mezclar el ritmo de ²⁄₄, tal vez poner un bajo *funk* o R&B y meterle auténticos ritmos cubanos de conga debajo. ¡Creo que eso quedaría perfecto!".

Enrique "Kiki" García

La banda solía tocar congas cubanas "de los carnavales" para que el público fuera a bailar a la pista. Habíamos tocado esas canciones durante años, y se habían convertido en una constante de nuestro repertorio. Eso vino bien, porque cuando "Dr. Beat" se convirtió en un mega éxito ¡lo que iba a ver el mundo era un grupo con un solo éxito! En los espectáculos teníamos que incorporar *covers* y otros rellenos para aumentar el repertorio en vivo. Estábamos en Utrecht en Holanda, tocando en un club, y después de tocar varias veces nuestro éxito "Dr. Beat" el público estaba como loco, pero se nos acabaron las canciones. Resulta que habíamos sido elegidos como los reyes del "Desfile de Calle Ocho" ese año, y habíamos grabado la percusión de la conga para usarla como *playback* cuando tocábamos en las carrozas del carnaval. Reproducíamos la grabación, y tocábamos encima como refuerzo. Así que esa noche en Utrecht pusimos la grabación de la conga y tocamos encima, y el club entero estalló en una fila de conga gigante con nuestra música, en español, en Holanda. Es simpático el modo en que la música une al mundo. Hice un chiste sobre lo raro que sería que esta canción nos podría hacer famosos.

Gloria Estefan

Volábamos a Inglaterra al día siguiente para promover "Dr. Beat", y estábamos muy emocionados. Era increíble estar en Europa y tener un Número Uno en inglés. Fue el primer viaje a Europa de mi vida. De camino a Inglaterra, me senté al lado de Kiki en el avión. Era un vuelo comercial, y volábamos en clase económica. Estaba sentada a la derecha de él y él comenzó a tocar el ritmo de la canción sobre la bandeja del asiento, y a cantar algunas partes. Escribimos la canción ahí mismo.

Enrique "Kiki" García

Me quedé toda la noche pensando en el espectáculo. No me lo podía sacar de la cabeza. Al día siguiente, al montarnos en el avión, me sale esta canción. Comencé a golpear rítmicamente la bandeja del asiento que tenía delante, y a cantar: "C'mon shake your body, baby, do the Conga". El resto era un poco vago, pero para cuando aterrizamos ya lo tenía todo. Me levanté y se lo canté a Emilio, y a él le encantó desde el principio. A Emilio siempre le han gustado mis ideas locas de canciones.

Como compositor, las ideas se te ocurren y es difícil conceptualizar cómo plasmarlo en papel o grabarlo. "Conga" ha sido por mucho la canción más fácil y divertida que he escrito jamás.

Gloria Estefan

La canción tiene dos acordes. Lo que Kiki cantaba percutiendo en la bandeja fue literalmente parte de la melodía que yo luego transformé, y a la que le añadí cosas, además de la letra.

Regresamos a Miami, y estábamos muy emocionados por empezar a tocar esta canción, incluso antes de ir al estudio. Fue la primera canción que escribimos para el álbum *Primitive Love*. Recuerdo estar en la cocina de mi antigua casa, literalmente cantando los versos de la canción que tenía en la cabeza y grabándolos en casete. Le di las grabaciones a Teddy Mulet, el trompetista, y él escribió los arreglos para metales. Ensayamos la canción —debe de haber sonado un poco diferente de como quedó el sencillo—, y comenzamos a tocarla antes de grabarla.

En ese tiempo éramos súper populares del otro lado del charco, y llenábamos estadios con 50,000 personas en América Latina, pero yo todavía hacía *shows* pequeños en Miami. Comenzábamos a tocar la canción, y las multitudes literalmente reaccionaban como si estuvieran escuchando un éxito. Corrían a la pista a bailar. Así que hablamos con la discográfica —ya les habíamos dado un súper éxito con "Dr. Beat"— y les dijimos: "En el contrato dice que tenemos derecho a grabar un disco en inglés, y queremos hacerlo". Ellos estuvieron de acuerdo, y nos dieron un presupuesto de $25,000 para el disco. [Era un presupuesto] para un disco latinoamericano, de ninguna manera íbamos a poder producir con la calidad que necesitábamos para competir en inglés en todo el mundo; así que Emilio sacó todos sus ahorros en ese momento —eran como $65,000— y lo sumamos a lo que Sony nos había dado.

Emilio Estefan

Yo invertí en esa grabación. No me quedó dinero para la promoción. Éramos una pareja joven con poco dinero. Sin embargo, con el álbum hicimos milagros y logramos un gran álbum. Todo el dinero fue para el disco. Siempre he creído en la calidad. Si la vida te da una oportunidad, dalo todo. Puede que no vuelva a suceder. Siempre he sido un soñador, y tuve que pasar por situaciones muy difíciles de niño, pero convertí lo negativo en cosas positivas.

Gloria Estefan

Grabamos *Primitive Love* en los estudios New River. Nos dieron fechas entre conciertos. Por ejemplo, a veces tenían algunos días

entre una sesión de grabación y otra, y no nos los cobraban porque era súper caro. Para "Conga" queríamos hacer una mezcla
como la que habíamos hecho con "Dr. Beat", y hablamos con
Pablo Flores en Puerto Rico. Él había hecho el remix de "Dr.
Beat." Cuando lo conocimos, trabajaba como DJ en un club
llamado Bachelors, y nos habían dicho que hacía cosas increíbles
con nuestras pistas, así que fuimos a verlo mientras hacíamos un
comercial de Nissan, creo. Por supuesto, no teníamos dinero. Le
dijimos que teníamos algunas horas en el estudio, y le pregun-
tamos si él estaba dispuesto a hacer las mezclas desde cero. Él
tampoco había hecho esto antes; solo lo había hecho con discos
ya grabados. Era un neófito. Yo le dije: "Te garantizo que te va
a quedar genial, pero te pagamos al final". Cuando llegó la hora
de hacer "Conga", hicimos la versión en 12 pulgadas, como
él había hecho antes con "Dr. Beat". Mezclamos la canción,
hicimos una remezcla de eso, y entonces le dije: "Me encantan
estas partes de la remezcla. Vamos a editarlo en el sencillo". Por
ejemplo, la canción no empezaba con los tres acordes de metales
seguidos de la voz a cappella. Ese *intro* salió del 12 pulgadas que
él había creado, y se volvió icónico. Y, por cierto, eso fue antes
de la automatización. Estábamos, cuatro o cinco de nosotros,
parados frente a la consola, silenciando cosas y creando las pistas
para luego armarlas en la remezcla.

Hice las voces como si mi voz fuera un instrumento de percusión, haciendo énfasis en las consonantes. Es por eso que nunca
hice esa canción en español. El español es demasiado suave y no
tiene esos sonidos: "Come on, shake your body, baby, do the
conga". Realmente tuve que marcar las consonantes y cantar
la canción como si yo fuera un instrumento de percusión. Y
luego tuve que hacerlo en las tres partes, porque quería hacer
un homenaje a las Andrews Sisters. Esa armonía de tres partes se
parecía mucho a lo que hacían las hermanas Andrews. Solíamos
cantar "Boogie Woogie Bugle Boy" con la banda porque me

fascinaba esa canción. Quería remontarme a la época en que la música latina estaba empezando en EE.UU., porque esa era la época de Desi Arnaz y todo eso. Pensé que sería muy chévere que las voces hicieran algo totalmente inesperado, más allá del bajo *funk* y el R&B en la canción y la auténtica conga cubana. El grito al principio es James Brown. *Sampleamos* a James Brown. Pagamos por el *sample*. Fue un homenaje.

Emilio Estefan

Llamamos a[l baterista] Joe Galdo, y él programó el ritmo R&B con la sección de conga, y obtuvimos la mejor sección de metales. Estábamos muy emocionados. Pensamos: "¡Dios mío, esto está muy bueno!". A veces te gusta una canción y te entusiasmas con ella, y vas a la discográfica. Nunca se sabe.

Gloria Estefan

Emilio produjo "Conga" junto con The Jerks: Joe Galdo, Lawrence Dermer y Rafael Vigil, que eran músicos excepcionales. En el momento en que les dimos la canción, no se hacía la percusión en vivo. Conga tiene percusión programada y en vivo. LinnDrums [una máquina de ritmo manufacturada por Linn Electronics entre 1982 y 1985] era lo más moderno en esa época, pero también creamos nuestros propios sonidos en el estudio, y los *sampleamos*. Por ejemplo, agarré un libro gigantesco y lo dejé caer al piso del estudio, y eso produjo un sonido como de tambor que era muy diferente. No queríamos usar los sonidos que otra gente había usado. Joe Galdo es baterista, e hizo algo increíble, creo que esa es la razón por la cual "Conga" ha pasado la prueba del tiempo: programó el sonido, pero luego lo retorció para darle ese sonido de cosa en vivo. Es una combinación única de percusión programada y tocada en vivo.

¡Nos pareció un éxito! Incluso antes de ir al estudio ya estábamos más enfocados que nunca. Y nuestro público en Miami era muy diverso. La gente corría a la pista de baile como si estuvieran escuchando un éxito, y eso es muy raro.

Sergio Rozenblat

Me uní a Discos CBS International en 1980, y fui su primer director de artistas y repertorio.

Gloria y Emilio eran mi proyecto, y a partir de ahí trabajé en cada uno de sus discos. Mi primer encuentro con Emilio no fue muy bueno. Cuando nos sentamos a decidir qué íbamos a hacer, él dijo que quería grabar mitad en español y mitad inglés, y yo le dije que no teníamos medios para eso. No teníamos los contactos, las relaciones ni la penetración en el mercado. Le dije: "Emilio, fuera de Miami nadie conoce a la banda". Se enojó mucho y se fue de la oficina.

En su eterna defensa, me llamó al día siguiente y me dijo: "Pensé en lo que dijiste, y tienes razón, pero no me puedes hablar de ese modo". Vino al día siguiente y, con el tiempo, nos volvimos como hermanos. Grabamos en español, y entonces él trajo "Dr. Beat". Llegados a ese punto, me pareció que estaban listos para grabar un álbum en inglés.

Cuando escuché "Conga" por primera vez, no creí que fuera a poner el mundo patas arriba. Era una canción muy, muy pegajosa; el reto era promoverla, hacerla pegar. Era la cara B de un 45. No estaba en el corte de la cara A.

El sonido del 45 no era tan bueno como un 12 pulgadas, pero la reacción de la gente fue lo que me convenció de que teníamos un éxito. Todo el mundo empezó a ponerla en los clubes, a pesar de que lo que teníamos era un 45. Ese fue el primer indicador de cuán grande iba a ser.

Emilio Estefan

Cuando terminamos la canción, primero la tocamos para la discográfica en Miami. Sergio Rozenblat estaba ahí, y ellos entendían el sonido de Miami. Todos dijeron: "¡Wow, wow, wow!". No dijeron que no, pero dijeron que convencer a la gente en Nueva York iba a ser difícil. Allá arriba no entendían que había un sonido único saliendo de Miami, así que fuimos a Nueva York. Ya teníamos un éxito No. 1 con "Dr. Beat", y ellos querían escuchar el nuevo disco. Cuando se lo pusimos, se asustaron. Dijeron: "La radio nunca va a poner esto en Estados Unidos. No veo a la Y-100 poniendo este tipo de música".

Querían quitar los metales, los ritmos, el tumbao. Dijeron: "Nos encanta la banda, pero no vamos a financiar algo en lo que no creemos". Yo dije: "Puede sonar loco, pero no vamos a quitar nada. No voy a cambiar nada. Si vamos a ser exitosos, tenemos que ser honestos". Gloria estaba en la reunión, y me apoyó. Nos mantuvimos firmes.

Gloria Estefan

A "Conga" le tomó un año llegar al top 10 en Estados Unidos. Nos gritaban: "Ustedes son demasiado latinos para los estadounidenses, y demasiado estadounidenses para los latinos. La gente no va a entender esta canción". Y nosotros decíamos: "Esa es exactamente la razón por la cual nos destacamos. No queremos sonar igual que todos los demás en la radio. Este es nuestro sonido. Sabemos que va a funcionar. Solo hace falta una oportunidad". E hizo falta un tipo, Jeffrey Shane, un promotor de radio independiente contratado por Sony, que realmente creía en la banda.

Jeffrey Shane

Estaba esta persona llamada Sergio Rozenblat, que era el director de Discos CBS, y su oficina estaba en Miami. Yo estaba en el departamento nacional, y él estaba en el internacional. Recibí una llamada de Nueva York, de mis jefes en CBS Records, que ahora es Sony Music/Epic, y me dijeron que fuera a reunirme con Sergio a ver si este proyecto servía para algo. Me reuní con Sergio y con Emilio, y ellos me explicaron lo que estaban tratando de hacer. Habían tenido "Dr. Beat", pero este era el primer lanzamiento completo con apoyo total de la compañía a nivel nacional. Escuché el disco, y llamé a mis jefes y les dije: "Este disco está muy interesante". En esa época todo el mundo estaba en la cuerda de Bruce Springsteen y *Born In the USA*. Este disco tenía mucho potencial bailable, y yo sabía que Miami lo iba a apoyar. Me reuní con ellos una segunda vez, y hablamos del orden en el que sacaríamos las canciones. Emilio accedió a sacarlas en este orden: "Conga", "Bad Boys" y "Words Get In the Way". Yo le dije: "Si sacas las canciones en ese orden, te garantizo un disco de platino". Todos estaban convencidos de que teníamos posibilidades. Ya teníamos algún tiempo de transmisión en la emisora Y-100 local, y los de Nueva York me dijeron: "Si puedes hacer que este disco lo pongan en el resto de las emisoras, vamos a apoyarlo más", así que se nos ocurrió la idea de ponerlo en un sencillo de 12 pulgadas y enviárselo a todos los clubes de baile y redes de difusión del país, a ver si podíamos subir en las listas antes de ir a la radio regular.

Sergio Rozenblat

Necesité que Shane fuera la voz dentro de la compañía. Él era un promotor genial, extremadamente bien relacionado. Era un tipo agradable, tenía el don de la elocuencia, de la simpatía, y se vestía muy bien.

Fue una parte integral de mi estrategia, que consistía en lograr hablar dentro de la compañía, comprar credibilidad. Es por eso que Shane resultaba integral. Teníamos que convencer a Nueva York que esta no era una bandita de Miami.

Jeffrey Shane

El disco salió inicialmente en las redes de difusión de discos [o *record pools*, que se le mandan a los DJs de clubes y programadores], no en la radio. Habíamos decidido demostrar que este era un disco bailable con potencial, y se convirtió en el No. 1 en el circuito de clubes. Entonces llevé el disco a casi todas las emisoras de radio de la Florida, y en casi todas esas emisoras se convirtió en el No. 1. Así conseguimos el No. 1 en la Florida, y el disco se convirtió en prioridad de Epic Records nacional.

Llamé a las emisoras. Tenía buenas relaciones. Fui y dije: "Esto no tiene nada que ver con Epic Records. Te estoy pidiendo de favor que pongas el disco en tu emisora". Tenía un interés especial en esto, porque ellos eran de Miami y realmente eran la única banda de allí que yo creía que podría lograrlo. Estaba comprometido con ellos como personas. Fue emocionante que me dieran este huevo en internacional para ver si podía hacerlo romper el cascarón. Lo más emocionante para un promotor es entrar en una emisora y lograr que pongan el disco. En "On Your Feet" [el musical que cuenta la historia de los Estefan] hay un personaje con gafas oscuras que dice: "¡Te conseguí St. Louis!". Ese fui yo.

Gloria Estefan

Él literalmente llamó a un amigo suyo en St. Louis, y le rogó que pusiera la canción una vez. Cuando el amigo puso la canción, los teléfonos se volvieron locos. Fue la primera canción en estar en cuatro listas diferentes en *Billboard*.

Emilio Estefan

Estábamos en México filmando una película llamada *Club Med*, y en eso recibimos una llamada de Nueva York. Nos dijeron: "Emilio, tienes que regresar a EE.UU. Se rompió el récord. Algo así como 143 emisoras están poniendo la canción". Jeffrey Shane llevó la canción a todo Estados Unidos.

A partir de ese momento, todo el mundo comenzó a ponerla, porque miraban las listas a ver lo que estaba pasando. La habíamos enviado a las redes de difusión, y había logrado muy buena reacción. Así fue como empezó todo. Recuerdo la primera vez que tocamos en *American Bandstand,* el *show* de Dick Clark. Uno se da cuenta en la reacción del público y la gente. Era una canción con la que la gente se contagiaba enseguida. Sin importar dónde estuviéramos, la reacción siempre era espectacular.

Sergio Rozenblat

Entonces hicimos el video clip de "Conga", y lo mandamos a Europa. Allí pensaron que era súper *campy*. Poco sabían que en

Calle 8 esas mujeres, esas plumas, todo eso era real. Sabíamos que podía ser un poco *campy*, era como admirar una obra de arte. Era un momento genial, estar en ese lugar y ser testigo del amor y la inocencia de la música. El amor por la música nos guiaba. Y Gloria estaba lista.

Emilio Estefan

Éramos niños de dos culturas. Yo quería mantener la parte latina, y por lo menos dejar una huella de orgullo de quiénes éramos. Creo que cuando las cosas se hacen con honestidad y con un sonido propio no puedes copiar a nadie; eso son los clásicos. Las canciones que han triunfado han sido siempre algo totalmente diferente. Es por eso que siempre he esperado que nuestra carrera sirva de inspiración a tantos nuevos músicos, y que no permitan que otros cambien su destino.

"El gran varón"

Willie Colón
1989

CRÉDITOS

Willie Colón: Cantante, productor, trombonista

Omar Alfanno: Compositor

Marty Sheller: Arreglista

La versión de Willie Colón de la historia de Omar Alfanno sobre un homosexual latino que es rechazado por su familia y termina muriendo de SIDA fue un éxito inesperado que aún pervive. Grabado en una época en la que apenas comenzaba a hablarse del SIDA, y la homofobia era algo cotidiano en América Latina, la mera idea de que un salsero macho hablara del tema era ya en sí revolucionaria. Más sorpresiva aún fue la popularidad de "El gran varón". El tema fue incluido en el álbum de Colón *Top Secret*, de 1989, y no se pensó convertirlo en sencillo, pero los DJs y los fanáticos lo hicieron suyo. La canción se alzó a la cima de las listas de popularidad en América Latina y Estados Unidos, donde alcanzó el No. 13 de la lista Hot Latin Songs de *Billboard* en junio de 1989. Fue el mayor éxito de Colón en las listas hasta ese momento.

"El gran varón" fue una anomalía en todo sentido. Llegó en un momento en el que Fania, el poderoso sello independiente que había vuelto a la salsa *mainstream*, estaba en decadencia. Atrás habían quedado los arreglos musicales complejos y las letras socialmente comprometidas que hicieron legendario el catálogo de Fania. Ahora se escuchaba "salsa erótica", término acuñado para describir temas bailables de tempo medio, con letras románticas, a veces sexualmente explícitas. Colón, cantante, trombonista, compositor y productor, y uno de los nombres cumbre de la salsa gracias a los discos revolucionarios que había sacado con Fania [incluido *Siembra*, el que grabó con Rubén Blades], no cabía en esa ecuación, e insistía en incluir un tema socialmente comprometido en cada disco. En el caso de *Top Secret*, ese tema fue "El gran varón".

Sería ingenuo pensar que la canción no fue controversial. Por un lado, la letra era en buena medida ambivalentemente provocadora. El verso que dice "No se puede corregir a la naturaleza; palo que nace doblado, jamás su tronco endereza" fue considerado homofóbico por algunos grupos gay, aun cuando la derecha acusara a Colón de justificar la homosexualidad al atribuirla a la genética. En cualquier caso, "El gran varón" se adelantó a su tiempo en el tema de la canción, que contaba cándidamente una historia que para muchos era tabú. En realidad, ¿cuántos padres latinos machistas hablaban abiertamente en 1989 sobre las tendencias homosexuales de sus hijos?

"El gran varón" pasó la prueba del tiempo, de la política y de la corrección política. Colón llegó a recibir un premio humanitario de manos de los diseñadores Oscar de la Renta y Carolina Herrera, y el interés por la canción se mantiene en la actualidad. En 2019, "El gran varón" sirvió de inspiración para un episodio de la serie de Televisa *Esta historia me suena*, que llevó el mismo título. El episodio cuenta la historia de un homosexual mexicano que sale de su país huyendo del abuso, y es deportado de vuelta, pero regresa como mujer. *Simón, el gran varón* es también el título de una película mexicana filmada en 2002, inspirada en el tema de la canción.

En cuanto a la canción misma, su autoría no es de Colón, sino del cantante y compositor panameño Omar Alfanno, considerado uno de los más grandes compositores latinoamericanos. Es el hombre detrás de éxitos como "A puro dolor", de Son by Four. Sin embargo, en 1989 Alfanno era un artista y compositor emergente, con una carrera como director de orquesta de salsa que comenzaba a despegar, mientras intentaba colocar sus canciones. "El gran varón", en la voz de Willie Colón, se convertiría en su primer gran éxito.

Willie Colón

Estaba trabajando en México en un club llamado La Maraca, y Omar Alfanno se aparece y empezamos a conversar entre bastidores. Yo había oído hablar de él, pero no lo conocía. No éramos amigos. Él simplemente se me acercó entre bastidores, se presentó y empezamos a conversar. Estaba promocionando sus canciones. Tenía un montón de canciones, y empezó a cantarme, a capela, una canción acerca de un tipo que tenía SIDA y murió. Y yo le dije: "Ah, eso suena interesante...".

Omar Alfanno

Nos contrataron para abrirle un concierto a Willie Colón en un hotel de México, pero a las 5 p.m., cuando llegó la banda, ninguno de los muchachos [los músicos] había traído los instrumentos, porque pensaron que habría una orquesta instalada en el local. El promotor me dice que iba a demandarme sí no tocábamos. "Chucha Madre", digo yo, una expresión muy panameña. Y [el promotor] Juan Toro me oye y [le preguntó a Willie si yo podría usar sus instrumentos y Willie le dice que sí].

Cuando terminamos de tocar, antes de que Willie se subiera a cantar, voy al camerino a darle las gracias a Juan. Toco a la puerta del camerino, me preguntan qué quiero, y Juan se voltea y dice: "Déjenlo pasar". Conversamos un rato y Juan se voltea hacia Willie, que estaba en el otro extremo del camerino, y le dice quién soy yo. Willie me saluda de lejos, y yo salgo por el pasillo rumbo al estacionamiento, cuando una voz dentro de mi corazón me dice: "Regresa y cántale 'El gran varón'". Wow. Te lo juro que fue la voz de Dios. Vuelvo y otra vez toco a la puerta, llaman a Juan de nuevo, y le digo: "Juan, tengo la garganta seca. ¿Me puedes ofrecer algo de tomar?". Te mentiría si te dijera qué me dieron de tomar, pero yo me acerco a Willie, que estaba hablando con unos periodistas que le estaban mostrando una revista de salsa. Yo me voy como bordeando de un ladito y me le pego al lado, y él se me queda mirando con una actitud muy New York, como: "*What!*". Yo le digo: "Tengo una canción que te va a gustar". "¿Cómo va?", me pregunta, y yo empiezo: "En la sala de un hospital, a las 9 y 43, nació Simón...". Y Willie abrió mucho los ojos.

¿Quién era Simón? Cuando yo estudiaba en la escuela Saint Vincent de Paul, en Santiago de Veraguas, en Panamá, tenía un amigo al que quería mucho. Era un muchacho normal, como todos. Tenía novias, tocaba la guitarra y andaba con todos nosotros. Nunca dio indicios de que fuera gay. Esto fue alrededor de 1975, y donde yo vivía no había cabida para la homosexualidad. Era como un pecado, como estar ante un pelotón de fusilamiento, algo terrible. Cualquiera que pareciera remotamente gay, era maltratado y discriminado, así que yo me imagino que Simón —el que, dicho sea de paso, no es su nombre real— se ocultaba. Debe de haber sufrido mucho porque, además, él venía de una familia de rancheros, gente fuerte y ruda acostumbrada a lidiar con el ganado. Su papá era el tipo de gente que, según me cuentan, arremetía contra los gays cuando se tomaba dos tragos. Supongo que este muchacho, que tenía que reprimirse cuando era chiquito, tendría que sentirse culpable, frustrado, todos los efectos de vivir en una sociedad que castra psicológicamente a los homosexuales.

Ni siquiera nosotros, sus amigos, habríamos tolerado a alguien que fuera gay. Todos estábamos tan reprimidos que, si eras varón, tenías que jugar fútbol o béisbol. Olvídate del voleibol; eso era visto como un deporte de niñas. Cuando nos graduamos, cada cual agarró por su lado. Yo me fui a México a estudiar dentistería, y él se fue a Argentina, y sufrió mucho allí. Me contaron que cuando hablaba con su padre por teléfono, su actitud era de macho, superpoderoso y todo eso; pero en cuanto colgaba, se ponía a decir cosas como: "Ay, no puedo soportarlo más". Esto era a finales de la década de 1970, y todos esos países —Chile, Uruguay, Argentina— estaban en medio de una conmoción política, y constantemente cancelaban las clases en la universidad, así que él le dijo a su padre que quería irse a estudiar a otra parte, y escogió una universidad en San Francisco. Imagínate, el lugar que le ofrece más libertades a la comunidad gay.

Yo me imagino que, después de tantos años de cautiverio emocional en términos de sus preferencias sexuales, allí se abrió totalmente. Me contaron que varias veces lo vieron andar por la calle travestido. Yo no lo vi nunca, pero eso se convirtió en parte de la leyenda urbana que fue Simón. También me contaron que su padre fue a visitarlo una vez, sin anunciarse, tal como dice la canción. La puerta la abrió una mujer, y era Simón. Lo que sucedió de puertas para adentro no lo sé. Eso también es parte de la leyenda, pero el papá quedó traumatizado; eso lo supo todo el mundo en nuestro pueblo. A ese hombre tan recio, fue como si lo derribara un bumerán. Me dijeron que se enfermó, y que nunca más salió a la calle, porque podían señalarlo como padre de Simón, y Simón era gay.

Cuando estaba grabando mi primer disco en Miami, me reuní varias veces con mis amigos de la secundaria, y ellos me hicieron los cuentos. Cuando les pregunté por aquel muchacho, me dijeron: "¿No te enteraste? Es gay". Yo no podía creerlo. Era como si me hubieran dicho que él era de otro planeta. Fueron ellos los que me contaron todo eso, y eso se me quedó dentro. Regresé a México, donde estaba viviendo, y escribí un borrador de "El gran varón", que en ese momento titulé "Metamorfosis". Me imaginé a Simón como una mariposa que empieza a crecer y deja el capullo, y pasa por todo ese proceso, pero me di cuenta de que la letra era demasiado vaga, así que fui a la raíz de la historia que mis amigos me habían contado, y añadí más detalles. Así fue como "El gran varón" se convirtió en "El gran varón", con ese título.

Willie Colón

Después del encuentro con Omar, comencé a grabar mi disco *Top Secret*. Cuando lo terminé, me pareció que le faltaba algo. Necesitaba algo que fuera un poco social, que pudiera hacer algún tipo de declaración social. Yo siempre incluía al menos un tema de esos en mis discos. Eso era lo que faltaba en este, y entonces me acordé de la canción de Omar. Habían pasado uno o dos años. Lo llamé y le dije: "¿Qué hiciste con aquella canción?". Él me dijo: "Nada. Nadie ha hecho nada con ella". Le dije que estaba interesado en grabarla, porque tenía un primo que murió en casa de mi abuela. Al principio me había parecido una broma cruel lo de la enfermedad que solían contraer los gays. Nadie sabía qué era el SIDA en esa época, pero luego nos dimos cuenta de que el SIDA era real, así que [finalmente] llamé a Omar. La canción era como un reto para mí. ¿Cómo vendo esta historia? Ten en cuenta que no he dicho "sencillo". Si voy al estudio planeando grabar un sencillo que sea un *hit*, seguramente terminaré con una basura. La siguiente ocasión en que toqué en Puerto Rico, él estaba allí y nos sentamos a conversar sobre la canción.

Omar Alfanno

Yo estaba trabajando en mi segundo disco. En esa época, la salsa erótica comenzaba a convertirse en movimiento, y Eddie Santiago, una de las estrellas más populares del género, fue a tocar en México. Yo era uno de los artistas de la RCA en esa época, y me invitaron a su concierto. Allí conocí a Eddie, pero también a Ángelo Torres, el director de su orquesta. Le dije que yo era compositor, que había escrito muchas baladas que podían tocarse a ritmo de salsa, y que quería grabar en Puerto Rico. Él me recomendó a un productor, y la gente de RCA accedió a pagarme para que fuera a promover el disco en Puerto Rico, y a preparar las cosas para grabar el nuevo disco allí.

Mientras estaba en la isla, un día en que estaba en la oficina [de la RCA], una asistente llamada Hevia me dice: "Willie Colón está allá afuera esperando por ti". "Sí, claro", digo yo. La segunda vez que ella me avisa, él estaba en la puerta. "Oye,

Simón", me dice él. "Te me perdiste. ¿Vas a darme esa canción, o qué?". No podía creerlo. Willie Colón estaba allí, buscándome. Él era uno de los cantantes más populares en la radio y en el mundo del espectáculo en esa época. Había un rey del trombón, y se llamaba Willie Colón. El sueño de todo compositor era estar cara a cara con Willie Colón.

Y eso no fue todo: fuimos a mi casa a buscar cómo grabar "El gran varón". La grabadora que yo tenía no funcionaba, así que nos montamos en su carro. Willie Colón iba manejando, y yo me le senté al lado con la guitarra. Me le quedé mirando, hasta que finalmente dije: "Pellízcame, mi hermano. Todavía no lo creo". En esa época no existían los celulares, y no recuerdo dónde fue que paramos para llamar a un amigo mío que vivía cerca, para preguntarle si tenía una grabadora. Fuimos al hotel Regency, donde Willie estaba hospedado, que coincidentemente era el mismo hotel donde Héctor Lavoe se cayó de un balcón [en 1988]. Le canté la canción en su habitación, y Willie se llevó la cinta a Nueva York para grabar el tema.

Willie Colón

Esta vez Omar vino con su guitarra y tocó la canción. Me pareció que algunos aspectos del tema eran demasiado duros, casi como una burla, pero aún así me gustó la canción, y decidí que podía reconciliar esas líneas que encontraba un poco duras con los *soneos* [versos improvisados que constituyen un ingrediente de la salsa]. Le añadí cosas a la historia con los *soneos* entre estribillos. Eso suaviza un poco y añade más detalles a la historia. En Nueva York, busqué a Marty Sheller, el arreglista. Él no habla español ni nada de eso, así que le expliqué de qué trataba la canción, y el sentimiento que queríamos darle. La grabé en

Nueva York. Con Marty siempre me preparo para estar listo al
día siguiente y grabar la canción en un día. Marty era de la vieja
escuela, un músico de jazz que tocaba la trompeta con Mongo
Santamaría. Él no es exactamente pianista. Hace los arreglos en
el piano, pero su instrumento es la trompeta. Hay una película
en la que sale Ann-Margret bailando con Mongo Santamaría, y
Marty hace el solo de trompeta.

Cuando yo decido ir con una idea o un concepto, lo llevo
hasta el final. Yo no creo que puedas hacer un álbum que sea
realmente bueno con poco presupuesto. Necesitas invertir
muchas horas y encontrar a las personas correctas para ayudar a
ejecutar el proyecto. Arreglistas, músicos, cantantes, ingenieros
y ensayos para que todos estén alineados. Solamente así puedes
crear una grabación como "El gran varón."

Marty Sheller

Comencé mi carrera como trompetista. Toqué en varias bandas
latinas, y finalmente en la banda de Mongo Santamaría entre
1962 y 1967. Toqué el solo de trompeta en su éxito "Watermelon
Man". En ese tiempo me presentaron a Willie Colón. Él había
grabado uno o dos discos para Fania Records, y Jerry Masucci
[el carismático fundador y propietario de Fania Records] me
contactó. Jerry era el dueño, y me dijo que quería otro disco para
Willie, pero que a este le tomaba mucho tiempo escribir todas
las partes para su banda, y que si yo estaría dispuesto a que él
me dictara esas partes. Yo las escribiría, y él tendría los arreglos
mucho más rápido.

En la primera canción que hicimos juntos, él hizo precisamente eso. Tenía todas las partes en la cabeza, y me dijo: "Escribe
esto para el bajo, esto para el piano, esto para los trombones",

y terminamos el primer arreglo muy rápido. El segundo, igual; pero el tercero, cuando íbamos por la mitad, me dice: "No estoy seguro de qué hacer ahí". Yo le hice una sugerencia, y a él le gustó. Ese fue el comienzo de nuestra relación.

Siempre que él me llamaba para que le hiciera los arreglos, primero los discutíamos, y él tomaba nota de mis sugerencias. Lo hacía de manera inteligente: las implementaba de modo que cuando llegábamos al arreglo siguiente, yo sabía que él usaría algunas de las ideas que le había sugerido. Así fue como nuestra relación funcionó durante años. Willie es un tipo preparado. En otras palabras, cuando me llama para hacer un arreglo, ya tiene pensado básicamente lo que quiere. Y, como es un buen músico, puede explicármelo muy bien. Para un arreglista, que alguien sepa lo que quiere facilita mucho las cosas. Es como si estuviera construyendo una casa: puede decir: "Así es como va a lucir la casa".

En el caso particular de esta canción, nos reunimos y, como de costumbre, él me explicó lo que quería. Yo no hablo español. Lo entiendo un poco, pero no lo suficiente como para entender la letra; así que él me explicó de qué trataba, y luego me explicó lo que quería musicalmente. Me dijo: "Quiero empezar con un estado de ánimo muy suave y sombrío, y luego ir construyendo encima poco a poco". Yo sabía que la voz comenzaba a cantar al principio, y lo que iba a cantar. Cuando hago un arreglo para voz, siempre pienso en cuál es la mejor manera de implementar la entrada de la voz. Quería escribir algo que fuera simple, para poder construir encima, así que escribí una parte simple para el piano. Entonces entra Willie y luego, el bajo. Y detrás del bajo entra el cello, de modo que el tema se va construyendo lentamente, hasta llegar al momento en que pasa al tempo más rápido.

Entonces puse el bajo, y luego el cello, y fui construyendo.

Luego él quería ir a la sección en que el tempo aumenta, y en mitad de eso ya tenía una idea definida musicalmente de lo que quería, como una especie de ritmo de bomba. Recuerdo que dijo: "No quiero que sea el arreglo típico latino en el que las secciones del *coro* y el *soneo* son largas. Quiero el *coro* y el *soneo*, y luego el *coro*, y el *soneo*, dos veces, y luego una parte con la banda. Luego de la parte de la banda, hacemos otro *coro, soneo, coro, soneo*, y otra parte con la banda". Y luego él quería regresar al sentimiento del principio, el estado de ánimo lento y sombrío, y volver a construir encima al final.

Willie Colón

No era una canción difícil de cantar. Me gustaba que fuera muy dinámica. Comenzaba como una balada, y entonces se convertía en una especie de guaracha. Tiene muchas partes, y entonces a la mitad se detiene y tiene una *fermata*. Es una canción muy dramática. La grabé con mi banda habitual, que incluía a [los percusionistas] Milton Cardona y José Mangual, y a[l pianista] Professor Joe. Estos tipos han estado tocando conmigo por años y años. Grabamos en el piso 34, en el viejo estudio de la RCA en el número 1440 de la calle Broadway. Jerry lo había rebautizado como "Good Vibrations". Ahí grabamos el tema de principio a fin con la banda. Por lo general, yo grabo primero toda la banda, luego los coros, luego los solistas. Como la sala era tan grande, se prestaba para hacerlo todo junto. Tenía muy buena acústica.

Una de las cosas que realmente me hace falta de "los viejos tiempos" es pasar el día con Marty. Marty tiene un vasto repertorio de bromas y es muy chistoso. Solíamos compartir chistes. Desafortunadamente, con el tiempo se nos agotaron los chistes y empezamos a contar los mismos una y otra vez. Finalmente decidimos enumerarlos. Marty decía "Número 1", y nos matábamos de la risa. Yo decía "Número 7", y nos reíamos otra vez. Una vez, Omar estaba mirando y se unió y gritó: "¡Número 3!" Nadie se rió. Entonces, me preguntó: "¿Porqué no se rieron?". Y Marty le contestó: "¡Porque no sabes como echar un chiste!". Me hace falta Marty. Era como un hermano. Hacíamos un gran equipo.

Marty Sheller

Me sorprendió la versión final. Además de las habilidades de Willie como vocalista y productor, él sabe cómo lograr lo que quiere. Cuando la escuché, me di cuenta de que él mismo la había mezclado. Mezclar significa lograr el balance adecuado de los instrumentos para la grabación. Él lo hace muy bien, es realmente un buen productor.

Como arreglista, cuando escribo la música miro el papel con las notas y sé en mi cabeza cómo va a sonar; pero un buen productor lo trae a la vida, y esa es una de las mejores cosas de trabajar con Willie: como es tan buen productor, realmente logra que la música salga viva del papel. Poca gente le reconoce eso. En lo que toca a la letra, Willie se sentaba conmigo y me explicaba verso por verso lo que decía. Una vez que terminábamos, la enfrentaba desde un punto de vista estrictamente musical. Al saber de qué trataba en general, podía aproximármele desde el punto de vista musical.

Willie Colón

A Marty le parecía bien la canción. Marty sabe cómo son las cosas. Mi mujer sí me preguntó: "¿Estás seguro de que vas a hacer esa canción?". La canción era buena, sonaba bien, se sentía bien, pero así y todo era un tema arriesgado. Nadie estaba hablando del SIDA, de los gays ni de nada de eso en nuestra cultura machista.

Omar Alfanno

Esa canción fue en su momento como una "Bohemian Rhapsody". Era algo diferente, algo que nunca se había contado de esa manera, a pesar de que ya se había hecho con "Pedro Navaja", "Juanito Alimaña" y otro sinnúmero de canciones dedicadas a los maleantes.

Esta canción era diferente. Hablaba de una temática que siempre estuvo medio prohibida, y yo la capté totalmente; sobre todo la parte de: "En la sala de un hospital, de una extraña enfermedad murió Simón". Puse "extraña enfermedad" porque era una enfermedad extraña. En esa época la gente ni sabía lo que estaba pasando con el SIDA. Los homosexuales morían. Recuerdo que a Magic Johnson le diagnosticaron la enfermedad y lo sacaron de la NBA. En el boxeo empezaron a usar guantes. Se armó un desmadre con aquello del SIDA. Y como esta canción hablaba de la homosexualidad relacionada con una "extraña enfermedad" que mata a Simón, se empezó a hacer conciencia, hizo que la gente escudriñara la letra. Si haces el análisis, línea por línea, es una descripción cruel.

Es importante aclarar que cuando escribí la canción yo no sabía que Simón estaba muriendo de SIDA. Lo puse para poder cerrar la historia como pensaba que tenía que ser. Resultó que estaba profetizando la muerte de Simón. Fue después que me lo contaron en Panamá, y eso fue una cosa tremenda para mí.

Willie Colón

En esa época yo no tenía un sello discográfico, y no podía vender el cabrón disco. Volé hasta Los Ángeles para encontrarme con Luis Pisterman [entonces director ejecutivo de Warner Music International]. Le puse el disco, y él casi no le prestó atención, y al final dijo que no estaba interesado. Antes de irme, le dije: "Esto va a ser un número uno".

Terminé yendo a ver a Jerry Masucci y sacando el disco con Fania. Masucci confiaba ciegamente en mí. Yo podía decirle: "Jerry, tengo una idea: quiero hacer un disco con un cuatro puertorriqueño". Él ni siquiera me dejaba terminar la idea: "Toma el dinero y tráeme el disco".

Omar Alfanno

Cuando Willie llega a México a promover el disco *Illegal Alien*, ya yo tenía muchos amigos en la radio, porque había estado promoviendo mi propio disco como salsero. Willie llega a la estación Tropi Q, que tenía un programa nocturno de salsa, y dice que está promoviendo su nuevo álbum y que el primer sencillo se llama "Primera noche de amor". Y le preguntan: "¿No tienes una canción que se llama 'El gran varón'?", y Willie dice: "Sí, pero ese no es el sencillo. Entonces le dicen: "¿Por qué no dejamos que la gente lo escuche?". Primero ponen "Primera noche de amor", y después, "El gran varón", y la gente empezó a llamar para pedir "El gran varón".

Willie Colón

De manera automática y orgánica los DJs empezaron a poner la canción, sin que nosotros la promoviéramos, y llegó el momento en que se convirtió en la número uno en como diez países de América Latina. Era increíble, fue como una avalancha. Creo que la toqué por primera vez en Nueva York, y cuando la tocamos en vivo la gente de verdad la escuchó.

Después de que se convirtió en un éxito, hubo una reacción muy visceral. Entonces comencé a experimentar rechazo de la comunidad gay y de la comunidad religiosa. Los gays decían: "No somos palos doblados. ¿Qué te pasa?"; y algunos grupos religiosos decían: "¿Quién tú te crees que eres? ¿El vocero de la comunidad gay?". A veces los homosexuales en el público la pedían, y luego comenzaban a llorar. Realmente se sentían identificados, les llegaba el mensaje.

Luego de que todas las protestas y todo se calmara, supongo que todo el mundo decidió que era mejor así. No sé cuántas veces la gente se me ha acercado y me ha contado que su pareja o su hijo murió de SIDA.

Marty Sheller

Honestamente, en esa época no me di cuenta de cuán innovadora iba a ser. Solo sabía que estaba muy satisfecho con mi arreglo, con la producción de Willie y con lo bien que sonaba; pero la veía simplemente como otro buen trabajo que habíamos hecho juntos, sin darme cuenta de que tendría el impacto que tuvo. Por supuesto, me di cuenta de que se había convertido en un éxito, y de que le había ido muy bien; pero años después voy a ver a Willie en concierto, creo que en Filadelfia, y cuando sale naturalmente la gente se pone de pie a aplaudir, y él empieza a tocar muchas canciones que ellos conocían. Cuando llega a "El gran varón", yo no podía creerlo. El piano comienza con esa introducción suave, y la gente se vuelve loca; se dan cuenta de que era el comienzo de esa canción. Realmente me impactó, incluso sabiendo que había sido un éxito, no me había dado cuenta de su importancia y de lo bien que la gente reaccionaba a la canción.

Omar Alfanno

Willie Colón empezó a renacer. Y, en lo que a mí respecta, ahí fue cuando pude decirle al mundo entero: "Yo fui el compositor de 'El gran varón'". Esa canción fue muy importante para mí. Ha tenido no sé cuántas versiones, ya se convirtió en una leyenda. Yo doy *shows* como cantautor, y no puedo dejar de cantarla. Sin temor a equivocarme, creo que marcó un antes y un después para mí y para Willie. Esa canción ahora mismo es un himno de la comunidad gay. Haber escrito esta canción sin ninguna intención, ni siquiera de que la grabaran, ha sido una de las bendiciones más grandes de mi vida. Me colocó en un lugar que, gracias a Dios, supe aprovechar, y no he dejado de componer hasta ahora.

Willie Colón

"El gran varón" fue un éxito para mí en todas las variantes: en la radio, en las ventas, en vivo. Mientras más se habla de ella, más sube. Y tres o cuatro años después, Óscar de la Renta y Carolina Herrera me dieron un reconocimiento humanitario en Washington, D.C. por grabar la canción. Hasta el día de hoy, es una de mis más grandes canciones. Soy afortunado. De algún modo caí como por accidente en un montón de momentos maravillosos. Simplemente hice lo que tenía delante. No lo planeé.

Omar Alfanno

Lo que sí te digo es que el nombre real de El gran varón nunca lo voy a decir. En el pueblo donde nací muchos lo sospechan, pero cuando me preguntan: "Oye, esa canción se la hiciste a fulano de tal", yo nada más me sonrío. La única que sabe es mi esposa Carmen.

"Burbujas de amor"
Juan Luis Guerra y la 4.40
1990

CRÉDITOS

Juan Luis Guerra: Compositor, artista

Roger Zayas: Cantante, miembro fundador de la 4.40

Amarilys Germán: Representante

Con el cambio de década, la música latina comenzó un proceso introspectivo en busca de una identidad propia. Durante años, el *pop* orquestal fue la *lingua franca* que unificó el universo latino —América Latina, España y la población latina de EE.UU.—, con baladistas de voces potentes como José José, Juan Gabriel, Rocío Dúrcal, Raphael y José Luis Rodríguez dominando las listas de éxitos y los corazones, con canciones de amor y dolor.

Sin embargo, para finales de la década de 1980 y principios de la de 1990, una nueva generación de músicos que creció escuchando el rock británico y estadounidense se volcó hacia sonidos radicalmente distintos. Esa generación incluyó a roqueros argentinos como Soda Stereo y Los Fabulosos Cadillacs, la banda mexicana experimental Café Tacuba, roqueros pop como Maná o la chica rebelde Gloria Trevi. Todos ellos se mantuvieron cercanos a sus raíces en cuanto al idioma y el mensaje, pero su música tomó libremente prestados elementos del lenguaje del rock y el pop en inglés.

Al mismo tiempo, otro movimiento musical se fue gestando, liderado por artistas que también se habían criado con el rock 'n roll, pero que mezclaban esos sonidos con la música popular de sus países de origen. En Colombia, Carlos Vives se volcaría hacia el vallenato —con su base de acordeón— y la rítmica cumbia de la costa caribeña.

Pero antes, un guitarrista y compositor de la República Dominicana llamado Juan Luis Guerra se había mudado a Boston para asistir al Berklee College of Music y pulir sus dotes musicales en el mundo del jazz y la orquestación. Lejos de su isla tropical tuvo una epifanía: obtenía mejores resultados en su música cuando incorporaba los ritmos más distintivos y autóctonos de su país. Esos ritmos incluían la bachata, música de las clases bajas y los campesinos dominicanos, marginada y relegada no solo por las clases altas, sino también por la mayoría de los medios de difusión *mainstream* dentro y fuera del país. La llamaban "música de amargue", y sus canciones trataban sobre el amor, la pérdida y la traición, con líneas simples de guitarras, pulsadas y reproducidas en bares y burdeles donde se bailaba pegado cuerpo a cuerpo.

A la larga, artistas locales de la talla de Luis Díaz y Víctor Víctor comenzarían a expandir el alcance de la bachata, pero fue Juan Luis Guerra, armado con su bagaje de Berklee, sus habilidades como guitarrista, sus raíces dominicanas y su amor por los Beatles, quien internacionalizó la bachata, elevando el nivel de lirismo, arreglos, orquestación y ejecución en su álbum de 1991, *Bachata rosa*. Con anterioridad, Guerra y su banda, la 4.40, ya se habían anotado un éxito internacional con su disco *Ojalá que llueva café*, de 1989, una versión progresiva del merengue —otro ritmo dominicano— que llamó la atención colectiva de la audiencia latina en todo el planeta.

Bachata rosa fue su primera incursión en el género al que alude el título, inspirado en la música que su tío ponía en la radio del auto cuando lo llevaba a la escuela siendo niño. En *Bachata rosa*, Guerra tomó esa "música de amargue" y la volvió dolorosamente hermosa. Desde las exquisitas armonías vocales y las melodías inspiradas por los Beatles, hasta las letras imposiblemente bellas y románticas, *Bachata rosa* le dio la vuelta al concepto de la bachata. Inspirada por la poesía de Pablo Neruda, dejó de ser dura, cruda y amarga, para volverse sensual, poética y arreglada con un sentido elevado de la musicalidad.

Su eje principal fue el primer sencillo, "Burbujas de amor", el primero de una serie de éxitos salidos de *Bachata rosa*. Con líneas de guitarra con influencia de George Harrison, y letras inspiradas por Neruda fue, simplemente, algo alucinante. En apenas un año, países que jamás habían escuchado la palabra "bachata", mucho menos la habían bailado, meneaban rítmicamente la cintura con un apasionado ritmo tropical radicalmente diferente a la salsa o a cualquier otra cosa que hubieran escuchado. Y, lo más importante: el éxito de Juan Luis Guerra demostró que hasta los géneros más típicos podían resultar internacionalmente atractivos.

Juan Luis Guerra y *Bachata rosa* desataron una revolución de la bachata que continúa hoy día en la música de artistas como Aventura y Romeo Santos. El reconocimiento supremo fue que en 2019 la UNESCO declaró a la bachata patrimonio inmaterial de la humanidad.

Juan Luis Guerra

Ese fue el periodo *Bachata rosa*. Yo estaba recién mudado con mi esposa a nuestro apartamento que teníamos en Ensanche Naco [un sector de Santo Domingo]. No estábamos recién casados, pero sin en ese proceso de adaptarnos y vivir esa vida de matrimonio.

La verdad que fue un período de muchísima creatividad. Imagínate reunir todas esas canciones en un solo álbum. Además de "Bachata rosa" [que da nombre al álbum] estaba "La bilirrubina", "Como abeja al panal": una serie de canciones que se volverían clásicos después. Y "Burbujas de amor" fue una de ellas. En este álbum fue la primera vez que decidí componer bachata. Yo tenía guardada pues esa zapata [formación o base] de la bachata porque mi tío me llevaba al colegio cuando yo era adolescente y siempre íbamos escuchando un programa de bachata por la mañana. Había muchas bachatas que me gustaban. Me gustaba la forma como [hacían los solos] las guitarras. Me llamaba mucho la atención los dejos de las voces. Tenían un cantadito muy específico. No es que escuchara analíticamente. Simple y llanamente fui aprendiendo el género sin querer. Porque si hubiera sido por mí, quizás estuviera escuchando los Beatles en el carro. Yo tenía esa zapata guardada en el corazón, y en ese álbum fue que decidí trabajarla.

Roger Zayas

La bachata como tal existía, obviamente. Era como el blues estadounidense; una "música de amargue", como la llamábamos. Eran canciones sobre las clases bajas y la gente del campo, que volcaba su corazón en esas letras y ese tipo de cosas. Pero no era un tipo de música bien visto entre las clases media y alta, que la consideraban música vulgar que ellos no escuchaban realmente, o no les interesaba. Consideraban vulgares tanto la música como la manera en que se bailaba.

Pero siempre hubo intérpretes muy importantes de la bachata. Gente como Luis Díaz, que comenzó a hacer una bachata muy diferente y a ponerla en voz de cantantes más populares o más *mainstream*. También había artistas como Víctor Víctor, que hacían un tipo de bachata más "decente", si podemos llamarlo así. Esa descripción suena un poco derogatoria, pero cuando hablo de "decencia" me refiero al tratamiento musical y de las letras de la bachata.

Juan Luis Guerra

La bachata es una especie de bolero; un bolero muy antillano, muy específico de aquí, de la República Dominicana. Empecé a trabajar este tipo de bachata, que era un poco más sofisticada, porque los acordes eran, digamos, más roqueros, con mucha influencia de mi tradición roquera de los Beatles y del jazz. Y, sobre todo, quería darles un contexto diferente a las letras. Las letras de mis bachatas son sumamente románticas y ya no tanto de despecho como solían ser las bachatas tradicionales, aunque siempre ha habido bachatas de amor.

Yo escuchaba merengue antes de escuchar bachatas, pero me fui a estudiar a Berklee y mis mayores influencias fueron los músicos de jazz: Pat Metheny y las grandes orquestas de *big band* como Count Basie y Duke Ellington. Todo eso, junto al rock, se fue fusionando y me permitió crear este tipo de bachata que ya muchos llaman "bachata rosa". La bachata rosa es la bachata que yo hago con algo diferente, marcado por el rock, el jazz y las letras románticas.

Roger Zayas

En esa época Juan Luis investigaba mucho y se metía de fondo a tratar de sacar la esencia. Pasó lo mismo con *Ojalá que llueva café* (su álbum de merengue de 1989), que fue el resultado de un trabajo de investigación en el campo. Siempre buscando hacer algo diferente y no repetir la fórmula del disco anterior, Juan Luis decidió estudiar la bachata y hacer una que rompiera con todo lo que hasta el momento se conocía.

Nosotros mismos toda la vida fuimos roqueros desde jóvenes, Juan Luis y yo. Y departíamos en el estudio antes de ser 4.40 y todo lo demás. Vernos de repente explotando nuestra propia música tiene un valor increíble. Poder agregarle todos esos elementos diferentes que él les añadió a todos esos temas que eran ajenos a nosotros, podemos decir, porque no estaban en nuestra naturaleza como músicos. Pero Juan Luis pudo fusionar todos esos elementos en su estilo de tocar la guitarra.

El sonido general de la canción es lo que marcó la diferencia. Si escuchas bachatas viejas, el sonido es primitivo, rústico, muy desgarrador. El blues de la década de 1950 es similar. Incluso si escuchas las bachatas de Romeo Santos, por ejemplo, las guitarras tienen un sonido más estridente; un sonido más de bachata de campo, de calle. Como Juan Luis es guitarrista, su modo de tocar la guitarra siempre tuvo la influencia de algún héroe suyo, o de su propio sonido como guitarrista, que es un poco, digamos, más trabajado, más elegante, no tan estridente. Un sonido para tratar de darle ese toque diferente y darle a la música esa clase que él quería.

Juan Luis Guerra

Todo lo que hago es a través de la guitarra. Tomo la guitarra, empiezo a cantar y muchas veces me inspiro en algo que he leído o que he visto. En el caso de "Burbujas...", estaba leyendo *Rayuela*, la novela de Julio Cortázar. Eso fue lo que inspiró parte de la letra: hay un personaje en la novela que literalmente pega la nariz a una pecera para ver un pececito. [En *Rayuela*, la Maga dice: "A mí me parece que los peces ya no quieren salir de la pecera, casi nunca tocan el vidrio con la nariz"].

Fue una de esas canciones que salen con un contexto definido. Hay canciones que requieren mucho trabajo, y otras que no: como que se dan a luz. Esta fue una de esas. Creo que vino formada. [La letra de "Burbujas de amor" a la que Guerra alude dice: "Quisiera ser un pez / para tocar mi nariz en tu pecera / y hacer burbujas de amor por donde quiera, / pasar la noche en vela / mojado en ti"].

Roger Zayas

Él se inspiró en una historia de Cortázar que evoca esa imagen de un pez que toca la pecera con su boquita, porque los peces no tienen nariz. Siempre he dicho que Juan Luis tiene el don de la melodía, y le es muy fácil desarrollar ideas poéticas y literarias. En esa época él estaba muy, muy metido en la poesía y muy metido con Cortázar, Lorca y Neruda. Por eso fue que le dedicó la canción "Bachata rosa" a Pablo Neruda. Hay un verso que lo sacó de un poema de Neruda. [El poema es "El libro de las preguntas", uno de cuyos versos dice: "Dime, ¿la rosa está desnuda / o solo tiene ese vestido?". La primera estrofa de "Bachata rosa" dice: "Te regalo una rosa / La encontré en el camino / No sé si está desnuda / O tiene un solo vestido"].

Juan Luis Guerra

Mi proceso de composición siempre comienza con la melodía, sin letra todavía. Quizás viene un estribillo que tiene unas cuantas letras, pero no la tiene completa. Cuando termino la canción —la melodía—, la armonizo mejor y después hago los arreglos. Antes, esos arreglos los tenía que escribir en la partitura. Ahora, [con todos estos programas], claro, el proceso es diferente.

"Burbujas..." comienza con un solo de guitarra, que es como normalmente empezaban las bachatas que escuchaba con mi tío.

Y le quise poner como solista una trompeta con sordina, que se hace mucho en los sones y también se usa mucho en el jazz. Miles Davis usaba ese tipo de sordina. Y en los coros sí hay una influencia muy notable de los Beatles. Yo me había aprendido todas las canciones de los Beatles y sabía armonizarlas, así que eso fue lo que hice. Esa influencia de los Beatles en el coro, y la forma de tocar la guitarra, por supuesto, también se ve claramente en mis bachatas. Era como traer el mundo del rock a la bachata, y es algo que se nota más en la bachata, porque el instrumento armónico del género es la guitarra. Puedes tocar piano y un sintetizador, pero realmente el instrumento armónico de la bachata es la guitarra.

Yo tengo piano en casa y cuando quiero revisar las armonías voy al piano, principalmente cuando hay orquestaciones más densas.

Por ejemplo: cuatro trompetas, cuatro saxofones. Pero con las bachatas, o por lo menos con "Burbujas...", que es prácticamente base y una trompeta con sordina, pues lo hago todo con la guitarra.

El "Ay, ayayay" al final de las estrofas es mi propia interpretación del bachatero. Hay bachateros tradicionales que tienen esos griticos, esas inflexiones diferentes. Y esta fue mi inflexión de bachatero. Este tipo de cosas salen cuando estás componiendo. No son premeditadas. Y la letra es lo último. Es como si la melodía me llamara la letra. En ese tiempo tenía mucha influencia de Pablo Neruda, García Lorca y los grandes poetas, pero principalmente Neruda. En ese momento comienzo a trabajar las metáforas, y ahí sí termino la canción completa.

Roger Zayas

Las imágenes de la canción eran tan impactantes desde el punto de vista literario. No hay una mujer a la que le cantes esto que no vaya a enamorarse de ti. Son imágenes preciosas, bucólicas. Puedes ver las letras. Siempre me impactó ir a lugares como España, que en esa época se convirtió en nuestro principal mercado, y ver al público cantando la canción de arriba a abajo. Muchas personas con lágrimas en los ojos, y yo no entendía. Esta era una bachata, ¿te das cuenta? Fue la primera canción que vi que provocaba ese sentimiento en la gente: un sentimiento de amor absoluto. Era una declaración de amor que no solo era honesta, sino también elegantemente sensual. "Tocar mi nariz en tu pecera", eso es evidente. Pero es una manera elegante, hermosa de decirlo.

Juan Luis Guerra

Cuando voy al estudio, podemos grabar aunque la letra todavía no esté hecha, pero yo usualmente ya la tengo. Con "Burbujas..." tenía la letra cuando fui al estudio de grabación. Una vez que grabo una canción, en la mayoría de los casos la primera persona que la escucha es mi esposa. Ahí recibo su aprobación. Si llora, es que la canción está muy buena. En el caso del disco

Bachata rosa, ella me hablaba de lo hermosas que le parecieron las canciones. Me estimulaba porque me decía que cada canción era más hermosa que la otra. Estábamos muy felices todos, pero no sabíamos el alcance que iba a tener el disco realmente.

Roger Zayas

Ese álbum pasó por varios estudios. Grabamos en la República Dominicana y en Puerto Rico, y terminamos las mezclas en Nueva York. Las bases rítmicas generalmente las hacíamos aquí [en la República Dominicana] porque los músicos de merengue están aquí. Algunas cosas, especialmente la salsa, nos gusta grabarlas en Puerto Rico. Allí fue donde añadimos los metales. Y la mezcla la hicimos en Nueva York.

El problema es que Juan Luis trabaja en muchas cosas al mismo tiempo. Tiene esa capacidad de grabar cosas y guardarlas en su cabeza, y de repente lo ves con la guitarra manipulando acordes, y lo ves murmurando melodías sin tener una letra. Y no sabes qué es lo que viene, pero sabes que está en ese proceso creativo. Al principio siempre nos reíamos, porque él decía que le gustaba componer en el baño porque tiene una acústica y un eco natural; así que cada vez que él iba al baño, decíamos: "Wow, ahí viene una canción nueva. ¡Déjenlo tranquilo!".

En el proceso general de grabación, una vez que tenemos hecho el cuerpo completo de la canción, lo último que se monta son las voces. En esa época éramos cuatro coristas: Marco Hernández, Adalgisa Pantaleón, Juan Luis y yo. Como coristas, siempre grabamos en conjunto, siempre juntos. Fuera del estudio no éramos un grupo profesional, pero todos éramos cantantes de estudio, y ya teníamos una química entre nosotros como entidad vocal. Juan Luis es un tipo que se alimenta de muchas influencias. Teníamos claro que, en la música, todo se ha hecho, y que toda obra musical está llena de influencias.

En esa época estábamos oyendo mucho Huey Lewis and The News, y las voces tienen esa onda que se usaba mucho en los años 60. Pasábamos todo el tiempo en el estudio, luego a la hora de montar las voces, nos supiéramos o no la letra, nos sabíamos la canción, y Juan Luis repartía las partes. Él improvisa mucho, pero tiene bien claro lo que va a hacer.

Todavía usamos el mismo sistema. Y, sí, cuando grabamos había cierta complicidad, cierta satisfacción, un conocimiento implícito de que lo que venía era muy grande, algo especial.

Amarilys Germán

Ese disco, *Bachata rosa*, tuvo ocho sencillos, y cualquier persona de nuestra generación puede cantar esos ocho sencillos. En 1991 yo todavía era niña y jugaba con muñecas, así que no estaba allí durante el proceso de grabación, pero es igual ahora. Él se pasa horas en el estudio, muchas veces sin la letra. Y vuelve con ella.

Roger Zayas

Esa canción, más allá de ser la canción con la que comenzó el movimiento de la internacionalización de la bachata, fue una de las primeras que salió al aire. "Burbujas de amor" fue la canción que sacó a la bachata de las clases bajas y le puso un traje de gala. Luego salieron "Bachata rosa" y "Estrellitas y duendes", y fueron tres obras impresionantemente buenas y de calidad que la gente inmediatamente empezó a consumir.

A veces me encontraba con amigos roqueros que me decían:

"¿Qué han hecho conmigo, por Dios? Yo fui roquero toda mi vida, y ahora me voy a la cama con audífonos escuchando bachata y merengue. No puedo creerlo".

Era un sonido más elegante, diametralmente opuesto a lo que se consumía en esa época. Era más sinfónico, más grande, más complicado, pero manteniendo la esencia de la bachata, con ese solo de trompeta con sordina y el punteo de la guitarra, además, obviamente, del sello específico de Juan Luis, que es el tratamiento de las voces. Antes no había armonías vocales en la bachata; quizás un solista, pero no una armonía vocal de tres o cuatro partes.

Juan Luis Guerra

Sabíamos que teníamos muy buen trabajo pero no sabíamos qué iba a suceder. Todo pasa tan rápido que no tienes tiempo de darte cuenta. Simplemente la canción comienza a expandirse y cuando vienes a ver, la cantan en Japón y en cualquier parte del mundo.

Me salió del corazón. Nunca imaginé que lograría una cosa u otra. Simplemente tenía esa zapata armónica debido a los programas que mi tío me hacía escuchar en las mañanas; y simplemente salió así.

Algo importante es la manera en que adapté la guitarra de los Beatles a la bachata. La manera como yo toco la guitarra, principalmente en ese disco, es con mucha influencia de George Harrison.

Todos los muchachos de esa época se aprendían las canciones de los Beatles, y yo me sabía "Here Comes the Sun" de memoria, y pensé que sería el patrón perfecto para adaptar cosas. Así que, cuando toco una bachata, mezclo la manera de tocar de él con el ritmo de la bachata, y de pronto tengo algo nuevo. En esa nueva bachata hay como una mezcla de rock y jazz, y eso fuc lo que nos dio un color diferente.

Eso es lo que pasa en todos los movimientos cuando mezclas géneros diferentes. Y es también lo que sucede cuando aprendes a tocar con un grupo. Yo aprendí a tocar la guitarra tocando canciones de los Beatles. Entonces, por supuesto, ya toqué merengue, ya toqué son, ya toqué bachata, y en determinado momento les voy a dar alguna característica de lo que yo escuché y conozco de memoria.

Mi otra gran influencia de cuando fui a estudiar jazz a Boston es Pat Metheny. Esos dos guitarristas —George Harrison y Pat Metheny— son los que más han influido en mis canciones y en mis composiciones.

Amarilys Germán

Juan Luis dice que los Beatles tocaban bachata y no lo sabían.

Juan Luis Guerra

Ellos tienen una canción, "Til There Was You", que por cierto, no es de ellos [es del musical *The Music Man*]. Esa canción hasta tiene bongó, que es uno de los instrumentos clave para tocar bachata. Por supuesto el bongó de los Beatles es destemplado; no es afinado como el de nosotros. Es un bongó inglés [se ríe]. Pero es una bachata. Fíjate bien y vas a ver.

"Macarena"
Los Del Río
1994

Antonio Monge y Rafael Ruiz, Los Del Río: Artistas

Jesús López: Entonces presidente de BMG US Latin, actualmente presidente/CEO de Universal Music América Latina/Península Ibérica

Álvaro de Torres: Entonces director ejecutivo de Warner Chappell Music Spain, actualmente director de publicaciones musicales de América Latina para Facebook

Jammin Johnny Caride: Operador de controles y talento radial en Power 96, actualmente supervisor de programación de SBS Miami.

Carlos de Yarza: Entonces miembro de Bayside Boys, actualmente profesor y director de medios digitales en St. Thomas University

Si la década de 2000 tuvo a "Despacito", la de 1990 tuvo a "Macarena". Este éxito inusual de Los Del Río —dos músicos gitanos cuarentañeros, de Sevilla, España, poco conocidos incluso en su propio país— se pasó 14 semanas en el No. 1 de la lista Hot 100 de *Billboard*, en una versión remix de los DJs de Miami conocidos como Bayside Boys. Nunca antes había estado un tema no anglófono por tanto tiempo en el No. 1, pero esta no fue la única hazaña notable de "Macarena".

La fascinante historia del tema puede leerse como una serie de sucesos inusuales y afortunados, propulsados por una pegajosa rumba española, convertida en remix para aumentar su potencial bailable, y luego vuelta a remezclar para convertirla en un éxito bilingüe, en una época en la que los éxitos bilingües eran una aberración.

Tres versiones de la canción —la original, el remix de Bayside Boys y "Macarena Remix"— coexistieron en la lista Hot 100 de *Billboard* en 1996. La última vez que algo parecido había sucedido fue en 1990, cuando dos versiones de "Unchained Melody", de los Righteous Brothers, coexistieron en la lista.

Al remix de Bayside Boys le tomó casi un año entero —33 semanas, para ser exactos—alcanzar el No. 1 en la lista; nunca antes un tema había tardado tanto en llegar a la cima. Sin embargo, nada era normal con respecto a "Macarena". Los Del Río escribieron el tema en 1992, y lo sacaron en 1993 con la pequeña discográfica independiente Zafiro. La versión original se convirtió en un éxito local en Sevilla antes de que Zafiro le encargara un remix a la banda española Fangoria, que lo sacó como "Macarena River-F Mix". Esta versión, completamente en español, fue la que alcanzó las listas en España y se convirtió en un éxito en América Latina y en el mercado estadounidense, llegando a ser la "Macarena" con la que todos bailarían en América Latina.

Sin embargo, tal como le ocurrió a "Despacito" más de 20

años después, "Macarena" necesitó un remix bilingüe para alcanzar el No. 1 en la lista de éxitos en EE.UU. y el resto del mundo. Y este no apareció como cortesía del Justin Bieber de la época, sino de dos DJs de Miami que se hacían llamar Bayside Boys y que comprendían la complejidad y los gustos de su ciudad bilingüe y bicultural. Su remix de "Macarena" fue inicialmente difundido por Power 96, una de las primeras —si no la primera— emisora de radio en inglés que regularmente ponía canciones en español o con remixes en español. A la larga, la versión modernizada y bilingüe de Bayside Boys, apodada "Bayside Boys Mix", fue un éxito entre la audiencia estadounidense, que también cayó bajo el hechizo del ritmo una vez que tuvo una letra pareada en inglés. De hecho, "Macarena" se convertiría en el remix más exitoso en la lista de los 100 mejores éxitos de *Billboard*.

Sí, "Macarena" fue una anomalía. Se bailó con ella en la Convención Demócrata de 1996, y la imagen de una emocionada Hillary Clinton dando palmas al ritmo de la canción inundó los titulares. En Europa fue la banda sonora del Tour de France y de partidos de fútbol, y en EE.UU. se bailó en múltiples eventos deportivos. Quizás el más memorable fue un partido de béisbol en el Yankee Stadium en 1996, donde la actriz Chita Rivera salió al campo y dirigió a más de 50,000 fans en lo que se convirtió el más grande baile de la "Macarena" de la historia. Para 1996, había sido incluida en más de 75 compilaciones, y alcanzó los primeros puestos en las listas de docenas de países. Sin embargo, con toda su rareza, fue también una precursora de lo que vendría, abriéndole las puertas de la radio *mainstream* a la música en español.

Apenas tres años más tarde, la "explosión latina" arrasaría por todo el mundo, y múltiples canciones con versiones en inglés y en español ascenderían en las listas. "Macarena" pasó, pero no fue olvidada. Gente de Zona le hizo una nueva versión, que incluyó a Los Del Río, y en 2019 el rapero Tyga sacó su versión bilingüe, también sampleando la original. Por lo que respecta a Los Del Río, continúan dando giras por el mundo, cantando la que tal vez sea la canción más reconocible de la historia.

Hasta la fecha, "Macarena" sigue siendo el tema no anglófono que por más tiempo se ha mantenido en el número 1 de la lista Hot 100, y ocupa el octavo lugar en la lista *Billboard* de los 100 más grandes éxitos de todos los tiempos.

Los Del Río

Las mujeres tienen muchísima culpa de lo que nos pasa a los hombres. Todo esto empezó en Venezuela. A España venía mucho el señor Gustavo Cisneros, que era presidente de una televisión venezolana, y nosotros íbamos a hacer televisión a Venezuela. Una noche, en 1992, estábamos en la casa de Gustavo Cisneros, en Caracas, con Carlos Andrés Pérez, que era entonces el presidente de Venezuela.

Antonio Monge

También vino a la fiesta una chiquilla de la escuela de Tatiana Reyna, una bailadora magnífica de Venezuela. Yo le digo a Rafael: "Qué cosa más linda", y me dio por decirle: "Dale a tu cuerpo alegría, Magdalena, que tu cuerpo es pa' darle alegría y cosa buena". Pues ahí me salió la inspiración, bailando por rumba.

Yo tengo una hija que se llama Esperanza Macarena, y me dije: "No puedo tener una hija con un nombre tan lindo, y dejarla [la canción] como 'Magdalena', cuando [ella] se llama

Macarena". Además, nosotros vivimos en Sevilla, y la Macarena es la virgen de Triana, y hacen procesión en Semana Santa. Ahí es donde radica el gran éxito de Macarena. Los hombres nos encontramos algunas veces con esa especie de milagro.

En esa fiesta me inventé yo todo. Cada uno se fue a su habitación del hotel, y yo ya iba con el estribillo casi hecho. En el hotel llegan los otros ingredientes: "Macarena sueña con el corte inglés [...] tiene un novio llamado Vitorino". A la mañana siguiente, durante los ensayos que tuvimos en el hotel con el equipo y todos los músicos, empezamos a ensayarla. Llegamos de Venezuela en diciembre, a lo que eran las fiestas de Navidad, y nos juntamos con un montón de artistas españoles en la finca de un gran amigo, Manolo Prado. Ahí estaba nuestra hermana Rocío Jurado, y fue donde creo que primeramente lo cantamos y lo dimos a conocer. Y dijo Rocío: "Han dado un gran tiro".

La grabamos en Sevilla, en unos estudios muy flamencos que se llaman Estudios Bola. Ahí se graba casi todo lo flamenco que se hace de España pa'l mundo. Ahí había un fuera de serie que se llamaba Manolito Soler [Soler falleció en 2003]. Bailador de flamenco, tocaba la guitarra y cantaba con una capacidad y unos conocimientos del ritmo tremendos. Yo llevé la canción prácticamente hecha, y ellos le metieron los arreglos, aunque el "¡Ay!" es muy nuestro. Es como una expresión de saludo.

Estrenamos la "Macarena" en la televisión andaluza durante la Feria de Sevilla. Intuimos que ahí había un tirón. Las ferias de Sevilla se componen de unas 1.300 a 1.400 casetas, y se hacen como 100 discos de sevillana todos los años. ¿Y qué ocurre? Que sale "Macarena" y toda la feria de Sevilla, todas las 1.300 casetas, ponen la "Macarena". Y eso no paró de sonar. La Cadena Ser la nombró Canción del Verano, y las emisoras, también.

Ya en el año 1994 salimos de España con la revolución de la "Macarena" a Ecuador, el Líbano, México, Egipto. Se bailaba en todas partes del mundo. Nosotros la habíamos sacado en Zafiro, una disquera pequeña, pero luego la compra BMG Ariola. En ese momento se internacionaliza.

Jesús López

Los Del Río sacaron la canción en 1993, pero no pasó absolutamente nada. En cambio, en el verano de 1994 empieza a tener éxito en España y se queda como éxito del verano español, pero tampoco fue la canción más grande. Yo era entonces el presidente de BMG US Latin & Mexico, radicado en Miami. Ellos sacan la canción, y empieza a funcionar en España, pero se queda ahí ese verano de 1994.

En 1995, un día voy a pasar un fin de semana en México, acompañando a un artista que tenía un concierto en Querétaro. El promotor no nos quería pagar la cena, y acabamos comiendo en un Friday's. Estábamos ahí y, en mitad de la noche comienza a sonar la "Macarena". Los camareros pararon de servir, y se pusieron a bailar. No el baile de la "Macarena", sino un baile cualquiera. Yo no solo conocía la "Macarena", sino que era uno de esos ejecutivos discográficos de los que nos creemos que lo sabemos todo, y decía: "Esto no puede funcionar, porque habla de Vitorino, del Corte Inglés. Estas cosas se entienden en España, pero no en Estados Unidos ni en México". Sin embargo, esa noche cuando vi eso me quedé un poco sorprendido, y dije: "Aquí hay algo".

Al día siguiente me iba a un *show* de Joaquín Sabina en Guadalajara, y le digo: "¿Qué cosa es esta de la 'Macarena'?". Y Sabina me dice: "Sí, el año pasado en España sonaba en todas las gasolineras, en todos los garitos".

Volví al DF, a mi compañía, y le dije a mi director de marketing: "Quiero que me hagas un test. Quiero que ahora, que es Semana Santa, me pongas esta canción en todos los locales de Playa del Carmen, en Cancún, y quiero saber si la gente reacciona o no". Al día siguiente, en Miami, le dije lo mismo a mi director de marketing, pero le dije que hiciese el test de mercado en Puerto Rico y en República Dominicana. Al mes siguiente empezó a sonar "Macarena" en algunas estaciones de radio en México y en el Caribe. En ese momento pensé que la idea sería hacerle un baile, porque sin un baile no iba a funcionar. Contraté un coreógrafo que me hizo un remix y me trajo a los coristas y a las bailarinas, e inventaron el baile de la "Macarena" en mi despacho en BMG.

Los Del Río

[Zafiro] era una disquera muy pobre. Cuando BMG Ariola se dio cuenta de lo que tenía esta disquera, empezaron a negociar con un representante que teníamos nosotros. Cuando nos dimos cuenta, estábamos en BMG Ariola.

No había videoclip hasta que llego la disquera nueva y se hicieron varios videos. Se hizo uno con 12 señoritas: una china, otra española, otra mexicana, y así, de varios países.

Pienso que todo el mundo fue detrás de la canción. Además, lógicamente, cuando la compañía discográfica vio que una canción tenía ese tirón fuimos todos detrás. En Alemania hicimos conciertos con Montserrat Caballé. Cuando la selección alemana ganó el campeonato europeo, a los jugadores los recibieron en Alemania con la "Macarena". Y, según las estadísticas de la compañía y de la SGAE, hay más de 120 millones de copias vendidas. Es lo que todo artista quiere: crear algo que el mundo pueda disfrutar.

Jammin Johnny Caride

Yo era DJ y operador de mezclas para Power 96 en Miami [96.5 FM]. Power 96 era la banda sonora del sur de la Florida. Todo el mundo quería ser parte de eso, y siempre estábamos en sintonía para ver qué pasaba con la comunidad, que era hispana. En esa época, o ponías solamente música en español, o solamente en inglés. Siempre digo que Power 96 fue la emisora que hizo el *crossover* entre la música en inglés y en español.

Tenía un trabajo como DJ los domingos en Baja Beach Club, en Coconut Grove, para una noche latina, y había preparado una mezcla para los salseros y los merengueros, pero también un poco de *freestyle*. La gente se me había acercado a pedir una canción llamada "Macarena". Yo no sabía de qué me hablaban. "¿Macarrones? ¿Macarena?". No sabía qué demonios era eso. Cuando empiezo a averiguar, me dicen que era una canción española que estaban poniendo en un club español en Miami Beach.

No podía encontrarla, así que busqué en mi red de distribución. Yo solía conseguir todo tipo de música —salsa, merengue—, pero ellos siempre nos mandaban lo que nosotros los DJs llamamos *frisbees*, que una vez usados los tiramos y no los volvemos a usar. Sin embargo, yo suelo guardar cosas, y por supuesto entre todos esos montones encontré a Los Del Río [con] "Macarena".

Fui al club el domingo y puse la canción en el medio del set. De repente, toda la pista se llena y la gente comienza a hacer el baile. Incluso la gente que no lo conocía se ponen a mirar y a repetir los pasos. Yo me digo: "Espera un momento. ¿Esto qué es? ¿'Electric Slide' en español?". La verdad es que nunca había visto algo así. Estás en un club, y están todas estas parejas bailando salsa y merengue, y de pronto en la pista se arma una fila de baile. Realmente me impactó.

A la semana siguiente estaba trabajando en otro club junto a Kid Curry, el programador de Power 96. Eran la 1:30 de la mañana, y le digo: "Kid, quiero poner este disco español en la radio". "¿Vas a poner un disco español en Power 96?", me dice él. Y yo le digo: "Sí. Mira esto". Pongo la canción y ocurre lo mismo. Era como la peste bubónica. La pista se abre y la gente hace una fila, como un ejército, y comienza a hacer el bailecito. Los que no se lo saben, lo aprenden en seguida. El jefe me mira y me dice: "¿Qué demonios fue eso?". Yo le digo: "Hermano, no tengo idea, pero está pasando algo con esta canción". Kid me dice: "Tenemos que hablar con [el director de la emisora] Frank Walsh, y ver qué se puede hacer".

Jesús López

El remix se hizo en Miami. Fue muy importante, porque le dio más vida y un toque más latino del que tenía al principio.

Jammin Johnny Caride

Al día siguiente, Frank escucha la canción y dice: "Tienes 72 horas para hacer un remix que se pueda poner en la radio". Yo tenía mi propio sello, Bayside Records, junto a Mike "In the Night" Triay y Carlos de Yarza, y estábamos produciéndoles y grabándoles discos a varios artistas. Voy a ver a Mike y a Carlos, y les digo: "Esta es nuestra oportunidad de salir en la radio con una canción que va a ser algo muy grande". Decidimos mantener la esencia de los tipos cantando, y poner una voz femenina a responderles en inglés, pero decidimos hacerlo al estilo de Hialeah, exagerado: "*Hello, my name ees Macarena, come dance with meee*".

Carlos dijo que tenía a la persona perfecta. Le escribió su parte y ella vino al estudio y la grabó. Ellos la produjeron, y llamaron para decir: "Está lista".

Carlos de Yarza

A principios de la década de 1990, Mike y yo teníamos un estudio de grabación y teníamos relaciones con Power 96, que en esa época ponía a artistas locales, lo cual nos parecía increíble. Acudían a nosotros [y nos pedían que hiciéramos remixes para la emisora]. Nos mandaban canciones para que jugáramos con ellas, de modo que sonaran diferente a Y-100.

En el momento en que "Macarena" llega al estudio, yo la vi como otro trabajo de Power 96. Le digo a Mike: "Déjame escuchar esta canción". Yo escribo letras, y noto que la chica no tiene voz. Tenemos que darle una voz. En cosa de 15 minutos se me ocurrió esta letra ridícula, y llamé a una chica, Patty Alfaro, que había conocido por otro proyecto. Ella es la voz original que se escucha en esta grabación. La llamo y le digo: "Tengo esta canción ridícula. ¿Puedes venir al estudio y convertirte en este personaje? Probablemente la pongan dos veces en Power, y después la olviden". Ella vino al estudio, y en dos o tres horas lo pusimos en un DAT (Digital Audio Tape) y lo mandamos a Power.

Jammin Johnny Caride

Yo llevé la grabación a Power. "Cox on the Radio" [el muy popular *show* radial conducido por el DJ Don Cox, fallecido en 2003] estaba al aire, y Frank dice: "Ponla ahora". Qué puedo decir. La gente instantáneamente comenzó a llamar, como si estuviéramos regalando 1,000 dólares. Decían: "Ponla otra vez, ponla otra vez".

En menos de una semana pasamos de ser unos desconocidos a convertirnos en famosos, de la noche a la mañana. Comenzaron a llamarnos los Bayside Boys. Tuvimos que empezar a grabar CDs y a imprimir cubiertas de CD con el poco dinero que teníamos. Los mandábamos por FedEx a emisoras de radio en todo el país. Las discográficas querían contratarnos, hasta que un día nos llaman de BMG y nos dicen: "Chicos, nos halaga que hayan trabajado en nuestro proyecto, pero no tienen los derechos para venderle esto a nadie más que a nosotros".

Carlos de Yarza

La siguiente llamada telefónica que recibimos fue del abogado de RCA.

—Bayside music, habla Carlos, ¿en qué puedo ayudarlos?

—Hola. ¿Ustedes son los que hicieron lo de la "Macarena"?

—Sí.

—Danos el número de tu abogado.

Eso fue toda la llamada. Eso después de una semana. Power había copiado el DAT, y lo había mandado a un montón de emisoras en las áreas latinas, y ellos también lo habían comenzado a poner. Eso atrajo la atención de la RCA. Esta es la historia que supe después: la intención original de RCA había sido prohibir la canción, pero aparentemente había un tipo que iba corriendo por todas las oficinas diciendo: "¡No, no podemos matar la canción!", y todos los demás estaban tratando de prohibirla.

Álvaro de Torres

En 1995 me contactan y me dicen que la canción "Macarena" ha sido reversionada sin permiso por unos DJs en Miami. Nos enteramos de qué era, nos mandan las copias, vemos que han cambiado cosas, han agregado una chica, y todo eso se ha hecho sin autorización.

Entonces la parte discográfica llega a un acuerdo, siempre y cuando los derechos reviertan a BMG, y nosotros firmamos una obra derivada de la "Macarena" que se llama "Macarena Bayside Boys Remix", en la que ellos aparecen como adaptadores o coautores.

Carlos de Yarza

Vamos a ver a nuestro abogado [David Bercuson], y él nos dice: "Quieren pagarles una comisión". Desde mi punto de vista, eso era mejor que nada, y verdaderamente yo no pensé que esto llegaría más allá. Firmamos el acuerdo y volvimos al trabajo. Era un día como otro cualquiera.

Entonces vuelven a llamar de la RCA, y nos dicen: "¿Ustedes pueden montar algo y hacer *shows* para nosotros?". Así que, desde el verano de 1995 hasta tal vez noviembre o diciembre, empezamos a hacer un montón de pequeños *shows*, Mike, Patty y yo. Pero la canción empezó a morir, hasta que en Nueva York abrió la emisora WKTU [en febrero de 1996], y pusieron "Macarena" en *heavy rotation*. Entonces las cosas se pusieron muy, muy interesantes. Patty no quería seguir haciendo giras, así que llamamos a Carla Vanessa Ramírez para que nos acompañara.

Nos empezaron a contratar en todas partes, y la canción empieza a subir en las listas de *Billboard*. Apoyamos esta cosa en serio. No dormimos durante seis meses. Nuestro agente llamaba todas las semanas y nos decía: "Chicos, esta semana estamos en el número 46. Esta semana estamos en el 35. Estamos en el Top 10". Y cada vez yo me reía. No podía creer lo que estaba pasando con esta canción ridícula.

La cúspide fue el verano de 1996, cuando la canción alcanzó el No. 1. Fuimos al *show* de Oprah, y esa misma semana el equipo de gimnasia olímpica de EE.UU. usó la canción. Todo ocurrió en ese verano de 1996, pero todo fue gracias al hecho de que la pusieron en Nueva York.

Los Del Río

Hicimos un Super Bowl en Nueva Orleans. Todo el mundo cantando "Macarena". En los Juegos Olímpicos de Atlanta, cuando ganaron las niñas gimnastas, bailaron la "Macarena" en la final. Italia y el Madrid jugaron la séptima Copa Europea en Ámsterdam. Los italianos llevaron un cantante italiano a cantar, y no pasó nada. Nosotros cantamos desde la otra portería, y todo el estadio, italianos y españoles, empezó a cantar "Macarena".

Álvaro de Torres

Hubo decenas de versiones, en todos los estilos musicales y en todos los idiomas que te puedas imaginar. Pero el éxito mundial lo genera la versión que hicieron los Bayside Boys. El éxito en España ya estaba amortizado. A través de esta remezcla se convierte en un No. 1 mundial. Desde luego, fue la canción mas grande en la que he trabajado: 14 semanas en el *Billboard*. Y eso, antes de las redes sociales. Fue puro éxito.

Carlos de Yarza

Realmente trabajamos para sacar esta cosa de los Bayside Boys como un grupo de baile. No estábamos ganando dinero con la canción, pero estábamos ganando con los *shows*. Me dieron un porcentaje pequeño por la letra, y todavía me pagan regalías de ASCAP. Si no hubiera sido tan joven, habría pedido más dinero, pero entiendo cómo son las cosas. Sería una vida paralela. Está bien, y me paga las vacaciones.

Antonio Monge

La canción la hice yo, pero somos compañeros de toda la vida, así que se la regalé a Rafael, y él la firmó conmigo, de modo que los dos cobramos las regalías de la canción. Nos damos cuenta de que las regalías no son lo que tendrían que ser, porque hay muchísimos países donde la canción es No. 1 y no nos llegan las regalías. Pero Dios sabe lo que hace, y a nosotros nos ha dado este regalo de la Virgen de la Macarena. Nos ha dado ese regalo maravilloso de tener una canción universal en todos los rincones del mundo.

La letra es muy fácil. El estribillo es tremendamente fácil: "Dale a tu cuerpo alegría". Es una de las expresiones más importantes que se deben de decir diariamente. Y, bueno, la repercusión que tiene después de 27 años. En todos los conciertos, en todas las comuniones y en todas las bodas se baila la "Macarena". Y venimos de tener 50 y tantos discos de larga duración con la "Macarena". Tiene un color especial maravilloso.

Nunca puedes imaginar que una canción la va a tomar un presidente de Estados Unidos para su campaña electoral. Y eso fue maravilloso. Se coló en todos los rincones del mundo en la campaña de Clinton. Esta Macarena fue a todas partes, e incluso hoy nos paran chiquillos de cinco, seis años, y cantan "Macarena". Con eso uno puede seguir llevándole la alegría al mundo, que la gente sea más feliz. Porque vivimos en un mundo muy complicado, y para eso estamos nosotros, Los Del Río, para llevarle la alegría al resto de la humanidad.

"Amor prohibido"

Selena
1994

CRÉDITOS

Abraham Quintanilla: Padre, representante

A.B. Quintanilla: Productor, compositor

Pete Astudillo: Compositor

Chris Pérez: Músico, exmarido

José Behar: Entonces presidente de EMI Music Latin, ahora representante de artistas

El 31 de marzo de 1995, Selena Quintanilla Pérez salió de su casa a las 9 a.m., con la intención de ir al estudio de grabación para grabar las voces para un demo. En lugar de eso, a las 11:49 a.m. entró a tropezones al vestíbulo del motel Days Inn, agarrándose el pecho y dejando un rastro de sangre tras de sí.

"¡Auxilio, auxilio!", gritó antes de caer al suelo. "Me dispararon". A la 1 p.m. había fallecido, a apenas unas semanas de su vigésimo cuarto cumpleaños, asesinada por la antigua presidente de su club de admiradores.

La muerte repentina y trágica tiene el efecto agridulce de convertir a las estrellas en íconos, y a las estrellas más jóvenes, en leyenda. Selena ya iba camino a convertirse en ambas cosas. Era una intérprete carismática, con una voz distintiva —a la vez ronca y dulce—, que intuitivamente tenía claros los requisitos del estrellato (diseñaba su propia ropa, incluidos sus ahora legendarios corsés, y coreografiaba todos sus bailes) y acercó la música tejana a la luz pública.

Con apenas dos años de contrato con una importante discográfica en el bolsillo, había colocado cinco sencillos en el No. 1 de la lista Hot Latin Songs de *Billboard*. Un mes antes de su asesinato, había alzado su primer Grammy ante las cámaras de la televisión nacional y había completado su álbum *crossover*. *Dreaming of You* salió al mercado cinco meses después de su muerte, pero aun así debutó en el No. 1 del *Billboard* 200, la lista de ventas de *Billboard*, convirtiéndose en la primera mujer latina en lograr esa hazaña. Irónicamente, solo Jennifer Lopez igualaría ese logro años más tarde, luego de que su papel en la película *Selena* catapultara su carrera como cantante.

A pesar del éxito de *Dreaming of You*, si existe una canción —y un álbum— que haya marcado un antes y un después en la carrera de Selena, sería "Amor prohibido", la historia de dos amantes separados por las clases sociales. La dinámica cumbia logró un tipo distinto de *crossover* para la música latina, que partió de EE.UU. en dirección a Suramérica en vez de a la inversa. Aun así, si bien la música de Selena atravesó fronteras, su verdadera influencia yace en el impacto que tuvo dentro de Estados Unidos.

El álbum *Amor prohibido* también marcó un hito. El disco,

producido por su hermano A.B. Quintanilla y lanzado por Capitol Latin el 13 de marzo de 1994, incluyó también "Bidibidi, bom-bom", "No me queda más" y "Fotos y recuerdos", y revolucionó la música tejana de la década de 1990 con su fusión con el hip-hop, la ranchera, la cumbia y los ritmos electrónicos. El 11 de junio de 1994, "Amor prohibido" se convirtió en el primer álbum de Selena en alcanzar el No. 1 en la lista Top Latin Albums de *Billboard*, donde permaneció durante 20 semanas no consecutivas. Dos meses antes, el 9 de abril, el álbum había debutado en el No. 1 de la lista de mejores discos regionales mexicanos, donde permaneció por 97 semanas no consecutivas, estableciendo récord de mayor cantidad de semanas en el No. 1 para un álbum en toda la historia de dicha lista. Además, este fue el primer álbum de Selena en entrar a la lista *Billboard* 200, donde alcanzó el No. 29 y en la que permaneció por un total de 23 semanas.

Pero la importancia de Selena va más allá de las listas. Dado que era una estrella nacida y criada en Estados Unidos, fue ampliamente reconocida tanto por los fanáticos latinos como por los no latinos. En un mundo en el que (aún) las estrellas latinas tienden a ser telegénicas e importadas, Selena era una anomalía: era bilingüe y bicultural, y no solo lucía como sus admiradores, sino que *era* como ellos. Esa cercanía resultó transformadora para la cultura pop latina.

Gracias a Selena, por primera vez quizás en la historia las latinas nacidas en EE.UU. tuvieron un modelo que emular. Dos generaciones después, su impacto es tangible. Docenas de figuras prominentes, desde Becky G hasta Jennifer Lopez, Leslie Grace o Selena Gómez la señalan como influencia directa, y su legado ha sido fundamental en la creación de un movimiento de artistas latinos nacidos en EE.UU. Hoy, 25 años después de la muerte de la cantante, cosechan el éxito de manera colectiva y aún la nombran como precursora de sus logros.

José Behar

Cuando inauguré EMI Latin, el 20 de febrero de 1989, una de las primeras cosas que hice fue ir a los premios de música tejana. Yo venía de CBS Records, y en esa época nadie dejaba CBS, pero yo decidí dejarlos por EMI, porque no quería ser director de artistas y repertorio toda mi vida. Joe Smith era entonces el presidente de Capitol EMI. Yo voy a Texas para los premios tejanos, y cuando regreso Joe Smith me dice: "¿Cómo te fue en Texas?". Yo le digo: "Creo que encontré a la próxima Gloria Estefan".

Cuando contraté a Selena, yo no la contraté para vender música tejana. Todos dicen que ella es la Reina Tejana, pero ella simplemente era de Texas. Al final del día, cuando escuchas canciones como "Amor prohibido" o "No me queda más", te das cuenta de que no es música tejana porque, de haberlo sido, nunca habría funcionado en México.

Abraham Quintanilla

Mi abuela era de Nueva Rosita, Coahuila, México. En esos años no había clase media en México. O tenías dinero o no tenías nada. El nombre de soltera de mi abuela era Concepción Castro, y la llamaban Conchita. Era la sirvienta de la familia Calderón, una prominente familia mexicana de esa época en esa región de México —tiempo después descubrimos que eran de origen español—; mi abuela era la sirvienta de esa familia. La familia Calderón tenía cuatro hijos, uno de los cuales era Humberto.

Humberto y mi abuela, la sirvienta, estaban enamorados. Un día los hermanos salieron a cazar, y Humberto recibió un tiro por accidente. Cuando murió, con 23 años, mi abuela estaba encinta de tres meses de él. Tan pronto como el muchacho murió, su madre, la matrona de la familia Calderón, echó a mi abuela de la casa: "¡Vamos, vamos, váyase!". Mi abuela y sus padres anduvieron todo el camino desde Nueva Rosita, Coahuila, hasta Edna, Texas, y mi madre nació allí. Por cierto, mi madre es la única hija que tuvo Conchita.

No sabíamos nada de esto hasta que mi abuela me contó la historia. La echaron porque había un problema de estatus social: ella era la sirvienta, y esa gente tenía dinero. Por eso la canción se llama "Amor prohibido", porque vienen de dos clases sociales. Yo le conté esa historia a A.B. y a todo el camión cuando viajábamos, y de ahí salió la canción. Más tarde, Pete [Astudillo] y A.B. se juntaron y la escribieron. Era un amor prohibido, porque venían de distintas clases sociales.

Pete Astudillo*

Selena siempre defendía el trabajo en equipo. Yo escribí "Amor prohibido" con A.B. porque siempre quise escribir una canción que hablara de las relaciones, especialmente entre gente de distintas clases sociales. No se trata realmente de dinero, sino de amor. Selena realmente se identificó con ella, ya que venía de una familia humilde y llegó a tener una posición muy importante.

Abraham Quintanilla

Mi hermana Gloria siempre andaba preguntando de dónde veníamos. Años más tarde, ella y su marido fueron a Nueva Rosita, Coahuila, y comenzaron a buscar certificados de naci-

---

*	Pete Astudillo no fue entrevistado para este libro. Sus comentarios provienen del álbum *Selena: Momentos íntimos*.

miento y fes de bautismos y todo eso, y al final localizaron a algunos miembros de la familia Calderón, pero de cuatro generaciones después. Mi hermana solo tenía una fotografía de Humberto. Le dieron una dirección, y ella fue a tocarles la puerta. Imagínate a un extraño que llegue a tu puerta diciendo: "¡Oye, somos familia!".

Por supuesto, ellos no aceptaron eso. La cuarta generación de los Calderón que vivía allí ni siquiera la dejaron entrar, pero le dieron el nombre y la dirección de otro familiar. Gloria fue a esta otra dirección, y esta familia fue más amable. La invitaron a pasar, y Gloria comenzó a contarles la historia, y les mostró la fotografía, y ellos dijeron: "¡Ah, sí, tenemos una copia de esa fotografía!".

Le contaron que Humberto había fallecido a los 23 [años], y que uno de los hermanos, que tenía problemas mentales, quemó la casa de la familia. Ellos solo pudieron rescatar un baúl, y dentro estaba esta foto de Humberto y la última carta que le escribió a su madre, la matrona. En la carta decía: "Estuve en San Antonio y el doctor González no pudo hacer nada por mí, así que me trasladaron a un hospital de Nueva Orleans, y van a operarme mañana. Estoy muy mal y no creo que sobreviva". El muchacho no sobrevivió. Murió de gangrena. La bala le envenenó la sangre, y murió con 23 años.

Entonces Gloria les dice: "Estamos emparentados. Mi madre es la hija de Humberto". Y ellos le dieron algunas cosas que estaban en el baúl: la última carta que él escribió desde el hospital de Nueva Orleans, y el sello de la familia. Ellos eran españoles de España. Mi hermana les dijo: "Tengo un hermano llamado Abraham Quintanilla, otro llamado Héctor; otro, Eduardo; otro, Isaac, y una hermana llamada Yolanda". Pero no les dijo nada sobre Selena.

A.B. Quintanilla*

Tenía mucha presión encima con lo del primer álbum, pero salió bien, así que ellos dijeron: "Está bien, le vamos a dar una oportunidad con el segundo". A partir de ese momento todo fue en ascenso. El proceso de grabación estuvo genial, porque me dieron libertad total de hacer lo que quisiera. Cada álbum de Selena que salía al mercado latino alcanzaba más y más mercados. Eso era gracias a todo el trabajo que se hacía en la música para llegar a ciertas regiones. Una vez que abarcamos Texas, yo quise llegar a todo Estados Unidos. Empecé a medio disfrazar nuestra música con diferentes sonidos y texturas. Era como mandar mensajes subliminales; como, por ejemplo, si escuchas música de banda, era como esconder la banda detrás de la cumbia.

Una vez que comencé a esconder cosas así, y a estudiar los grupos mexicanos, logramos hacerla llegar a México, pero yo quería más. Quería Centroamérica. La cumbia tiene el acento en el primer tiempo, y la salsa, en el último, así que lo que mucha gente no sabe es que en "Amor prohibido" cambié el cencerro [o campanilla] por uno de salsa. El cencerro de salsa se afina igual en todo el mundo, en la misma nota. Al hacer esto, le abrí a Selena las puertas del mercado, de modo que todo el mundo aceptara su música.

Quería saber si ella podía alcanzar el No. 1 en Billboard, y eso sucedió con "Amor prohibido". Teníamos desventaja con el estilo musical que tocamos, así que llegar al No. 1 fue algo grande.

José Behar

Ellos al principio nos mandaban los demos, y luego nos mandaban los discos, de modo que al final hicimos un buen equipo, el

---

* De una entrevista con *Billboard* grabada en el 2015.

sello, Selena y Abraham. Pete Astudillo era el letrista, y A.B. era un productor increíble, que además hizo los arreglos.

Selena estaba en el Sheraton Universal, y yo fui a verla y me colocó la música. Pensé que era todo un éxito. Las letras son una locura, las letras son una locura. Es una obra maestra. Tuve que decidir entre "Bidi-bidi, bom-bom" y "Amor prohibido", y escogí esta última. "Amor Prohibido" le habla a la gente, a las masas, a todo el mundo en algún momento de su vida, directa o indirectamente. Estas letras pasan la prueba del tiempo. Son igual de relevantes, si no más relevantes, ahora. Las cosas no cambian, y yo además creo que ella la canta de manera muy hermosa. Selena nunca tomó una clase de canto, y nunca tuvo a un coreógrafo que trabajara con ella. Y uno escucha "Amor prohibido" y se queda sin aliento.

Abraham Quintanilla

Escuché la canción después de que la grabaran. Me gustó. ¿Cuántas familias han pasado por una experiencia como esa? Mucha gente pasa por cosas así en la vida.

Chris Pérez*

El video de "Amor prohibido" se filmó en el Parque Nacional Joshua Tree. Queda en medio de la nada. Nos estábamos quedando no muy lejos de donde filmamos. Eran tiempos realmente emocionantes; no se solían hacer videos a esa escala.

Recuerdo cuando ella estaba seleccionando la ropa para el video, revisando todo su ropero. A ella no le faltaban la ropa ni los zapatos.

---

*   Sacado del álbum *Selena: Momentos íntimos.*

La recuerdo dándose la vuelta y mirando en mi lado del ropero. Se puso a mirar mis camisas, y terminó usando una de esas camisas rojas que yo compraba en el mall. *En el video, cuando ella usa una camisa roja de mangas largas atada abajo, es una de mis camisas.*

Abraham Quintanilla

Años más tarde, cuando mataron a Selena, los medios en México se volvieron locos. Y cuando los Calderón escucharon los nombres de Selena Quintanilla y Abraham Quintanilla, ataron los cabos.

Vinieron aquí a Corpus Christi, luego de la muerte de Selena, y los conocimos. Selena hubiera sido su bisnieta. No les conté que la canción era sobre ellos, pero estoy seguro de que se dieron cuenta. Podría ser una telenovela.

Pero en ese momento yo estaba tan metido en la parte financiera del grupo, que me perdí un montón de cosas. Créelo o no, cuando mataron a Selena eso borró un montón de cosas de mi cabeza.

"La tierra del olvido"

Carlos Vives
1995

CRÉDITOS

Carlos Vives: Compositor y artista

Iván Benavides: Compositor

Mayte Montero: Gaitera

Egidio Cuadrado: Acordeonista

Durante toda la década de 1980, Colombia atravesó una etapa de profundos cambios sociales, económicos y culturales, y se vio golpeada por las guerras de las drogas y los enfrentamientos armados entre el gobierno y las guerrillas. Tales disturbios, sumados a lo que se percibía como falta de representatividad y corrupción rampante, llevaron a la firma de una nueva constitución en 1991, que reconocía al país como una nación "cultural y étnicamente diversa", cuyas riquezas culturales y naturales debían ser protegidas. Fue durante esa época de renovado patriotismo, de mirar lo cotidiano con orgullo en lugar de desprecio, que Carlos Vives se alzó al estrellato.

El actor y cantante había amasado cierto éxito a nivel local como estrella de telenovelas y baladista. Entonces llegó el año 1991, y el personaje de Rafael Escalona en *Escalona*, una serie televisiva basada en la vida del legendario compositor de vallenato. El vallenato, género musical procedente de la costa caribeña de Colombia, basado en el sonido del acordeón y conocido por sus letras de espíritu trovadoresco, había sido durante mucho tiempo un género de las masas, a menudo ignorado por las clases altas y los medios de difusión. Vives, que procedía de una familia de clase media alta y amaba el rock en español, no parecía a simple vista el embajador más adecuado. Pero era perfecto. Vives nació en Santa Marta, en el Caribe, en el seno de una familia que escuchaba todo tipo de música: mexicana, cubana, puertorriqueña, baladas españolas y música latinoamericana en general. Más importante aún, era una familia que tenía un lugar especial en su corazón para la música colombiana, especialmente para aquellos juglares de la música vallenata y la cumbia que llegaban a la ciudad y muchas veces visitaban a la familia. Es ahí donde Vives tiene el primer contacto con las raíces que definirían su propuesta musical.

Vives tenía la credibilidad que le otorgaban su pedigrí, su conocimiento del género musical y su trabajo con su banda La Provincia, que contaba con el acordeonista Egidio Cuadrado y la gaitera Mayte Montero (la gaita es una flauta autóctona). Pero, además, era audaz. No podía suprimir su lado roquero, y había insertado batería y guitarra eléctrica en *Clásicos de La Provincia*, el álbum de clásicos del vallenato grabado en 1993. Tuvo tanto éxito que muchos creyeron que Vives sacaría una segunda parte.

Sin embargo, Vives siguió hurgando más hondo. Se recluyó

con La Provincia en una finca, y durante semanas trabajaron en
un nuevo proyecto basado en los ritmos distintivos de Colombia, enfocados en mezclar lo tradicional con lo contemporáneo,
el Caribe y las montañas, el trópico y las regiones templadas,
el rock y la cumbia, el Norte y el Sur, la música para las masas
y la música para los músicos. El proyecto se levantó sobre los
innegables cimientos de Colombia, desde sus instrumentos y
patrones rítmicos hasta la tierra misma, salvaje e imponente,
diversa y olvidada por tanto tiempo.

La tierra del olvido —tanto el álbum como la canción que
le da el título— cambiarían para siempre el curso de la música
colombiana. El disco popularizó el vallenato en el mundo; hasta
el día de hoy, el género sigue fusionándose con toda suerte de
ritmos latinos. También abrió la puerta para que los artistas
colombianos se convirtieran en superestrellas a nivel mundial;
desde Shakira hasta Juanes, Fonseca, Maluma y J Balvin, todos
le deben gratitud a Vives. La canción, por su parte, generó todo
un nuevo movimiento musical, el tropi-pop, mezcla del pop y
el rock con ritmos tropicales colombianos, que se convertiría en
el sello de artistas como Fonseca.

En cuanto a Vives, este sigue siendo el embajador musical más auténtico de Colombia, profundamente entregado a
recoger y preservar la herencia cultural de su país —no solo el
vallenato—, haciendo una música eminente y jubilosamente
comercial. Todo comenzó con esta canción, confeccionada en
las afueras de Bogotá por roqueros, instrumentistas folclóricos
e incluso un productor británico, unidos por el deseo de encontrar la grandeza mirando hacia adentro.

Carlos Vives

Estamos hablando de 1994. Habíamos creado un nuevo formato para nuestra tropicalidad cuando grabamos los *Clásicos de La Provincia* [el álbum de 1993 en el que Vives reinventó el vallenato clásico, dándole un estilo contemporáneo], que no solamente disparó el orgullo del vallenato, sino que fue un nuevo sonido para nuestras canciones. Por eso le doy tanta importancia a ese álbum en mi vida. Pero me enfrentaba a un siguiente disco, y no me podía quedar grabando vallenatos clásicos, o por lo menos el siguiente trabajo no podía ser más clásicos vallenatos, más canciones de viejos compositores.

Me enfrentaba a componer, me enfrentaba a entender lo que habíamos hecho con ese primer disco, y a abrirnos. Porque lo primero que me enseñó el vallenato es que era hijo de la cumbia, lo que abría un universo mucho más grande, que tocaba toda una cultura y que podríamos llamar la cultura colombiana. Era una genética musical más amplia, que llamé "La tierra del olvido".

Para mí, fue encontrarme con mis raíces. Antes estaba grabando baladas. Venia de grabar baladas, de buscar mi identidad, y de algún modo me di cuenta de que estaba olvidando mi tierra. Por eso llamé a la canción [y al disco] "La tierra del olvido". Me vi reflejado en esa carátula al pie del mar Caribe y de la Sierra Nevada de Santa Marta, el "Tíbet" colombiano donde están las culturas tayronas.

Iván Benavides

A Carlos le había ido muy bien con *Clásicos de La Provincia*, que era un álbum de *covers* de juglares de vallenatos, y estaba armando su equipo. Él sabe rodearse de gente muy buena. Nosotros lo conocíamos levemente. Yo escribía canciones para muchas personas. Carlos me conocía por ser parte de esa generación.

García Márquez decía que el gran Caribe comienza en el sur de Estados Unidos, que el territorio del gran Caribe culturalmente arranca ahí, y que Nueva Orleans tiene más en común con el Caribe que con Nueva York. Por cuestiones del destino se pudo reunir un equipo de trabajo increíblemente creativo. Carlos cambió algunos elementos de la banda, e integró a Richard Blair [que había trabajado con Peter Gabriel], al guitarrista Teto Ocampo, a Mayte Montero, que venía de tocar con Totó la Momposina. Se armó un laboratorio de trabajo muy interesante.

Carlos Vives

La canción nació trabajando con mi equipo de La Provincia. Iván Benavides estaba en mi equipo de producción, y me dijo: "Enciérrate a escribir". Yo había escrito poemas y canciones en el colegio. Venía de cantar baladas. Después había hecho canciones clásicas vallenatas, que me enseñaron mi papá y mis tíos. Y ahora me enfrentaba a, bueno, "Enciérrate ahí y empieza componer".

Un amigo tenía una finca en Santandercito, un poco al sur de Bogotá. Un lugar muy hermoso, de una naturaleza exuberante. Ahí un amigo nos prestó una casa, y ahí nos fuimos con lo que era mi banda en ese momento, a plasmar esas ideas que yo tenía, a trabajar arreglos. Nos fuimos a esta finca. Imagínate qué locura.

Al mismo tiempo producía un programa de televisión *underground* que se llamaba *La Tele*, un programa de comedia con locura, y allá cerca de la finca donde yo estaba produciendo el álbum grababa al mismo tiempo episodios del programa. Así que era una época muy loca, de muchísima creatividad, donde trabajaba televisión y música, y ahí fue que tuve ese sentimiento de "La tierra del olvido". Especialmente porque en mi trabajo empezaba a abrir todo un universo de la música local, de patrones, percusiones, sonidos diferentes a lo que se escuchaba en ese momento. Así que fue como no querer olvidar, como mostrando que a lo mejor nos olvidamos de lo nuestro, que por qué no mirar para adentro en vez de para afuera.

Iván Benavides

[Fue mirar] con un autorreconocimiento e identidad cultural. [Grabar juntos] nos permitió al mismo tiempo reconocernos en los lenguajes locales, y conversar con el mundo. Al final todos éramos jóvenes roqueros a los que nos encantaba la salsa y el folclor. Y eso nos permitió encontrarnos, porque antes de componer hablábamos mucho. Teníamos la parte del folclor y la parte roquera. El Papa [el bajista Luis Ángel "El Papa" Pastor] era como el que traducía, y Carlos guiaba el barco.

En esos laboratorios nos pasábamos todo el día creando música. Yo pasaba mucho tiempo sentado en una hamaca. Cuando se es compositor, el silencio precede a la creación, uno necesita mucho silencio. La canción fluyó en pocos minutos, letra y música.

Carlos Vives

Tú mas que nadie debes de saber lo que es enfrentarte al papel en blanco. Imagínate para mí, que tenía el reto de hacer canciones que dijeran "¡Carlos Vives!". Fue emocionante, pero tenía ese pensamiento de recobrar lo mío. Esa nostalgia hizo la canción. Tenía esa nostalgia, y tenía que escribir eso: "Siempre voy a regresar a ti, como la luna que alumbra los caminos".

Empezamos con la música. Yo a veces tengo cosas escritas a las que les pongo música, pero por lo general tengo un sonido que quiero que tenga esa canción —que esa canción tiene que empezar así como empieza—. Y siempre, por lo general, cuando tienes claro un comienzo es muy fácil concebir el resto. Esa pequeña genética de una estrofa, si uno la oye bien sabe que esa misma estrofita te va a dar tu pre-coro, y vas a llegar a un coro muy alegre, y seguramente vas a tener un rapcito o una variante.

No lo había hecho antes, pero tenía la idea en mi mente de cómo iba a sonar esa canción. Sabía que quería que fuera una canción romántica, una canción que estuviera entre lo tradicional caribeño que todos conocemos, y la costa y el vallenato. Sabía que no quería hacer un vallenato clásico, que era lo que acababa de hacer. Estaba buscando una canción nueva, y esta tiene todo el estilo de una canción nueva.

Era como escribir la analogía de cómo me sentía. Me siento como un pájaro de ahí. Me siento como una roca de ahí. Siento que formo parte de esa naturaleza. Y eso fue algo que me devolvieron los vallenatos. Por eso "La tierra del olvido" tiene algo de vallenato; pero también tiene algo de lo que se escuchaba que venía de Cuba, tiene algo de nuestras baladas tradicionales, tiene algo de lo que era la música del momento, y yo quería formar parte de eso a partir de nuestras raíces. Tenía muy claro lo que quería, y eso me permitió llegar rápido a esa primera canción de un álbum para el que luego hice varias otras canciones. Esa canción ES esa nostalgia que inspira el álbum.

Iván Benavides

Con Carlos hablábamos mucho. Mis canciones son más oscuras, y él decía que teníamos que buscar algo más esperanzador. Hablando tanto del río Magdalena [en Colombia] como del

Misisipi, empezamos a pensar en las periferias. Aunque la canción es de amor, todo el texto nos lleva a la Colombia profunda, la Colombia olvidada.

Yo siempre he sido un enamorado de las periferias. Logramos juntar dos cosas muy bellas: una canción de amor, y las canciones de amor latinas, en las que típicamente es la mujer la que espera. En esta canción el hombre es el que espera: "Así espero tu regreso a la tierra del olvido". El hombre muestra su vulnerabilidad, y en la tierra del olvido le hace homenaje a la Colombia profunda. Eso tiene que ver también con las referencias a García Márquez. En *El amor en los tiempos del cólera* hay una frase en la que hace referencia a esa Colombia.

Carlos Vives

Allí mismo, en la finca, teníamos una consola. Nos reuníamos por la tarde. Uno siempre flojeaba mucho por la mañana. Yo me sentaba con un cuaderno en mi cuarto, y producía el *show* de televisión. Todo el mundo se iba a jugar fútbol, o a la piscina, o a caminar en el monte. Siempre, como a las seis de la tarde, cuando empezaba a oscurecer, nos encontrábamos todos y prendíamos los equipos. Ahí estaba nuestro ingeniero, e Iván y yo decíamos: "Esta es la canción". La cantábamos a guitarra y voz. Entonces el bajo entendía y se iba metiendo, luego las percusiones que teníamos, y ya empezábamos a grabar, y hacíamos ese primer boceto en la finca.

Egidio Cuadrado

Carlos y yo estamos juntos desde *Escalona* [la serie televisiva de 1991 en que Vives interpreta a la leyenda del vallenato Rafael

Escalona, que generó dos álbumes acompañantes]. *La tierra del olvido* lo comenzamos a trabajar en una finca del doctor Belisario Gonzáles. Ahí comenzaba mi compadre Carlos a arreglar la música a su estilo, y salió esa canción, "La tierra del olvido", entre mi compadre Carlos e Iván Benavides. La parte mía era el acordeón. La canción tiene bastantes solos de acordeón, combinados con la guitarra y la gaita de Mayte. Es una de las preferidas de mi compadre Carlos, y mía también. Yo comencé a hacer mis arreglos en el acordeón, y luego, entre toda La Provincia, incluyendo a mi compadre Carlos, trabajábamos, le quitábamos y le poníamos.

Mayte Montero

Yo ya era parte de la banda, porque se había hecho la gira de *Clásicos de La Provincia*. Yo entré para la gira de ese álbum. Habiendo pasado un par de años, ya era tiempo de hacer un nuevo álbum, y recuerdo que esa fue la mejor experiencia de grabación y de producción, porque no fue hecho en un estudio, sino que nos fuimos a una finca. Fue todo muy relajante, dedicamos el 100% a hacer música. Teníamos una consola para grabar lo que nos fluyera, como un *jam*, muy libres.

Carlos componía cosas con Iván Benavides. Hacíamos esas canciones en horas de la tarde, ya descansaditos. Trasnochábamos, porque los músicos somos sonámbulos. La cosa era "salgan, duerman en la hamaca, coman lo que quieran". El ambiente era muy tranquilo.

Cada cual podía buscarse un rinconcito, pero a la hora de encontrarnos teníamos que tener una propuesta según la inspiración que hubiéramos tenido la noche anterior. No era el sistema de "el productor hace la producción, y en el pedacito que te dejaron vas a ir a tocar". Acá fue genial, porque donde yo sentía que mi gaita podía ir, pues sencillamente yo empezaba a crear los arreglos por allá solita, y cuando estábamos juntos intervenía en los momentos que yo creía. Por primera vez en una de estas producciones pude decir: "Yo quiero hacer la gaita aquí".

En otras ocasiones, cuando no conocía muy bien la canción porque se estaban creando los espacios, Carlos o el compositor sentían que podía entrar ahí la gaita. Así fue como surgió el álbum en general, y fue algo inolvidable. El único álbum 100% inspirado por la libertad.

Carlos Vives

Ahí también nació "Pa Mayte" [una canción dedicada expresamente a Mayte Montero], en la misma finca, para esa misma época y trabajando con Mayte, que había llegado para ser la gaitera de La Provincia, la primera gaitera en la historia de la música.

Mayte trajo las champetas [otro ritmo tradicional colombiano], aunque ya habíamos escuchado champetas y oíamos al General y todo ese movimiento que propició el reggaetón. Todo eso estaba en esa época. Y Mayte, que era cartagenera, fue la inspiración detrás de esa canción. La escribí con Iván y Teto, y se volvió su himno. Todo salió de esa forma. Prendíamos los botones a las seis de la tarde, y trabajábamos de ahí en adelante hasta ya tardecito.

Mayte Montero

Había compromiso, por supuesto. El compromiso era crear. Todas las ideas eran bienvenidas, y lo fueron súper bien. Fue fantástico. Creo que fue el único [álbum] que se produjo de esa manera, al aire libre, con sonidos [ambientales], sin límite de tiempo, con todas las ideas bienvenidas.

[En "La tierra del olvido"] Carlos e Iván estuvieron fluyendo, y fue una de esas canciones en las que se exploró una nueva fusión. Se partió de un vallenato, y luego se vio cómo fusionar [otras cosas] para hacer un nuevo vallenato: el vallenato de Carlos Vives. Fue como un taller con gente de diferentes partes de Colombia: estaban los cachacos [los naturales de Bogotá], y estaban los costeños [los naturales de la costa]. Yo nunca había hablado con guajiros [naturales del estado de Guajira, en la punta noreste del país]. Siendo costeña, tenemos cosas similares, pero también hay diferencias. Carlos es todo samario [de Santa Marta, en el este, a dos horas de Cartagena], pero con su cuento todo *play*. Y todos con el tema vallenato, que se escucha en toda la costa.

De verdad que fue un encuentro de cachacos y costeños. Un encuentro muy colombiano. El aporte de los cachacos era el tema como roquero, y nosotros venimos acá con el tema del folclor, el acordeón, la caja vallenata, la cumbia, todos estos ritmos. Fue como reconocernos. Yo me acuerdo de que Iván estaba sentado en una hamaca con su guitarra, y me cantaba la canción y decía: "Mayte, empecemos a meter este sonido con tu gaita a ver cómo puede funcionar".

Carlos Vives

El sonido Carlos Vives nace de codificar para guitarras eléctricas, teclados y baterías las percusiones ancestrales de la cumbia y de sus hijos anfibios. Esto resultó en un nuevo sonido, el sonido Carlos Vives.

Ya ese sonido había sido plasmado en las viejas canciones

vallenatas. Había una nueva forma de ponerles baterías, guitarra eléctrica y teclados que nacía de los patrones cumbieros
y vallenatos [tradicionalmente el vallenato no utiliza batería,
sino percusión menor]. En "La gota fría" [un éxito anterior de
Vives], ya habíamos encontrado la forma de incorporar guitarras
eléctricas. Porque te quiero recordar que "La gota fría" se había
grabado mil veces antes de que yo la grabara, pero la manera
como la grabamos nosotros hizo que la canción se multiplicara.
Así que sabía cuáles eran los patrones que quería usar, pero tenía
que encontrar la canción.

Iván Benavides

La canción tiene otra cosa que es muy interesante, y es que
Carlos luchó por tener la libertad creativa independiente, aunque con músculo comercial. Una canción como "La tierra del
olvido" seguramente hoy no la dejarían pasar. El otro día la medí,
y tienen más de 50 segundos de acordeón. En este momento
no dejarían pasar más de 15. La canción arranca con un bajo
que desciende cromáticamente, que es algo que no existe en el
folclor, aunque sí existe en el pop y en el rock, como en "Dear
Prudence" y en canciones de Charly García. Carlos y yo éramos
súper fans del rock argentino.

Carlos Vives

Iván era como un referente de productor muy cercano a los
ingleses, a Richard Blair, que trabajó con Peter Gabriel y Totó
la Momposina [una cantante folclórica colombiana muy res-
petada]. Los músicos con los que yo me movía giraban en ese

círculo con los ingleses, e Iván era una pieza importante como productor.

Ernesto [Teto] Ocampo fue poco tiempo guitarrista mío, porque él era profesor, y lo suyo era la antropología. Yo me alimento de muchas de esas cosas, pero lo mío siempre ha sido más dentro de la industria, más comercial, más competitivo. Yo venía de lo comercial, pero siempre trabajé con gente que me abrió la mirada hacia mundos profundos de la música. He tenido la suerte de contar con gente muy buena que me permitió hacer realidad el sonido que quería para nuestra música.

Egidio Cuadrado

Tengo 12 acordeones, y cada uno por lo general tiene sus canciones. Todavía tengo ese acordeón [que usé en "La tierra del olvido"], un Hohner rojo. Es muy especial para mí ese acordeón. Es uno de esos acordeones de antes, que eran muy buenos. Con ese también grabé muchas canciones de la novela *Escalona*.

En la canción, después de que la gaita hace el solo, ahí entra una parte del acordeón muy bonita, donde se usan mucho los tonos armonizaditos. Es una parte muy bonita que me tocó ensayarla bastante. Y mi compadre Carlos abre los brazos y hace "¡AHHHHHH!", y hace esa fusión de la gaita, el acordeón y la guitarra.

Iván Benavides

No es que haya pensado en usar esa armonía, pero después veo los precedentes. En el acordeón hay un amor por el acordeón del Brasil. Éramos una generación de amantes del tropicalismo brasileño, y con esas ganas de comernos al mundo nos alimentábamos de los juglares, del tropicalismo, de la cumbia, del vallenato.

Carlos Vives

Iván era como un maestro. Había hecho canciones antes, e incluso yo había cantado canciones suyas. Aquí era como un maestro. "Cuando vayas a hacer canciones, usa palabras sonoras", decía. Cuando yo le dije que el título de la canción era "La tierra del olvido", me dijo: "Esa es una palabra fuerte, una frase para un libro o una película". Mis vallenatos nunca sonaron como un vallenato regular. La manera en que aplicábamos las guitarras era nueva. Nadie lo había hecho así, pero nosotros sabíamos cómo era. Sabíamos que la canción tenía algo de son y de cumbia en su genética. Ya llegábamos al estudio sabiendo cómo íbamos a producirlo. Sabíamos que no queríamos hacer arreglos orquestales. Yo sabía que no quería sonar a la tropicalidad cubana o puertorriqueña.

Nosotros marcamos una nueva tropicalidad. Y desde entonces ha venido una nueva generación, de diferentes regiones, entendiéndolo, y haciendo lo que ha sido un poco como el *boom* colombiano, que no seguía los patrones convencionales de la tropicalidad. "La tierra del olvido" marca un poco ese punto de partida.

Iván Benavides

Casi todo salió de un solo tocazo. Le llevé la canción a Carlos, y después solo pusimos los aportes. La canción no tenía batería. Estaba muy agresiva. El *mood* quedó muy especial. Y también ayudó la forma en que la produjimos, porque grabamos todos juntos. En la finca se hizo la maqueta, pero grabamos todos los instrumentos al mismo tiempo [en el estudio], y eso genera algo muy bonito, algo que se ha perdido con el ProTools. Se puede ver la individualidad de cada músico.

Ahora se produce mucho, y se pierde la individualidad. En este caso, como las canciones nacieron de laboratorio [por llamarlo de alguna manera], en esta canción Teto es único, el Papa es único. Como decían los africanos, "Yo soy porque somos", y esa vibra se siente en ese disco en general, y en esa canción en particular.

Es un momento que me trae mucha alegría, y que también tuvo un grupo creativo muy particular. Generó una visión estética que le ha permitido a Carlos tener una carrera muy larga. Después de eso, trabajé con Carlos en los proyectos no comerciales.

Carlos Vives

Desde que le puse el título, ya sabía que la canción iba a llamar la atención, porque todos tenemos nuestra tierra del olvido. Es un nombre cinematográfico. Yo sabía que era una marca que nos representaba, que definía mucho lo que estaba pasando con nuestra cultura, con nuestro territorio, con el olvido de nuestra gente, de nuestras raíces. Es ese momento de la vida del artista en que lo que toca es vivir ese momento, sentir esa nostalgia y de pronto decir: "Tenemos tantas vainas aquí, tanta música. ¿Por qué no sorprendemos a la industria con algo nuestro, pero que ellos puedan leer? Algo que no sea egoísta, que los toque, que se sienta muy moderno, pero con esa fuerza del corazón que tiene la música". En eso estaba nuestro pensamiento, el de todo el equipo.

Ese es un disco que se abre a las regiones: hacia el Pacífico, los

Andes, los llanos. Te voy a contar una historia que comienza con "La tierra del olvido", pero que termina con nuestro mundo. Te voy a contar la verdadera historia de lo nuestro, incluida la historia de tu tierra. Queríamos contar la historia de un universo que es mucho más grande de lo que pensamos. Siempre vimos la música de Colombia muy pequeña, pero ella misma te enseña que hay un universo gigante, gigante, gigante. Y mucho de ese universo lo están usando los artistas colombianos. Muchos lo dicen, y muchos no lo dicen, pero se está usando en los éxitos de hoy.

Iván Benavides

La crítica purista decía que era una traición al vallenato, pero esa traición se convirtió en tradición. [El escritor y crítico cultural mexicano Carlos] Monsiváis decía que la tradición no es el pasado, sino lo que va a quedar en el futuro. Después de 30 años [de "La tierra del olvido"], siento que es más difícil en el siglo XXI armar canciones memorables.

Ese momento permitió generar una canción que desató los nuevos movimientos de la música colombiana. Generó la popularidad de la gaita. Y, aparte de ser fundacionales, son canciones que ayudaron a cambiar los imaginarios de cómo somos [los] colombianos.

Carlos Vives

No fue un éxito inmediato. No iba a ser tan fácil después de un disco como *La Provincia*. Era como: "Ah, y ¿cuántos clásicos grabaste?". Ninguno. Era una canción mía.

Hizo el clic cuando la gente sintió la nostalgia. La canción empezó a pegarse en diferentes partes. La colombianidad me abrió las puertas. La nostalgia colombiana fue un motor para lo nuestro y para nuestra música. Eso nos ha pasado mucho en Estados Unidos. La gente nos ha impulsado, por ese cariño y porque redescubrimos un poder en lo nuestro que es maravilloso y ha tocado la música de todo el mundo.

Egidio Cuadrado

Sí. Es una canción muy nostálgica. Incluso cuando estamos en concierto, Carlos les dedica esa canción a los venezolanos. Donde quiera que la tocamos, nunca falla.

Mayte Montero

"La tierra del olvido" dice: "Espero tu regreso a la tierra del olvido", que es lo mismo que te espero en casa. Te fuiste, pero vuelve. Hay que escuchar toda la canción para ver cómo fluye y cómo se integra. Es alguien que te está esperando así como el mar al río, la tierra a la lluvia. Es que la letra dice cosas muy bellas. Como dice [la actriz] Amparo Grisales: "Me eriza". Es algo entrañable. Imagínate una persona que está en el exterior y siempre está extrañando su casa, su tierra, los sonidos, todo.

Carlos Vives

Para los artistas, fue un momento de quiebre, de entender un poco que podíamos pegarnos a la música del mundo sin perder la localidad. Creo que esa es la importancia para mí. Juanes, Fonseca, muchos de ellos lo reconocen así. Muchos de nuestros músicos que hoy brillan usan esos patrones que descubrimos en ese momento.

La nostalgia es la interpretación correcta de la canción. La tristeza que uno sentía de alejarse demasiado de lo de uno. A mí me pasó. Yo estaba cantando baladas, estaba haciendo novelas en Puerto Rico, estaba haciendo un montón de cosas. De repente volver con la serie de televisión aquella de Escalona, volver a grabar, ir a Santa Marta, recorrer todo eso de Valledupar, ir a grabar en el colegio donde estudió mi papá, como que todo eso era yo. Todo eso era mío. Fue como volver. Como que: "¿Sabes qué? Podemos irnos al mundo llevándonos lo nuestro. Podemos ser nosotros donde sea".

Yo vuelvo a esta fuente a beber. Esto es lo mío, y aquí voy a encontrar mi modernidad. Mi modernidad no la quiero encontrar en lo que hacen fulano o perencejo con lo suyo. Yo voy a hacerla con lo mío. Y ahí nació todo eso, y ha sido nuestra corriente.

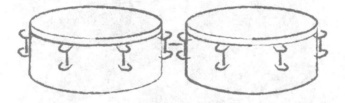

"Suavemente"

Elvis Crespo
1998

CRÉDITOS

Elvis Crespo: Cantante, compositor

Roberto Cora: Arreglista

Oscar Llord: Antiguo presidente de Sony Music U.S. Latin

Jerry Blair: Entonces vicepresidente ejecutivo de Columbia Records/Sony Music

A finales de la década de 1990, los latinos estaban, en su mayoría, ausentes de la cultura pop más difundida, lo cual hace que la "explosión latina" que detonó en 1999 sea más extraordinaria. Haría falta la inspiradora "La copa de la vida/The Cup of Life", de Ricky Martin, para despertar al mundo a una manera latina de experimentar la música. Fue precisamente su interpretación de esta canción en los Grammy de 1999 lo que hizo que un público que no hablaba español literalmente se levantara de sus asientos a bailar. Sin embargo, como suele suceder con los fenómenos culturales, las semillas habían sido plantadas desde mucho antes.

Con contadas excepciones, el alcance global de la música latina ha estado mayoritariamente ligado a la música bailable, que va más allá del lenguaje y la cultura. Durante décadas, el ámbito de la música "tropical", como fuera categorizada por las listas de *Billboard*, estaba dominado por la salsa, sucesora del mambo y del chachachá. Sin embargo, en la década de 1990, incluso mientras la salsa seguía prosperando y evolucionando, el merengue dominicano comenzó a colarse en la ecuación. Este ritmo, conocido por su tempo rápido y su compás de ²/₄, había sido importado a Estados Unidos por la diáspora dominicana, asentada casi en su totalidad en Nueva York.

El merengue ya era popular en Puerto Rico, gracias a su cercanía a la República Dominicana, y comenzó a mezclarse cada vez más con la salsa y sus afluentes, abriéndole las puertas a una nueva generación de merengueros con raíces dominicanas y puertorriqueñas. Con sus letras pícaras y su ritmo fácil de bailar, el merengue comenzó a incursionar en las listas, compitiendo codo con codo con los éxitos de salsa. Para mediados de la década de 1990, la fiebre del merengue estaba en su apogeo. Artistas como Olga Tañón, Milly Quezada y Proyecto Uno, que representaban facetas muy diferentes del género, lo hicieron aún más popular en toda Latinoamérica. Y Sony, entre otras discográficas importantes, tomó la iniciativa del movimiento tropical.

Entre los exponentes de esta nueva generación estaba Grupo Manía, una versión merengue de las *boy bands*. En determinado momento, el grupo contrató como cantante principal a Elvis Crespo, de voz aguda y nasal. La relación duró poco, pero dio a conocer a Crespo, quien en 1998 lanzó su carrera como solista con el álbum *Suavemente*. El tema titular —una canción dc amor acelerada e infecciosa, con atrevidos arreglos de metales— se convirtió en la primera canción de merengue en llegar al No. 1 de la lista Hot Latin Songs de *Billboard*. "Suavemente" permaneció seis semanas en la cima, convirtiéndose en el sencillo tropical que por más tiempo permanecía en la lista en csc momento (este récord sería roto por Marc Anthony en 2013, con "Vivir mi vida"). Eventualmente, entraría a la lista Hot 100, junto a canciones en inglés, donde alcanzó el No. 84, convirtiéndose en el primer tema de merengue que entraba en esa lista.

Más importante aún es que "Suavemente" abrió los ojos de la industria discográfica a las posibilidades a escala internacional de los ritmos latinos más regionales. "Este fue realmente el primero de los auténticos artistas latinos que comenzó en el mercado latino y logró saltar a lo grande al mercado *mainstream*", recuerda Oscar Llord, entonces presidente de Sony Music U.S. Latin. "Comenzó a abrirles los ojos a todos en la compañía [Sony] con relación a que esta era una vía posible". Con múltiples remezclas y una versión bilingüe, "Suavemente" se convirtió en un éxito a escala global.

Elvis Crespo

Esa canción nació un día entre septiembre y octubre del año1997. Yo había renunciado, o me habían botado, del Grupo Manía, y me metí a escondidas de Sony a grabar un disco solista. Me encerré y grabé nueve canciones, pero no "Suavemente", que no existía en ese momento. El álbum se iba a titular *Tu sonrisa*, por el tema del mismo título. En el proceso de grabar, me di cuenta de que la compañía le estaba poniendo todos los cañones a Grupo Manía, y me deprimí, porque sentí que me iban a engavetar. Banchy [Héctor Serrano, fundador de Grupo Manía], muy inteligentemente demostró que yo no era importante en ese momento. Fue muy agresivo y sacó un disco con un nuevo cantante.

Oscar Llord

Elvis ya estaba teniendo éxito como cantante del Grupo Manía. En ese entonces también estaban Olga Tañón, Manny Manuel, etc. Estos artistas ya estaban vendiendo más de 250,000 álbumes en el mercado latino de EE.UU. Había un movimiento para el merengue, que tenía un compás sencillo de 4/4, como la música disco, y era fácil de asimilar por todo el mundo. Un compás simple y fácil de marcar. Elvis vino a verme muy sigiloso con su representante, y expresó interés por comenzar una carrera como solista.

Obviamente, el Grupo Manía estaba en su apogeo, y dejar que Elvis diera este paso podía perjudicar al grupo. De hecho, cuando hablamos con los hermanos Serrano [Héctor y Oscar Serrano, fundadores del grupo,] estos no estaban muy contentos con la posibilidad de Elvis [como solista], de modo que tuve mucha resistencia de parte de mi propia discográfica, especialmente de los que dirigían la división tropical. Creí que la mejor solución sería dejar que Elvis hiciera el álbum con su productor, Roberto Cora, y luego decidir si sacarlo como solista era la opción acertada, o si debíamos esperar un poco más.

Roberto Cora

Conozco a Elvis porque yo era el director musical de Grupo Manía, y el dueño invita a Elvis a ser parte del grupo. En ese momento, Grupo Manía estaba grabando su segundo disco, que era la primera producción que yo hacía en mi vida. Yo tenía 18,

19 años. Y Elvis llega al estudio de grabación cuando ya estábamos grabando. Ese fue mi primer contacto con él. Fue muy cómico, porque él era el director de un equipo de béisbol de niños, y llegó vestido de pelotero y cantó el tema que le tocaba, de arriba abajo, casi sin parar. Yo dije: "Vaya, ¿quién es ese?".

Fue una muy buena primera impresión. Estuvimos juntos con el grupo hasta que me fui en 1995, cuando el grupo ya estaba despegando fuerte. Me salgo del grupo y empiezo a trabajar con otros artistas. Elvis se queda con Grupo Manía hasta el verano de 1997, cuando me llama y me dice: "Robert, me fui de Grupo Manía y quiero hacer mi disco solista, y quiero que tu me produzcas". Para mí fue una gran sorpresa, porque no nos habíamos visto en todo ese tiempo. No me lo esperaba.

El merengue estaba muy fuerte en ese momento, y había muchas grabaciones; muchas con un sonido particular que estaba funcionando y que todo el mundo estaba buscando. Si todo el mundo usa el mismo trompetista, por ejemplo, el sonido se va a parecer. Pero cuando Elvis se reúne conmigo, me dice: "Quiero grabar mi disco de solista, pero necesito que no se parezca a lo que está pasando aquí".

Decidimos traer músicos de la República Dominicana para que grabaran el ritmo. Hacemos el contacto con músicos dominicanos, en este caso los músicos de los Hermanos Rosario, y les separamos sus pasajes, pero —las cosas de la vida, que son tan únicas— cuando llegó el día del viaje la aerolínea no los dejó subir los instrumentos. Como eran tan grandes, tenían que meterlos en la bodega como equipaje, y ellos dijeron: "No. Si no nos dejan cargar nuestros instrumentos, no nos montamos". Y dicho y hecho, no se montaron. Perdimos los pasajes.

Entonces empezamos a tirar nombres de músicos que no estuvieran haciendo lo que hacían los demás. Teníamos ya tambora y conga, pero no teníamos quien grabara la güira. Le dije a Elvis que yo estaba tocando en un grupo, y que el güirero era muy bueno. No había grabado nada en su vida, pero yo creía que podía hacerlo. Llegaron los tres al estudio, y lo bello de esto es que, hasta ese momento, en las cosas que yo hacía se grababa un músico a la vez, como sucede con la mayoría de las grabaciones hoy en día, pero en esta ocasión decidimos grabar a los tres a la vez: congas, güira y tambora.

¿Por qué te cuento eso? Porque creo que ahí comenzó la magia del disco. Al poner a los tres a grabar juntos, reaccionan uno al sonido del otro. Se creó un sonido que todos nos quedamos mirando. Así comenzamos a grabar los temas. Hice lo mismo con los instrumentos de viento. Y eso fue en términos de la música. Ahí empezó el proceso del disco en general. Sabíamos que teníamos un buen disco. Con este disco yo sentía que todos los temas podían ser sencillos.

Elvis Crespo

Estaba deprimido, y salí a correr temprano en la mañana. Cuando regreso, está mi hijo Cuquito jugando Play Station. Estoy todo sudado, me siento a jugar Play Station con Cuquito, luego suelto el control y me voy para el baño. En la ducha comienzo a tararear la melodía de "Suavemente": "Suavemente, bésame, que quiero sentir tus labios, besándome otra vez", y la repito mientras me baño. Me digo a mí mismo: "Suena bien".

Entonces siento que jalan la puerta del baño —parece que era mi hijo, que iba saliendo en ese momento—, pero cuando corro la cortina no veo a nadie. Termino de bañarme, me seco, me visto, regreso a jugar Play Station con Cuquito, y él empieza: "Suavemente, bésame", y de la nada me la tararea perfecta. Yo le digo: "Cuquito, ven acá, ¿esa canción de dónde la sacaste?". Y él me dice: "Yo no sé. Se me quedó". Él tenía seis años cuando eso. Ahí me doy cuenta de que la melodía era especial, y me siento a escribir la letra con papel y lápiz. Empiezo a sentir los versos... y los versos fluyen: "Y si despegas, me despierto".

Ahora, escudriñando qué influencia romántica estaba recibiendo en esos días para escribir esa canción, me doy cuenta de que estaba viendo una novela que se titula *Alguna vez tendremos alas*, protagonizada por Kate del Castillo cuando era jovencita. Esa influencia romántica, ese contenido, me nutría para escribir canciones románticas. Ahí nace la letra de "Suavemente".

Llamo a Roberto Cora y le digo: "Oye, papo, tengo una canción". Y él me dice: "No, Elvis, chico, no seas inseguro. Tienes un gran álbum", porque el disco ya estaba hecho. Y le digo: "No, señor. Vamos a grabar esta canción". Lo convencí, arrancamos e hicimos la canción.

Roberto Cora

Elvis me llama como a las 4, 5 o 6 de la tarde, y me dice: "Robert, me acaba de salir un tema. Robert, me estaba bañando y me salió un tema que creo que está cabrón. Creo que tiene algo especial. Se lo canté a Cuquito y al rato el seguía cantando el coro de la canción". Grabó en un casete toda la letra y me lo hizo llegar.

Escucho el casete en la noche, porque trabajo de madrugada. Hablamos un poco de la dirección del tema, y me lo llevo a la casa, y es de los pocos arreglos que me salen fluidos del comienzo al final. Todas las ideas fueron las ideas iniciales. Cada canción tiene su proceso, y el de "Suavemente" fue de esos arreglos que, no sé, a lo mejor estaba receptivo a las ideas que llegaban. Casi el 90% del arreglo que escuchas fueron las ideas que se me ocurrieron esa mañana. Eso fue un miércoles en la madrugada. El jueves le envié la maqueta [a Elvis], y él me dijo: "Me encanta. ¡Vamos a grabarla!". El viernes llamamos a todos los músicos nuevamente, y en un día grabamos la canción, igual que hicimos con las anteriores. El ritmo juntito, el mismo personal. Y ahí nació "Suavemente". En términos creativos, esos fueron los tres días del caos.

Elvis Crespo

Roberto me trajo un arreglo musical exquisito. Era un merengue, pero un merengue *wow*, con algo diferente, con algo rico. Era un contraste. Una melodía sencilla con un arreglo musical que las trompetas tienen que practicar para tocarlo. Un arreglo complicado. Roberto me trajo una obra maestra. Al día de hoy, escuchas ese arreglo y parece que lo hicieron ayer. Es un sonido clásico.

La canción nació con un *beat* rápido: 120 o 118. Esos eran los *beats* que la gente bailaba en esa época. En estos tiempos, por ejemplo, el reggaetón está en 95 o 90. La canción originalmente tenía piano en la introducción con la voz. Decidí dejar la introducción con la voz a capela. Era algo que hacía con "La noche", la canción de Joe Arroyo que yo cantaba con Grupo Manía. La arrancaba a capela, y la gente se volvía loca y todo el mundo cantaba conmigo. Mi tono de voz cautiva a las masas. Es una voz rara. Yo sentía que mi voz se prestaba para eso. Una voz única, una voz fuerte, una voz chillona. Y ese a capela llama la atención, igual que en "Tu sonrisa".

Además, yo soy fanático de Celia Cruz con el "Químbara, cumbara, cumba-quimbambá", y dije: "Vamos a dejarlo a capela, como Celia Cruz". Y fue icónico. Esa introducción es icónica. La gente la escucha, y sabe que lo que viene es especial.

Roberto Cora

Es una voz muy particular. No hay grises: o te gusta o no te gusta. Elvis mismo dice que es como un platanero; el que vende en la calle. No hay tonos medios. Escuchas la primera palabra que ese hombre canta, y sabes que es él.

Elvis Crespo

Termino la canción, se la muestro a Sony, y en Sony no la ven. Continúa engavetada, porque el álbum de Grupo Manía estaba vendiendo como *wow*, como loco. Es más, la canción que tenían pegada se titulaba "Y loco, y loco". Ellos no querían tomar decisiones que molestaran a Banchy, el dueño. Y me quedé esa Navidad, *wow*, deprimido.

Roberto Cora

Yo había avisado que en enero me iba del grupo, porque iba a hacer una maestría de música en Texas. Entregamos el disco en agosto. En el proceso de grabación, Elvis me pegunta qué pensaba del disco. En esos momentos las expectativas eran que pudiera vender 50,000 copias. Era un número sólido, eso era lo que hacían los grupos en esa época. Entregamos el disco final, pero, obviamente por causas ajenas a la voluntad de todos, el disco no salió hasta el año siguiente.

Oscar Llord

Cuando terminó el álbum y escuché "Suavemente" en el estudio, sentí que iba a ser uno de esos discos grandes e innovadores que crearía emoción en el mercado, así que fui a ver a la gente del departamento tropical de la disquera, y les dije que lo mejor era avisarle al Grupo Manía de que Elvis iba a hacer su carrera como solista. Ahí empezó la riña y el de acá para allá, pero finalmente logré reunirlos a todos en la sala de conferencias, y les puse "Suavemente", con la que me sentía muy seguro. Y, tengo que decirte, no hubo ninguna reacción en la sala. La gente que estaba allí, incluida mi esposa Rosana, te lo puede decir. Tuve que poner la grabación varias veces; esa vieja filosofía de insistir metiéndote en la cabeza de la gente, hasta que al fin lo logras por repetición. Entonces marqué la pauta de que este sería el sencillo principal.

Elvis Crespo

[Antes de que saliera oficialmente] comenzamos a regar el CD en la calle, en las fiestas patronales, y de manera orgánica la canción fue creciendo y el tema fue tomando fuerza. La diáspora que venía a Puerto Rico a pasar la Navidad se llevaba ese CD de vuelta, y comenzaron a ponerla en el Noreste los DJs. Oscar Llord empezó a notar que la canción estaba apareciendo en los *record pools*, y ahí fue que decidieron lanzar el disco, el 14 de abril de 1998, y eso cambió la historia. Yo debuté el disco el 11 de abril en el Coliseo Roberto Clemente, de Puerto Rico.

Oscar Llord

Le pedí a Gabriel Buitrago [actualmente dueño de su propia compañía de promoción, Suma], que estaba haciendo promoción de *crossover* para Sony Discos, que consiguiera que algunos de los DJs hicieran los remixes. Él consiguió en Nueva York a un tipo llamado Giuseppe D para hacer el remix. Cuando lo escuchamos, nos encantó.

Cuando sacamos "Suavemente", las primeras reacciones fueron las de los fans de Grupo Manía, pero luego empezó a pegarse. Cuando sacamos el remix, lo empezaron a poner en Power 96 y se prendió en los clubes de todo el país; entonces comenzó el proceso de *crossover*, al punto de que vendimos más de 300,000 álbumes solamente en California, un mercado tropical decente, pero nada comparado con el Noreste o Puerto Rico. Luego ascendió al millón. El primer video se convirtió en el segundo video, y antes de que te dieras cuenta le conseguimos una agencia de relaciones públicas, comenzó a ir al *show* de David Letterman, y el disco creció.

Se convirtió en un sólido No. 1. Se elevó al Top 2 en la lista de bailables, y cuando me fui de Sony en 2003 el disco había vendido 1,3 millones de copias en EE.UU. Ningún otro disco tropical se había acercado a eso. Esto fue producto del *crossover*. Expandió su mercado más allá del núcleo del mercado latino. Así fue como Elvis subió, sobre una plataforma enorme.

Elvis Crespo

Me hicieron un video que odié entonces, pero hoy lo amo, porque es único. Un video que trasciende los tiempos. Cuando la canción explota, hay una convención en Europa, y Tommy Mottola [el entonces presidente de Sony Music Entertainment] quería llevar la canción a esos países. Pero cuando vio el video dijo: "*Wow*, este video está horrible". Me mandó a Cartagena con [el director de video] Simón Brant, a grabar la versión remix de "Suavemente". El video está espectacular, pero a la gente el que le gusta es el otro, el que no me gustaba.

Jerry Blair

Hicimos una versión en inglés, titulada "Suavemente, Kissing Me". Trabajamos duro, mano a mano con Oscar, para coordinar el esfuerzo. En esa época, Sony tenía un tercio del mercado, o más. Veías lo que podría resultar atractivo para las masas, y luego ibas a hablar con la gente en esos mercados, lugares donde sabías que podías llevar esto y hacerlo crecer. Hasta el día de hoy, lo que más me asombra es que las discográficas aún ven [el cruce a otros mercados] como la cereza en el pastel, pero realmente no se enfocan en ello. Aún no se han dado cuenta de cómo maximizar la oportunidad.

Oscar Llord

Cuando Tommy escuchó el disco, también pensó que iba a ser un éxito. Este fue realmente el primero de los auténticos artistas latinos que comenzó en el mercado latino y logró saltar a lo grande al mercado *mainstream*. Comenzó a abrirles los ojos a todos en la compañía [Sony] de que esta era una vía posible. Y Tommy Mottola, entre los directivos, fue el que lo vio más claro.

"Suavemente" tenía esta repetición infecciosa. Elvis era una especie de enigma físico. Tenía ciertas cualidades únicas que lo hacían singular y distintivo; eso, sumado al sonido de su voz —el cual es realmente lo que distinguía a Grupo Manía— y al increíble remix. Todo eso. Yo pensaba que tal vez conseguiríamos medio millón de copias, pero nunca pensé que iba a llegar al nivel de sobrepasar el millón.

Entonces se pegó en México. No recuerdo ningún disco de merengue que se pegara antes en México. Ahí fue cuando nos dimos cuenta de que teníamos un disco realmente bueno.

Roberto Cora

Me fui a estudiar en enero, y lamento no haber vivido el *boom* de "Suavemente". Me dicen que sonaba en cuanto *party* había.

Ese verano fui una semana a Puerto Rico, y me encontré un poco con el *boom* de Elvis tocando todos los días; tanto, que me enteré que sus músicos se reunieron con él para decirle que no tocara tanto, que les diera un *break*. Nosotros, los músicos, generalmente lo que queremos es tocar, tocar y tocar; pero en este caso le pidieron un descanso. Una locura.

Elvis Crespo

¿Me metí al estudio a hacer una canción clásica? Yo me metí en el estudio porque había algo que me hacía feliz. Es una canción hecha del alma, llena de sueños, y eso se percibe en la obra. Es una obra muy real, no forzada. Y el proceso creativo del artista con la obra es muy orgánico. Es la única explicación que puedo darle.

La canción ha sido campaña de Huggies. La han hecho campaña de la lotería de Israel, con el anunciante hablando en hebreo y mi canción sonando en español. Rihanna bailó "Suavemente" frente a un árbol de Navidad. Dua Lippa puso en Twitter: "Esta canción me hace muy feliz". Artistas que ni habían nacido [cuando se estrenó], la escuchan. Lo que más me ha emocionado fue cuando me dijeron que "Suavemente" estaba entre los temas musicales que los astronautas de la NASA escuchan en las misiones espaciales para motivarse. Eso sí me sorprendió. ¡Que mi canción se haya escuchado en el espacio! ¡Que estos intelectuales, estos genios, en una misión escuchen mis canciones para sentirse feliz! Me siento bendecido. ¿Qué más puedo pedir yo, chica? De veras. Mi Dios ha sido misericordioso.

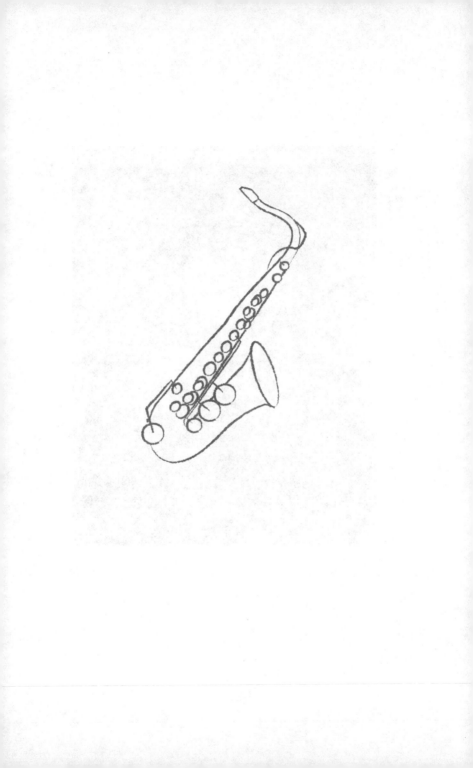

"Smooth"

Carlos Santana y Rob Thomas
1999

CRÉDITOS

Carlos Santana: Artista

Rob Thomas: Artista, compositor

Itaal Shur: Compositor

Clive Davis: Antiguo presidente de Arista Records, actual director creativo de Sony Music Entertainment

En 1971, el guitarrista Carlos Santana alcanzó el No. 4 de la lista Hot 100 de *Billboard*, con "Black Magic Woman". Le tomaría casi tres décadas llegar de nuevo al top 10, pero fue un regreso apoteósico. "Smooth", con la colaboración de Rob Thomas en la voz, salió el 29 de junio de 1999, e impresionantemente, se ubicó durante 12 semanas en el primer puesto del Hot 100 de *Billboard*. Permaneció un total de 58 semanas en la lista, convirtiéndose en el No. 2 entre los 100 más grandes éxitos de todos los tiempos en el listado.

"Smooth" fue una canción mágica. Con la autoría de Itaal Shur y Thomas, fue el primer sencillo de *Supernatural*, el revolucionario álbum de dúos de Santana, que también incluyó colaboraciones con artistas como Lauryn Hill, Dave Mathews y Eric Clapton. *Supernatural* alcanzó el No. 1 de la lista *Billboard* 200 de álbumes más vendidos, y llegó a vender 11,8 millones de copias solamente en EE.UU., convirtiéndose en el álbum de un artista hispano con mayor éxito de ventas, según Nielsen Music. También le facilitó a Santana ocho premios Grammy (empatando con Michael Jackson en 1983 en cuanto a mayor cantidad de Grammys ganados en un año), incluidos el de grabación del año por "Smooth" y el de álbum del año por *Supernatural*. El premio a la canción del año, también para "Smooth", les fue otorgado a Rob Thomas e Itaal Shur como compositores, convirtiéndose en el noveno Grammy del proyecto.

La canción fue una reivindicación extraordinaria para Santana, que nunca antes había ganado un Grammy, y también para Clive Davis, el ejecutivo discográfico que originalmente firmó al guitarrista allá por la década de 1960, y quien apostó de nuevo por él 30 años más tarde.

Resulta tentador incluir a Santana en la "explosión latina" de 1999, como han hecho algunos. Después de todo, 1999 también fue testigo del "Livin' la vida loca" de Ricky Martin, y del "Bailamos" de Enrique Iglesias, que también alcanzaron el No. 1 en el Hot 100. Pero eso no sería exacto.

Los motivos por los cuales Davis volvió a firmar con Santana, y por los que se comprometió con el proyecto, no tenían nada que ver con modas, o con el pujante movimiento latino. Simplemente tenían que ver con Santana, el hombre y la banda. De hecho, *Supernatural* nunca fue considerado un álbum "latino" en el sentido tradicional de la palabra —es decir, predominantemente en español—, ni Santana solía grabar en ese idioma. Pero el suyo era un disco latino en espíritu y dirección, construido con ritmos latinos y ejecutado con una mirada global. Puede que "Smooth" haya sido cantado en inglés, pero fue un tremendo homenaje a la latinidad, con su video filmado en el Harlem hispano, sus múltiples referencias visuales a esta cultura (las cubiertas de los álbumes que aparecen en los primeros segundos, no tienen precio para cualquier admirador de cierta edad de la música latina) y el sincero homenaje de Rob Thomas a la música y a la cultura hispanas, y a su "Mona Lisa del Spanish Harlem" (que más tarde se convertiría en su esposa).

Además de revivir la carrera de Santana, "Smooth" y *Supernatural* fueron los grandes precursores de lo que hoy se considera una práctica estándar: ingeniosas colaboraciones en canciones que juntan artistas exitosos de diversos géneros, resultando en la expansión de la audiencia. "Smooth" tuvo eso en abundancia: la canción se escuchó tanto en la radio pop como en la de rock y en la de música alternativa. Debido al largo tiempo que "Smooth" estuvo en la radio, obtuvo además una distinción peculiar: en 1999 fue el último tema en alcanzar el No. 1 en la década, e inauguró el 2000 como el primero del nuevo milenio. Definitivamente, un hito histórico.

Clive Davis

Yo estaba cuando Janis Joplin triunfó, cuando Chicago triunfó, cuando Santana triunfó. Debo decir que el éxito con Santana fue enorme, y se basó en nuestro éxito y en nuestra interacción en esos primeros años, al punto que 25 años después, cuando me llamaron de buenas a primeras para que fuera a verlo al

Radio City Music Hall [en julio de 1997], fui sin pensarlo dos veces, por pura nostalgia, afecto y todo lo anterior. En esa época yo estaba con Arista Records, la compañía que yo había fundado en 1974. Era algo poco probable, porque él ya pasaba los 50, y no es un cantante; pero vi su nueva banda, y vi que, aún después de tantos años, su virtuosismo, el empaste con la banda, todo eso estaba ahí. Acordamos encontrarnos, y él me dice: "¿Tú sabes? Fui a ver a mi asesor espiritual, y me preguntó: '¿Qué es lo que más extrañas?'. Yo le dije: 'Tengo hijos adolescentes que nunca me escuchan en la radio'. Extraño estar en la radio. Mi asesor espiritual me preguntó: '¿Con quién asocias estar en la radio?'". Y Carlos le dijo que lo asociaba conmigo, así que el asesor, y su esposa en ese tiempo, le dijeron que me llamara. Así que me pregunta: "¿Qué te parecería si me grabaras ahora?". Yo le digo: "Mira, si acordamos un plan por el cual tú me das la oportunidad de encargarme de la mitad del álbum, buscando material natural y orgánico que no comprometa en nada tu integridad, yo lo hago. La otra mitad del álbum sería Santana clásico, y puedes hacer lo que quieras con eso".

Carlos Santana

Clive dijo algo que me gustó, fue muy directo y usó una palabra muy espiritual: "¿Tienes la voluntad? ¿Tienes la voluntad de disciplinarte y subirte al ring conmigo para trabajar juntos cuando yo empiece a llamar a todo el mundo en mi Rolodex? ¿Confiarás en mí?". Me explicó que él no iba a hacer un álbum de Santana más; quería éxitos.

Itaal Shur

Me dijeron que Santana estaba buscando música, y tuve la suerte de reunirme con Gerry Griffith [un consultor musical que antes había sido vicepresidente de artistas y repertorio para Arista], que solía trabajar para Arista en los viejos tiempos. Él me habló de una oportunidad, y me puse en contacto con Pete Ganbarg [actual presidente de artistas y repertorio de Atlantic Records], que se encargaba de artistas y repertorio del proyecto de Santana.

Como me reuní con él, pude escuchar un montón de las canciones del proyecto. Un par de ellas eran del estilo del Santana clásico. Pero ninguna de las colaboraciones parecía tener esa vibra original, medio de son montuno de Santana, como "Black Magic Woman" o "Evil Ways". Entonces pienso: "Bien, lo voy a hacer".

Ya tenía la onda básica de "Smooth". Tenía un verso, que era el *outro* de una canción que había hecho con mi banda. Era solo un comienzo. A veces tienes que pensar, "¿qué tengo?", en lugar de comenzar algo nuevo. Tomé todo eso y, básicamente, escribí la canción completa durante el fin de semana. Usé baterías programadas, pero añadí la guitarra.

En el demo original soy yo cantando una canción titulada "Room 17", que trata de una pareja que tiene un affaire oculto en la habitación 17. Cuando la toqué para Peter, a él le gustó la música, pero no la letra. Ellos querían una letra más universal, y querían concentrarse en la paz y el amor, en lugar de las insinuaciones sexuales o los encuentros amorosos.

Clive Davis

Más tarde me enteré de que al proyecto [de *Supernatural*] lo llamaban "la locura de Davis". Decían que Davis había sucumbido a la nostalgia y al afecto. Cómo podría triunfar un guitarrista de más de 50 años que nunca había cantado. Pero Wyclef trajo "María, María", y luego me encontré trabajando con Lauryn Hill.

En ese tiempo, Lauryn estaba aún trabajando en "A Rose Is Still a Rose" para Aretha Franklin, y conseguí que escribiera una canción para Carlos. Leí que uno de los ídolos de Dave Matthews era Carlos Santana, y con eso ya tenía el cuarto de los seis temas que estaba juntando para Carlos como coproductor del álbum. Luego de que Pete me pusiera el tema de Itaal Shur, se lo mandé a[l productor] Matt Serletic para que se lo pusiera a Rob Thomas. Y Rob le escribió textos nuevos, y grabó el demo, aunque no esperaba cantar "Smooth".

Rob Thomas

Había acabado de regresar de la gira de nuestro primer disco [con Matchbox 20]. Habíamos estado de gira como por tres años, y me mudé a Nueva York. Entonces recibo una llamada de Evan Lamberg [entonces vicepresidente ejecutivo en EMI Music Publishing, actualmente presidente de Universal Music Publishing Group para Norteamérica], de nuestra discográfica, y me dice que Itaal Shur está trabajando en un tema para Carlos Santana, y que quieren que vaya a ayudarlos con una letra que funcione.

Evan y yo siempre habíamos hablado de que sería genial que en algún momento yo pudiera compartir mi trabajo con la banda con trabajo en solitario y para otra gente. Como había acabado de regresar a casa, fue pura suerte. Resultó que Itaal vivía literalmente a dos cuadras de mi casa. Puede haber sido porque estábamos cerca, y fue aún mejor porque llamaron a

Matt Serletic [productor de Matchbox 20] para que produjera el tema.

Itaal Shur

Al final, tomaron mi demo y aumentaron el tempo de 110 a 115 ppm [pulsos por minuto], y subieron la tonalidad de La sostenido menor a La menor. Eso lo mejoró, pero el arreglo era idéntico.

Tengo que admitir que escribirlo fue muy fácil. No hubo ninguna fricción al hacerlo. Me tomó un fin de semana hacer la primera versión; a Rob Thomas le tomó un par de días hacer la letra, y luego él vino a mi casa y trabajamos en el estribillo. Rob es un gran cantante. Lo que escuchas es como él suena. Más tarde me enteré por la gente que grabó en las sesiones en vivo del disco, que solo habían necesitado dos tomas, y luego el sonido agregado. Nada resultó trabajoso, como un montón de grandes canciones. Todo el trabajo la llevó a ese punto.

Yo crecí escuchando rock clásico, y no puedes sacarte eso de encima; pero realmente yo hablo portugués, mi mamá era bailarina y a mí siempre me gustó la música latina, desde niño. Y, además, estar en Nueva York, donde la salsa es parte importante de la cultura... Yo no conocía el vínculo de Rob con la música latina, pero luego conocí a su esposa, y lo entendí. Él me dijo: "Sí, mi esposa es puertorriqueña, es modelo". "Simplemente obsérvala andar por la casa y escribe sobre eso", le dije. "Quiero decir, socio, ella es tu musa".

Rob Thomas

Hay muy poca gente así, como Santana y Eric Clapton, con los que el cantante resulta realmente secundario a la música. Yo era realmente consciente de que esto era algo que estaba haciendo para Carlos. No pensaba en que yo fuera a cantarlo. De hecho, pensaba que George Michael debía cantarlo. Pero cuando llegué a la palabra "Smooth" [fino, suave], tenía un poco de doble sentido. Era sobre la chica de la canción, pero también era sobre Carlos: "Eres tan fino". Así que eso me llamó la atención.

Recordé que mi esposa [Marisol, en esa época, su novia] estaba en algún sitio, caminando por la ciudad. Ella es mitad española, mitad puertorriqueña, y aunque no es del Harlem hispano, funcionaba. Cuando la toqué para ella, aún no estaba seguro, pero ella dijo: "Esto va a ser algo grande". Cuando conocí a Carlos, lo primero que él dijo fue: "Tú debes estar casado con una latina. Ese es el tipo de cosas que diría un blanco casado con una latina".

Carlos Santana

Sonaba a que tenía una relación con una latina. Una latina morena. Con todo el respeto para mis hermanas caucásicas, él tenía una frescura diferente. El caso es que aprendemos a articular gracias a las mujeres. De ahí es que obtenemos nuestro vocabulario. Cuando una mujer se pone la mano en la cadera y sacude la cabeza, sabes que tiene algo entre ceja y ceja, y que tiene actitud. Eso va a parar a la música. Esa frescura es extremadamente relevante y vital para la música, que de otro modo sonaría sosa y aburrida. No estoy tratando de ser simpático, solo digo que los músicos de verdad aprenden un montón del lenguaje de las mujeres. Mi mamá, mis cuatro hermanas, mis dos hijas, mi esposa Cindy. Yo lo aprendí muy rápido.

Clive Davis

Rob era tan electrizante como cantante en el demo de "Smooth" que Carlos se entusiasmó y dijo: "Vamos a conseguir al cantante de ese demo". Bueno, el cantante del demo era el cantante de Matchbox 20; conseguir liberarlo no iba a ser fácil. Pero por mediación de Michael Lipman, el representante de Rob Thomas, y con el consentimiento final de Atlantic, lo conseguimos.

Carlos Santana

Cuando me mandaron el demo, lo sentí un poco como en estado de embrión. No podía discernir si era un chico o una chica [el que cantaría], porque lucía como un embrión. Quiero decir, desde el punto de vista del sonido. Para ese entonces ya me estaba poniendo nervioso, pero esta era la última canción, teníamos el álbum listo, y Clive me dice: "Por favor, ten paciencia. Necesitamos una canción como esta, y creo que va a sorprender a todo el mundo". Clive siempre era muy gentil cuando me presentaba algo, muy cortés. Y cuando me enviaron el demo, dije: "Tenemos que hacerla en vivo, porque ahora mismo no creo en ella".

Para que yo crea en una canción, si voy a tocarla por el resto de mi vida, tengo que sentir que es el 150% del 100%. Clive movió todo. Conseguimos a Matt Serletic, y entre todos decidimos hacerla en vivo. Ahí fue cuando empezó a brotar la energía, y ya no hubo dudas, ni un ápice de duda. En cuanto la escuché, ya desde la mitad de la canción, pensé: "Chico, esta canción es algo grande". No sabía que iba a ser tan grande, pero sabía que era grande. Lo sabía porque me había pasado antes con canciones como "Black Magic Woman", canciones que resultan memorables más allá de la época y más allá de las modas.

Rob Thomas

Volé a San Francisco, y grabamos juntos en dos días. Lo increíble de todo esto es que, el primer día, cuando llegué, la banda lo cala enseguida, lo siente enseguida. Lo que escuchas salió de tres tomas. Eso dice mucho de Matt Serletic y de la visión que tuvo cuando escuchó el tema. Él no quería que sonara como un tema bailable; quería que fuera bailable, pero en el contexto de Santana. Y Carlos tiene un sonido de guitarra inconfundible. Además, estaba tal vez la emoción. Para mí, estar en el estudio con Santana, tocar juntos en el estudio... Era un momento emocionante, y esa emoción se percibe.

Carlos Santana

A mí me funcionó no tener siquiera que pensar en ello. No quería que tuviera una energía mental ni cerebral. Quería que fuera con inocencia. La inocencia es el corazón. Para mí la inocencia es muy sagrada y muy sensual. Creo que la mayoría de la gente, sean ateos o espirituales, no deberían perder la inocencia. Así que no practiqué, a propósito.

Tan pronto descubrí dónde poner los dedos en el brazo de la guitarra, cerré los ojos y complementé a Rob, como si fuera una especie de pastor: él dice "Aleluya", y yo digo "Amén". Como guitarrista, cuando estoy junto a Rob Thomas o Rod Stewart, mi papel es estar presente con amor y no irme por encima de la voz. En todo lo que he hecho con Plácido Domingo o Rob Thomas —me refiero de un modo espiritual—, sé cuál es mi lugar. No como un jefe de camareros ni como un camarero, sino como una parte de la totalidad de la voz. No soy la sombra de nadie, y tampoco perturbo su luz; soy parte de la canción como un todo. Aprendí eso de mi papá y de B.B. King. Nunca te compares con alguien ni compitas. Eso está bien para el fútbol o la Copa del Mundo, pero en la música se trata de complementar.

Hubo un momento, justo antes de mi solo de guitarra, en el que supe que había magia. Miré alrededor y no se lo dije a nadie, pero podía darme cuenta, por las miradas de la gente, que habíamos encontrado una obra maestra de júbilo. Cuando haces algo memorable, vas de la mano con la eternidad. Bob Marley, Michael Jackson, son memorables. No quiero sonar engreído, pero lo digo desde el fondo de mi alma. En ese momento, pienso: "Diablos, voy a estar aquí. Voy a permanecer. No es música para estadounidenses ni mexicanos, sino para humanos y punto. De aquí a 20 años van a decir: 'Súbele el volumen a esa canción' ".

Clive Davis

La cosa es que, ¿lo esperaba? ¿Alguien lo esperaba? Yo, obviamente, pensé que nos podría salir bien, o no habría firmado con él. Pero en cuanto puse la grabación final de "Smooth", a Robert Palmese [en ese entonces vicepresidente de promoción nacional de Arista] le brillaron los ojos, y me confesó: "¿Sabes? Ninguno de nosotros creyó jamás que tendríamos un disco comercial".

Rob Thomas

El disco ya estaba finalizado, y me enteré de que Dave Matthews tenía un tema, y Lauryn Hill, y pensé que era algo genial, pero tal vez "Smooth" sería la canción pop. Y cuando empezaron a escribir sobre el disco, obviamente había pesos pesados en ese disco, y mi nombre no sobresalía. Entonces pensé: "Bueno, esto es genial, al menos tuve la oportunidad de trabajar con Carlos Santana, uno de mis ídolos musicales". Ni siquiera sabía que iba a ser un sencillo, hasta un día en que voy caminando por Soho y veo un auto descapotable parado en el semáforo, y unas chicas en el auto estaban poniendo la canción a todo volumen.

Carlos Santana

Siempre delego todo lo que tenga que ver con los sencillos en Clive. Ni siquiera escucho la radio, a menos que sea algo de los Spurs, porque soy fanático de los Spurs. Así que confío en la gente que se encarga de eso todo el tiempo.

Mi papel es honrar a Clive, y confiar en él, porque él siempre ha sido mi apoyo en lo profesional y en lo personal. Él y Bill Graham [el promotor de conciertos que apoyó a Santana en sus comienzos] son gente que Dios puso en este planeta. Gracias a Clive existo yo y existe Whitney Houston. Él no solo nos ayudó a triunfar, sino que sabe cuándo y cómo ponernos en el centro. Es imposible fracasar.

Clive Davis

¿Cómo logras que esto funcione? ¿Cómo logras que esto capte la atención del Top 40? En efecto, él tiene más de 50 y, en efecto, él no canta, pero es uno de los músicos más grandes de todos los tiempos. Tuvimos una historia fenomenal años atrás, con los tres éxitos que mencioné.

¿Cómo hago saber que esto es diferente? Pensé, "mi fiesta de los Grammy", a la que se había convertido en tradición que fueran todos los grandes artistas del Top 40. Hice que Carlos y Rob Thomas, y la banda de Santana tocaran "Smooth" en mi fiesta de los Grammy, y también que Wyclef cantara "María, María" con la banda de Santana. Al mostrar esos dos temas, toda la casa se levantó a aplaudir. De inmediato se regó la voz entre todos los personajes clave y los que marcan las tendencias, y cuando alcanzamos el Top 40 de la radio fue todo un suceso.

El álbum consiguió 9 Grammys —rompió el récord de todos los tiempos—, y es uno de mis más gratos recuerdos subir al escenario con Carlos y los dos coproductores del álbum, y que *Supernatural* se convirtiera en uno de los álbumes más vendidos de todos los tiempos en todo el mundo.

Rob Thomas

Ahora miro atrás, y toda esa época me parece un gran desfile. Era el desfile de *Supernatural*, y "Smooth" logró ser la primera carroza. Ahí tienes un álbum espectacular. Y, para mí, ser una especie de embajador de ese mundo, y poder compartir un momento totalmente histórico, es realmente algo especial. Poca gente en el mundo consiguen ser parte de algo tan grande desde el punto de vista cultural.

Cuando terminamos el álbum, se habló mucho de hacer algo más, y me llamaron para "Game of Love", [del álbum *Shaman* de 2002] pero tanto Carlos como yo sentimos que resultaba demasiado forzado tratar de recrear esa magia. Así que escribí algunas canciones de los álbumes siguientes, pero tanto Carlos como yo guardamos eso que hicimos en aquel momento como algo muy valioso.

Cuando toco en vivo, hago una versión de la canción en solitario y prácticamente sin guitarra, porque no quiero recrear la magia de Carlos. Pero, siempre que nos juntamos, él se sube al escenario.

Itaal Shur

Realmente pienso que esta es una de las últimas canciones sofisticadas de mega pop, con banda en vivo y con músicos de la mejor calidad, de la historia. La calidad no es algo que abunde últimamente. Lo que pasó a partir del año 2000 es que las cosas empezaron a volverse más y más programadas.

"Smooth" es una anomalía. Perfectamente podría haberse vuelto algo trillado y cursi si hubieran usado una máquina de ritmo [o *drum machine*, en lugar de baterías en vivo]. Siento que fui parte de la creación de un éxito mundial que seguía el linaje de las grandes canciones mega pop hechas por grandes músicos, como Michael Jackson; gente cuyo talento no se puede negar. Siento que "Smooth" fue el último mega éxito del viejo mundo de la música que solía basarse en el talento.

Rob Thomas

Creo que la canción marcó un momento decisivo en las carreras de ambos. Para Carlos, en el sentido de que él siempre ha sido una leyenda, pero no habrá un momento en que la gente hable de grandes guitarristas en que no hablen de "Smooth". Creo que fue algo genial que Carlos tuviera la oportunidad de presentarse a una nueva generación de admiradores. Yo crecí con "Black

Magic Woman" y "Evil Ways", y para los chicos de ahora era "Smooth" y "María, María". Pero no fue como que yo le diera una carrera a Carlos.

A mí me dio la oportunidad de ser considerado como Rob Thomas, el compositor, y no simplemente como el tipo de Matchbox 20. Tuvo un efecto enorme para ambos. Conocerlo en esa época me enseñó la diferencia entre ser un músico famoso y ser una celebridad. No porque aparezcas en las revistas, sino porque a la gente le gusta tu música. Y no hay un cumpleaños o aniversario en el que no reciba un ramo gigante de rosas blancas de Carlos. Blancas, que simbolizan la amistad.

Clive Davis

Carlos es un ser humano poco común. Tiene un gran corazón, es brillante, tiene buenas ideas, abstractas, espirituales; él aspira a que todos los niveles del comportamiento humano sean los mejores. Hasta el día de hoy, no hay una ocasión que yo celebre en la que Carlos no me envíe las cartas más hermosas, las flores más hermosas. Ahora mismo que hablo contigo en mi oficina, tengo un montón de flores que Carlos me envió. Él nunca deja de mencionar que yo creí en él desde el principio. Es algo único en mi carrera, no solo porque firmé con él dos veces, sino por el éxito enorme que tuvo, justo al inicio de nuestras carreras y, luego, 25 años después con todo el éxito de *Supernatural*.

Tenemos un vínculo. Hasta el día de hoy estamos en contacto. Nuestra amistad, nuestra relación, nuestro respeto y cariño mutuo. Realmente, tengo que decirte, no es que estemos pegados todo el tiempo, pero tenemos una de esas maravillosas amistades duraderas que lo nutren a uno, que es muy, muy especial.

Carlos Santana

Le estoy muy agradecido a Clive Davis, a Itaal Shur y, por supuesto, a Rob Thomas. Los tres tuvieron un éxito supremo al traer a la vida esta obra de arte que hace muy felices a las mujeres.

(Las citas de Carlos Santana y Rob Thomas fueron tomadas de múltiples entrevistas que realicé a lo largo de los años).

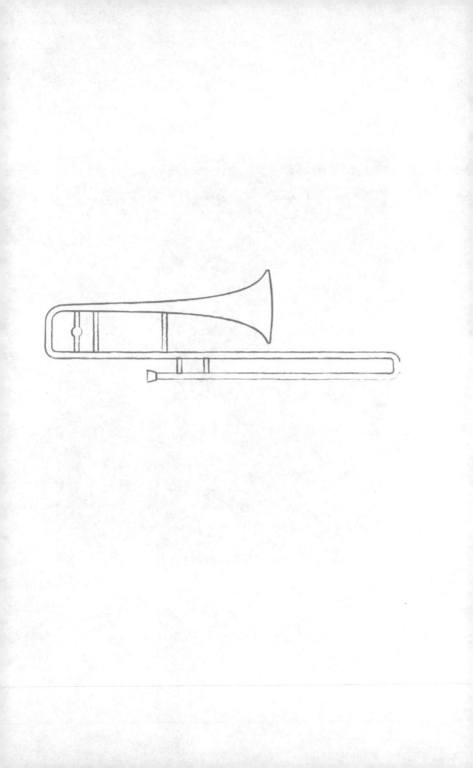

"Livin' la vida loca"
Ricky Martin
1999

CRÉDITOS

Ricky Martin: Artista

Desmond Child: Productor, compositor

Draco Rosa: Compositor

Randy Cantor: Arreglista

Tommy Mottola: Entonces presidente de Sony Music, actualmente director de Mottola Media Group

Jerry Blair: Entonces vicepresidente ejecutivo de Columbia Records/Sony Music

El 24 de febrero 1999 se celebraba una ceremonia más de los premios Grammy, con interpretaciones tranquilas y aplausos educados, hasta que subió al escenario Ricky Martin, meneando la cintura y dando brincos, acompañado por una banda de 15 músicos y una horda de bailarines y percusionistas que hicieron una fila de conga de un extremo al otro del pasillo del Shrine Auditorium de Los Ángeles, al ritmo de la versión bilingüe de "La copa de la vida/The Cup Of Life".

Incluso antes de que terminara la canción, ya el público estaba de pie. Con el confeti volando a su alrededor, y en medio de los aplausos, la presentadora Rosie O'Donnell miró a la cámara con algo parecido al asombro dibujado en el rostro. "No lo conocía antes de esta noche", dijo, "pero lo estoy disfrutando muuuuucho".

Muchos consideran que la presentación de Martin ha sido el momento más transformador para un artista en la historia de los Grammys; pero eso fue apenas el comienzo. "The Cup of Life", con su mezcla de trompetas atrevidas y batucada brasileña, fue el preludio de "Livin' la vida loca" en 1999, la canción cuyo título llegaría a representar una nueva era y estilo de vida.

Tras su interpretación en los Grammy, Martin regresó al escenario, esta vez para recoger su estatuilla por Mejor Álbum Pop Latino, por *Vuelve*, disco que incluía "The Cup of Life". "Gracias, Robi Rosa", exclamó Martin, honrando al antiguo compañero de Menudo que coprodujo el álbum. También agradeció al compositor y coproductor Desmond Child. Su gratitud fue profética: tres meses más tarde, "Livin' la vida loca", tema escrito por Rosa y Child, llegó al No. 1 del Hot 100 de *Billboard*.

Ese primer sencillo del primer disco en inglés de Martin, estuvo cinco semanas en la cima y convirtió al cantante en el artista musical más reconocido del planeta. El disco *Ricky Martin* también debutaría en el No. 1 de ventas del *Billboard* 200, marcando el comienzo de lo que llegaría a conocerse como la "explosión latina". Una falange de estrellas latinas seguiría a Martin en los altos escaños de las listas —Shakira, Jennifer Lopez, Marc Anthony, Enrique Iglesias—, pero él fue el primero.

Cuando Ricky Martin cantó en los Grammys en 1999, nadie le estaba prestando atención a la música latina. Simplemente no era importante para la Academia ni para la industria de la música *mainstream*. Sin embargo, Tommy Mottola, el entonces presidente de Columbia, "tenía en mente crear esta revolución latina", según me dijo una vez Ken Ehrlich, el productor de los Grammy. En esa época, Mottola ya estaba en medio de negociaciones con varios artistas, entre los que se encontraban Marc Anthony, Jennifer Lopez y, por supuesto, Ricky Martin, para que sacaran material en inglés.

El antiguo miembro de Menudo era un intérprete carismático, con pinta y gestos de estrella de cine, y ya era una superestrella en el mundo latino. Además, era bilingüe, lo cual en ese tiempo era esencial para siquiera considerar un *crossover*. Martin fue seleccionado para interpretar "La copa de la vida/The Cup of Life", el himno de la Copa Mundial de Fútbol de 1998, y fue nominado a los Grammy de 1999 por *Vuelve*, un álbum que contenía mayormente material romántico, pero también temas bailables.

Los Grammy estaban recelosos de tener una interpretación en español —esto era antes del *streaming*, por supuesto—, pero Mottola, que no tenía dudas con relación a la cualidad de estrella de Martin, movió palancas para tenerlo en el *show*. "Había una resistencia tremenda por parte de los Grammy", me dijo Mottola hace algunos años. "No querían que tocara un 'desconocido', a pesar de que [Martin] ya había vendido 10 millones de copias de *Vuelve* en todo el mundo. Para mí, eso era absolutamente INACEPTABLE. No era una opción, y por supuesto, lo demás es historia. La interpretación de Ricky Martin de 'La copa de la vida' en los Grammy encendió la mecha de la explosión latina. Tomó a un artista relativamente desconocido en el mercado anglo, y lo propulsó al superestrellato internacional, literalmente de la noche a la mañana. Aprovechamos este impulso de inmediato sacando 'Livin' la vida loca', tema que vendió en todo el mundo más de 20 millones de álbumes".

La estrategia de Mottola fue clave. Si Martin no hubiera tenido un álbum listo para salir al mercado tras su interpretación en los Grammy, si no hubiera tenido un éxito como "Livin' la vida loca" bajo la manga, el impacto tal vez no habría durado tanto. Pero, de no haberse tratado de Ricky Martin, la historia también podría haber sido muy distinta. "Lo di todo", dijo Martin en aquel momento. "No voy a darle todo el crédito a esa presentación. Fue el resultado de 10 o 15 años de intenso trabajo y sacrificio".

Y, si hubiera sido una época diferente, también el efecto podría haber sido otro. En 1999 terminaba el milenio. Había una sensación generalizada de esperanza, de apertura. El mundo comenzaba a hacerse más pequeño, pero las opciones se hacían más grandes.

Ricky Martin estuvo en la portada del número del 24 de mayo de 1999 de la revista *Time*. El artículo se tituló "La música latina se destapa: Hemos visto el futuro. Luce como Ricky Martin. Canta como Marc Anthony. Baila como Jennifer Lopez. ¡Qué Bueno!". Y, a pesar de que ese futuro menguó a la larga, marcó la pauta. Con los artistas adecuados y la música correcta, un movimiento latino global resultó perfectamente posible.

Y todo comenzó con esta canción.

"Hace veinte años fui afortunado en extremo por poder participar [en los Grammy], y esto sin dudas se convirtió en uno de los momentos más importantes y desafiantes de mi carrera", le diría Martin a *Billboard* en 2019. "Desde entonces, me he mantenido enfocado. Nuestra música ha evolucionado con los tiempos, y no se puede negar que la música latina regresó a las listas *mainstream* con un ímpetu tremendo hace dos años, rompiendo otra vez todas las barreras. El mundo nos escucha, y hemos llegado para quedarnos".

Desmond Child

El año anterior, yo había comenzado a recibir reportes de varias personas. Carleen, la esposa de mi representante Winston Simone, había estado viendo *General Hospital*, y estaba loca con un actor y cantante llamado Ricky Martin. Entonces recibo una llamada de Debbie Ohanian [empresaria y promotora radicada en Miami], quien me dijo que había visto a este chico, Ricky Martin, y que le había dicho a Richard Jay-Alexander [productor de Broadway] que debía incluirlo en el reparto de *Les Misérables*. Richard lo incluyó [en 1996], tras lo cual comenzó a llamarme para decirme que el chico era increíble, así que finalmente llamé a mi representante, y le pregunté de qué iba todo esto, y él me mandó un clip de una vista aérea de Buenos Aires, en el que toda la ciudad se había paralizado porque Martin estaba tocando. Creo que fueron a verlo como un millón de personas, era algo increíble.

Me pregunté cómo podía ser. Estaba muy emocionado. Había una persona [encargada] de artistas y repertorio en Columbia, llamada Joanna Ifrah, que estaba a cargo de ayudar a desarrollar un álbum *crossover*. Ellos concertaron una cita, y Martin asistió con Draco Rosa. Ambos ya habían tenido un éxito titulado "Un, dos, tres, María", que Draco [escribiendo bajo el pseudónimo de Ian Blake] había coescrito con KC Porter. Ricky vivía a apenas seis cuadras de mi casa. Llegó con una comitiva, y Draco estaba muy callado, leyendo una biblia en un rincón. Creamos un vínculo entonces, todos nosotros, y así comenzó todo.

La primera canción que Draco y yo escribimos de verdad fue "The Cup of Life", [y lo hicimos] en un avión de Los Ángeles a Miami. Fue increíble. Era 1998. Gracias a Dios, Francia ganó el Mundial, y con esa victoria la canción despegó y se convirtió en No. 1 simultáneamente en 23 países, al parecer de la noche a la mañana. La canción fue tan exitosa, que en el último minuto la incluyeron en un álbum que acabábamos de terminar llamado *Vuelve.*

Jerry Blair

Deborah Castillero era mi exesposa. Yo sabía lo que estaba ocurriendo en el mercado latino gracias a ella, así que convencí a Tommy Mottola de hacerla nuestra consultora de música latina. Ella dijo que había dos artistas en los que teníamos que enfocarnos: Shakira y Ricky Martin. Ricky estaba con Sony International, y era un problema con qué sello iba a firmar —él firmó con Columbia—. Sacamos "María", hicimos un remix y luego sacamos la versión bilingüe. Ese fue el comienzo del ascenso de Ricky.

Tommy Mottola

Con "[Livin'] la vida loca", todo comenzó con Jerry Blair. Su exesposa estaba muy metida en el fenómeno Ricky y en la música latina, antes que nadie, y Jerry me insistía todo el tiempo, hasta que finalmente di luz verde a todo eso porque pensé: "Si este tipo [Ricky Martin] puede cantar en inglés como canta en español, va a ser el fenómeno global más grande".

Angelo Medina

Para lograr el "sueño americano" que los dos deseábamos, Ricky y yo estábamos buscando un sonido original. Hasta ese momento habíamos hecho discos que eran más "normales". En el proceso del *crossover* grabamos "The Cup of Life", que fue fantástico. Y se dieron dos componentes: Draco, que quería ser un artista alternativo y hacer arte, y Desmond Child.

Tommy Mottola

Había acabado de salir de la Copa del Mundo con "La copa de la vida", e íbamos a sacar el álbum poco después. Recuerdo que llamé a Mike Greene, que entonces dirigía los Grammy. Él rechazó poner a Ricky [en el *show*]. Eso me molestó sobremanera. Discutimos bastante, y le dije que, si él tenía esa opinión, tal vez Sony no se involucraría en los Grammy ese año, porque nosotros creíamos que iba a ser una de las partes más destacadas del *show* y uno de los mayores eventos en la historia de los Grammy y del mundo, musicalmente.

Él estaba completamente en desacuerdo. [El productor de los Grammy] Ken Ehrlich y todos los demás estaban de acuerdo al 100%, pero Mike Greene era el dictador en esa época, y todos ellos tenían miedo. Creo que por esos días le salté por encima, y fui a ver a Les Moonves, que dirigía CBS, y lo convencí de que esta era una jugada muy buena. Para resumir, presionamos tanto que le conseguimos un espacio enorme a Ricky. Y el resto es historia. Tan sencillo como eso.

Madonna estaba en primera fila, puedes ver como salta. Yo estaba en el público. Era como ver a Elvis Presley por primera vez en el *show* de Ed Sullivan. Realmente fue así. Fue algo revolucionario. Y ni siquiera hizo "[Livin'] la vida loca". La presentación fue indiscutible. Y luego sacamos "[Livin'] la vida loca".

Yo era consciente al 100% de que estábamos haciendo historia; no porque yo sea un genio, sino porque era innegable. Lo podías ver, te dabas cuenta de que era una estrella en ascenso.

Nace una estrella que ya lo era. Una estrella muy grande. Pero esto fue una revolución también para él.

Desmond Child

Entonces comencé a trabajar en otras canciones para el álbum en inglés, como "Private Emotion". Y cuando casi estaba terminando me llama Angelo, y como "La copa de la vida" había tenido tanto éxito en los Grammy me dice: "Necesitamos una canción en *espanglish*. Necesitamos algo que sea una continuación de esa actuación". En ese momento, Angelo estaba desesperado tratando de reunir a todos los que estaban escribiendo y produciendo el álbum para empezar a masterizar, porque teníamos que sacarlo, y Ricky tenía que ser el primero.

Sinatra había fallecido el año anterior, y se estaba tocando mucha música de este estilo *rat pack*, y había un montón de retrospectivas. Teníamos todo eso en el sistema. Creíamos que Ricky era una mezcla de James Bond con Elvis, y decidimos convertirlo en el Elvis latino. Creamos esta canción que era una canción con estilo un poco Elvis, pero también con el estilo *rat pack* de Sinatra. "She's into Superstitions" o "The Lady Is a Tramp". Tenía *swing*. Pero la cosa es que tenía que ser en *espanglish*.

Pasamos como tres días volviéndonos locos trabajando en ella. Draco trabajaba con nuestro arreglista Randy Cantor en una habitación, y yo, en la otra, intentando encontrar una historia y una letra que encajaran en la historia; la historia del James Bond Elvis latino. *Él se levanta en un hotel barato de Nueva York; ella se robó su corazón y su dinero, debe de haberle dado un somnífero.*

Pasé mucho trabajo con la idea de que era *espanglish*; tenían que ser palabras que un angloparlante también conociera.

Comencé pensando en las cosas que todo el mundo conoce, como el Pollo Loco. Hay un Pollo Loco en cualquier esquina, ¿quién no los conoce? Ahí es cuando me digo: "Livin' la vida loca". "Livin'" era una palabra con suerte para mí, porque yo había coescrito "Livin' on a Prayer". Era mi palabra de la suerte, así que la puse ahí.

Draco Rosa

Había algunas canciones que se habían escrito en aviones. Muchas de estas cosas, o por lo menos sus comienzos, nacen con Desmond y yo escribiendo juntos en un avión. Yo soy un gran fanático de The Doors. Para ese estribillo, "Upside, inside out" [de "Livin' la vida loca"], tenía a [Jim] Morrison en la cabeza. Tenía a The Doors. Tenía esa energía en mi cabeza.

Me encanta eso, porque me recuerda a mi propia niñez. Llegados a un punto, luego de grabar el demo, Desmond dice: "*Wow*, es increíble, pero tenemos que limpiar esto un poco más para Ricky, porque es un poco pesado e intenso". Me gusta trabajar con Des porque él tiene ese toque: "Pa' que le llegue a más gente". Así que es agradable tener ese yin y yang trabajando con él. Él complementa mi lado de espíritu libre, y eso es genial.

Cuando estábamos [escribiendo] en Miami, en su mesa de trabajo, simplemente nos sentábamos ahí con un cuaderno y una guitarra. Desmond es el compositor del compositor. Yo estoy tan metido en el momento que no recuerdo un montón de cosas. Solo recuerdo la historia de Morrison. Cuando estaba trabajando en ese estribillo y en el sentimiento de la canción con la melodía, no podía dejar de pensar en The Doors. Era una cosa de la producción, desde el punto de vista energético. Era un poco más agresiva. Especialmente en esa época, yo era un poco más melancólico.

Angelo Medina

Mi arma secreta era Draco, que no quería hacer esa canción porque no quería hacer nada que tuviera que ver con Menudo. Pero se juntó con Desmond, y se juntaron el hambre y las ganas de comer. Luego Luis Gómez Escolar arregló algunas cosas en la letra en español, pero Desmond y Draco fueron esenciales.

Desmond Child

Le entregué los demos a la compañía discográfica, y alguien dijo: "La canción es genial, pero ¿puedes escribirla ahora en inglés?". Yo le digo: "Está en inglés", y me dicen: "Es que suena como si estuviera en español. Tienes que escribir eso en inglés... nadie sabe qué cosa es 'la vida loca'". En determinado momento, pusieron una publicidad de página completa en *Billboard* que decía "Livin' la vida loca", y debajo, "Livin' the Crazy Life".

Hicimos una versión en español con Luis Gómez Escolar, que había trabajado antes con él en "The Cup of Life", haciendo la traducción al español. "Como Caín y Abel, es un partido cruel", eso fue suyo, algo fantástico. Los arreglos los hicimos juntos, y con nuestro arreglista, Randy Cantor, que terminó ganando una nominación a los Grammy. Las guitarras las añadió Draco junto con Rusty Anderson, el guitarrista de Paul McCartney... él quería conseguir ese sonido *surfer*. Era una especie de mezcolanza, una composición de impresiones, porque estábamos buscando esa especie de sonido retro de los [años] 60.

Randy Cantor

Desmond me hizo volar a Miami porque quería que yo trabajara en lo de Ricky Martin. Ese fue mi primer disco de pop latino. Yo sabía quién era Ricky porque medio que sabía quiénes habían sido Menudo, y conocía "The Cup of Life". Había trabajado antes para Desmond, pero nunca había estado en Miami.

[Para "Livin' la vida loca"] Desmond y Robi Rosa tenían un *loop*, y una melodía que se repetía una y otra vez, como una banda de marcha haciendo algo en Río [de Janeiro]. Desmond tenía una casa realmente grande en Pinetree Drive, y yo me quedé en la casa de huéspedes. Yo soy de Filadelfia. Escucho todo tipo de música, pero hablo muy poco español. Eso no forma parte de mi formación. Mi formación es el rock 'n roll y el R&B. Pero ellos básicamente me dijeron: "Este es el *loop*, y esta es la melodía", e hicieron algunas sugerencias. Querían ese sonido, porque la canción de la Copa del Mundo tenía también ese sentimiento grandioso.

Básicamente, me dieron carta blanca para que hiciera lo que quisiera. Desmond trabaja así. Me deja solo por dos o tres días, y luego viene y me dice: "No, no". O: "Me gustan esa parte y esa otra". Hasta que se convierte en lo que fue.

[Draco] es un tipo jodidamente brillante. Yo estaba jugando con la guitarra *surf*, y a él le encanta ese sonido. Y Desmond es un genio. Él sabe lo que quiere. Quería que la canción fuera un poco rock, pero sin perder el elemento latino. Tenía que ser emocionante. Conocí a Ricky y lo vi bailar. Me sumergí en ello. Pero bastaba con andar por Miami, ir a Lincoln Road, conocer gente. Simplemente funcionó. Yo encuentro las cosas de casualidad, como el inspector Clouseau.

Desmond Child

Yo había desarrollado uno de los primeros estudios de Pro Tools [Pro Tools es la estación de trabajo de audio digital que ahora es el estándar de la producción musical, e incluye miles de instrumentos y sonidos] y "Livin'..." fue hecha completamente con computadoras y en la caja, como le decían. Fue la primera canción totalmente grabada y mezclada en una caja que se convirtió en No. 1. Fue todo digital.

Antes de esta canción, casi toda la música latina de Miami se hacía en estudios hermosos, con una reverberación especial, pero nosotros no tuvimos eso. Y cuando la escuchas en la radio, como es seca, no está nadando en eco, te pega de frente. En ese momento yo escuchaba un montón de música urbana que era seca, y sonaba como si se hubiera producido completamente en Pro Tools. No lo sabíamos en ese momento, pero estábamos haciendo historia con esta canción.

Todo lo hicimos en mi garaje, que había convertido en un estudio que llamé El Club de los Caballeros (The Gentleman's Club). Una cosa es que yo quería incorporar a la música latina lo que había aprendido escribiendo himnos de estadio —del tipo de puño en alto—. "The Cup of Life" dice: "Here-We-Go. Allez, allez, allez". "Livin'..." era un poco más sofisticada con el "Up-Side-In-Side-Out" sincopado. Era más bien una rutina de baile de Bob Fosse convertida en grito de estadio. Yo quería que fuera cinematográfico, de modo que lo que dice la letra es apoyado por la música. Por ejemplo, la estrofa final termina con un gong: "Woke up in New York City". Es el Barrio Chino.

Randy Cantor

Casi tiene también una especie de elemento reggae, como si hubiera una guitarra en el tiempo débil, como en una canción reggae. Pero empieza como un *loop* orgánico de una banda de marcha en Brasil. A Ricky le encantaba ese tipo de música, y "The Cup of Life" tenía también ese sabor.

Para crear el gong, usé un sonido tipo platillo *smash*. Desmond dijo: "Quiero que suene como una explosión enorme". "Woke up in New York City (Me desperté en Nueva York)", y ahí toqué un montón de teclas para crear el sonido.

Desmond Child

Le enviamos el demo a Ricky, y Draco incluyó la guía de la voz. Ricky se aprendió la canción mientras estaba de gira. Angelo lo tenía de gira noche y día. Lo veíamos solo un momentito, y tenía que irse corriendo al estudio Crescent Moon para cantar canciones de Emilio [Emilio Estefan también estaba produciendo canciones para el álbum]. Era como una pelota de ping-pong.

La cabina para grabar la voz estaba en una esquina del garaje. En determinado momento, le dije: "Okay, no puedes salir de la cabina". Él me dijo: "Tengo que ir al baño". Alice Cooper me había contado cómo el productor Bob Ezrin literalmente lo encadenaba al asiento o lo ataba con cinta a la pared para lograr que cantara "Welcome to my Nightmare", así que, a modo de broma, le dije: "No, no tienes permiso para ir al baño. No puedes salir de ahí hasta que cantes la canción". Le dije que podía orinar en una de sus botellas de agua, y él lo hizo, solamente para probar que se lo tomaba con espíritu deportivo. Era una gran broma, pero funcionó. Él tenía muchas responsabilidades: estaba concediendo entrevistas en mitad de las tomas.

Necesitamos como dos horas de Ricky de verdadera concentración. Tenía una guía maravillosa con la voz de Draco, porque Draco tiene esa especie de desenfado [cuando canta], y esas caídas en la voz: "Uup" [imita el sonido de la voz cayendo]. Eso es lo que le da el *swing* a la canción. Mucha música latina de la época era cantada por *crooners* que tenían mucho *vibrato*. Yo prohibí el *vibrato*. Nada de *vibrato*. Simplemente cántala, y zambúllete al final de cada frase.

Ricky Martin (Tomado de su autobiografía, *Me*)

Hasta el proceso de grabación fue mágico. Para "Livin' la vida loca" tuve la suerte de trabajar con Draco Rosa y Desmond Child. Aunque había hecho muchos discos, rápidamente me di cuenta de que trabajar con Desmond es trabajar a otro nivel. Desmond es un gigante musical: ha vendido 300 millones de copias, ha trabajado con Aerosmith, Bon Jovi, Cher, todos los grandes.

Desmond Child

Cuando llegó la hora de hacer el video, Draco y yo le explicamos la canción a Ricky de esta manera: "Elvis en Las Vegas. Todo negro". Vimos grabaciones de Elvis en Las Vegas. Esa fue una influencia enorme. La gente que se veía delante no era cualquier multitud, sino que estaba coreografiada. Por eso tenía una vibra muy teatral. Creo que juntos logramos reproducir esa visión. Veíamos a Ricky como el James Bond–Elvis latino, y él puso su magia y su propia creatividad, su pinta, y lo llevó a un nivel más allá de cualquier cosa que hubiéramos podido imaginar.

Ricky Martin (De una entrevista de 1999)

"Livin' la vida loca" es increíble. Es increíble jugar con los sonidos de los [años] 60, con el *ska*, con un poco de ese sonido clásico de guitarra. Y uno tiene que crear al personaje: Viviendo la vida loca, baby. Ya no eres tú, es este tipo pasando un día con esta loca que lo vuelve loco. Nos pasa a todos.

Desmond Child

Cuando trabajas con una estrella de verdad, puedes hacer estas cosas. Creo que una de las cosas que siempre decía mi mentor, Bob Crew, era que una estrella nunca es una sola estrella. Arriba en el cielo puede parecer una gran estrella sola, pero pueden ser 10 estrellas alineadas, que por eso le dan esa fuerza. Ahí está la estrella, el intérprete, y detrás, la canción, la producción, la representación, las relaciones públicas, la promoción. Hace falta que todas esas cosas se alineen, y hace falta una persona que no sucumba bajo presión. Como Ricky había sido una estrella infantil, conocía la disciplina y sabía su papel. Él es muy educado y amable con todos. Nunca lo he visto enfadado.

Ricky Martin (Tomado de su autobiografía, *Me*)

La gente suele preguntarme por qué "Livin' la vida loca" tuvo tanto éxito, en mi opinión. Por una parte, creo que en ese momento el mundo estaba preparado para escuchar algo nuevo. Pero, más que eso, por mi parte, todas las piezas estaban en su lugar. En esa época tenía un representante fenomenal, una excelente discográfica y un excelente equipo de producción, y todos estábamos en sintonía, y teníamos el mismo mantra de ganar y llegar más lejos. Aparte de eso, tenía un gran álbum en las manos. Al final, eso es lo más importante: la música. La música trasciende fronteras y rompe barreras entre la gente y las culturas.

Jerry Blair

Fue cosa de construir una base. Recuerdo estar en casa de Desmond, y saber en ese momento, todos lo sabíamos, que estas canciones iban a ser un éxito. Recuerdo los videos. Sacamos el auto del video y lo estacionamos en Sunset Boulevard para la firma de discos.

Ricky abrió la puerta. Después de él, después del éxito de "Livin' la vida loca", llegamos al punto en el que atacábamos el mercado de manera más notable, al contrario de tener un alcance más limitado. Con Ricky, la palabra *crossover* me resultaba venenosa. Lo que hicimos fue ampliar la audiencia.

Randy Cantor

Cuando lo terminamos, era realmente bueno, pero nunca imaginé que sería lo más grande. Justo después de trabajar en la grabación, me fui a esquiar, y un amigo mío me dice: "¿Tú trabajaste en ese tema de Ricky Martin? Va a ser el tema más grande del mundo". Regresé, y me encontré con la Ricky-manía. Pero Ricky Martin es indiscutible. Primero que todo, él es probablemente el ser humano más amable que he conocido en mi vida. Es muy honesto, muy genuino y muy real.

Draco Rosa

Cuando pienso en la canción ahora, me encanta, me emociono mucho, me pongo *wow*. Cuando era chamaquito, la gente decía: "Ay, siempre hay una canción de los Beatles sonando en algún lugar del mundo a cada segundo". Es algo increíble. Y "Livin' la vida loca" es una canción que mucha gente ha escuchado, ¿sabes? Es un logro. Es un triunfo personal, uno de los más hermosos. Estoy súper orgulloso.

Yo adoro a Rick. Ese momento en mi vida fue extremadamente importante. Abrió las puertas a muchas cosas. Conseguí un estudio de grabación. Esa canción me cambió la vida. Es la joya de un compositor, así que me siento bendecido y a la vez humilde. Soy el último de esa fila, pero estoy en la fila.

Desmond Child

Sabíamos desde el principio que iba a ser un éxito. El título dictó todo el trayecto. Que la canción llegara al No. 1 del Hot 100 fue una satisfacción plena para nosotros. Un trabajo bien hecho. Yo he producido 27 canciones para Ricky Martin, pero "Livin' la vida loca" cambió para siempre el curso de la música popular latina. Fue la mecha que inició la explosión de música latina. La actuación de Ricky [en los Grammy latinos] definitivamente prendió ese primer fósforo, pero, seguida de la canción, fue doble impacto.

Tommy Mottola

Estábamos iniciando algo que se convirtió en un movimiento, y ahora es la música global. Y fuimos nosotros quienes creamos la explosión latina. Todos y cada uno de mis artistas han aparecido en la portada de la revista *Time*. Eso me ha llenado de orgullo, sentir que he sido parte de eso, y que he ayudado a que eso sea así. Para mí, tuvo una importancia crítica que nuestra compañía fuera líder en un sonido global y multicultural, de artistas de la región latina con los que estaba personalmente conectado, musicalmente conectado y emocionalmente conectado.

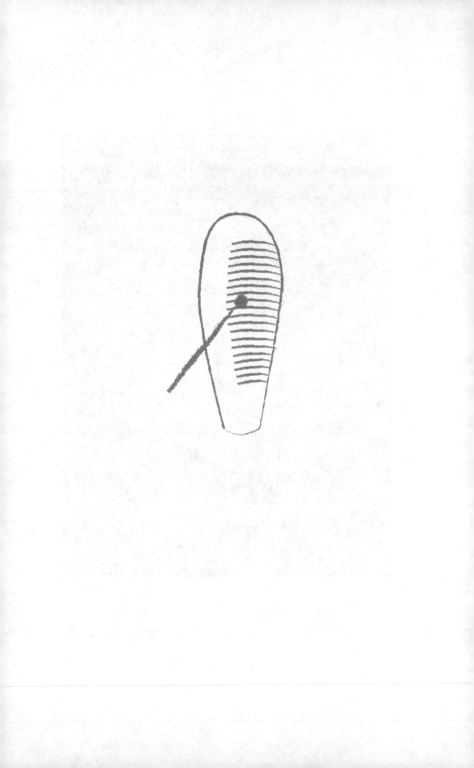

"Whenever, Wherever"

Shakira
2001

Shakira: Artista, compositora

Tim Mitchell: Artista, compositor, productor

Tommy Mottola: Entonces presidente de Sony Music, hoy presidente de Mottola Media Group

Emilio Estefan: Productor, representante

El fenomenal éxito de Ricky Martin le abrió las puertas a una serie de artistas latinos que levantaban las banderas de su herencia cultural, pero cantaban en inglés. Comenzaron a brotar los éxitos, tan de prisa que los medios y la industria acuñaron el término *crossover* para identificar a los artistas que habían comenzado su carrera en español, pero habían cruzado [*cross over*, en inglés] al mercado anglosajón y al mundial.

Mientras Martin continuaba coronando las listas de *Billboard*, Tommy Mottola, el presidente de Sony Music, finalizaba los lanzamientos de Marc Anthony y Jennifer Lopez, ambos nacidos y criados en el Bronx, de padres puertorriqueños. Entonces decidió enfrentar un reto aún mayor: ¿Por qué no lanzar el disco de un artista latinoamericano, en inglés? Mottola se enfocó en Shakira, la joven estrella colombiana que ya estaba redefiniendo los parámetros de la mujer en el rock.

Shakira tenía múltiples éxitos globales en su haber, un álbum multiplatino (*¿Dónde están los ladrones?*) y un representante famoso, Emilio Estefan, ampliamente considerado como el más influyente ejecutivo latino del momento. Sin embargo, Shakira no solo no había nacido en EE.UU., sino que no hablaba inglés. Su irrupción en el mercado *mainstream* parecía una tarea monumental. "Sin lugar a dudas, fue un reto", dice Mottola. "Pensé que un logro como ese sería algo enorme. Absolutamente descomunal".

Se comenzó a trabajar en un álbum. Estefan y su esposa, Gloria —cercana a Shakira, y una de sus mentoras—, la animaron a que escribiera y cantara en inglés. Gloria también se ofreció a traducir "Suerte" como "Whenever, Wherever", una de las dos únicas canciones del álbum originalmente escritas en español.

Una vez que *Laundry Service* estuvo terminado, Mottola, en su función de presidente de la compañía, tomó una decisión: el primer sencillo de Shakira en inglés sería "Whenever, Wherever". La canción, apoyada por la versión en español, dirigida a la audiencia latina, y un video que hacía resaltar a la Shakira bailarina y la mostraba saltando de un acantilado, se convirtió en el primer título de la cantante que entró en la lista Hot 100 de *Billboard*, alcanzando el puesto No. 6 el 29 de diciembre de 2001. El tema se convertiría en el tercer título de Shakira que más tiempo permanecería en la lista, con un total de 24 semanas (detrás de "Hips Don't Lie" y "La tortura", que permanecieron por 31 semanas cada una), y le abriría a la artista las puertas del mercado *mainstream*, convirtiéndola en una estrella internacional.

Casi 20 años después, el atractivo de "Whenever, Wherever" no ha disminuido. La canción fue parte del repertorio interpretado por Shakira en el Super Bowl, en febrero de 2020. A la semana siguiente, debutó en el puesto No. 54 de la lista de ventas de canciones digitales de *Billboard*, y *Laundry Service* reingresó al *Billboard* 200 por sus ventas.

Tommy Mottola

Shakira había firmado con nuestra compañía colombiana desde que tenía 14 años. Yo había seguido su carrera desde la época de sus álbumes en español, y nosotros sacamos *¿Dónde están los ladrones?* y algunos de los otros álbumes que habían tenido un éxito enorme. Recuerdo haberme reunido con ella un año y medio antes [del lanzamiento del álbum en 2001], y haberle dicho que sería un gran paso que ella pudiera hacer un álbum en inglés. Ella dijo entonces: "No sé si pueda hacerlo, pero creo que puedo".

Shakira

Creo que siempre hay mucha ansiedad alrededor de un *crossover*. Una parte de mí estaba definitivamente más ansiosa de lo que yo pensaba, pero también era algo por lo que había esperado durante mucho tiempo. Se estaba materializando un sueño. Un sueño de mucho tiempo. Se estaba abriendo la cancha, se me estaba agrandando el terreno de juego, y eso no venía solo. Venía con grandes desafíos, como aprender a hablar inglés bien, para poder hacer una entrevista en inglés decente.

Tim Mitchell

Comencé a trabajar con Shakira en 1998 como una especie de director musical suyo, y tocando la guitarra durante la promoción del álbum *¿Dónde están los ladrones?* Después de eso hicimos el álbum *MTV Unplugged* juntos, y de ahí saltamos a *Laundry Service*, que era todo un nuevo nivel. En esa época, Emilio Estefan también era mi representante como productor, y yo había estado tocando la guitarra con Gloria desde 1991 con Miami Sound Machine.

Cuando conocí a Shakira, yo no sabía quién era ella, porque yo era un gringo criado en Detroit. Sin embargo, nos llevamos bien desde el principio. A ella le gustaba toda la música que me interesaba a mí: mucho rock n' roll, mucho progresivo, alternativo y todo eso. Así que comenzamos a escribir canciones juntos, tras los ensayos, y a pasar tiempo juntos, y cuando llegó el momento de escribir su álbum en inglés, fue simplemente seguir haciendo lo que habíamos hecho hasta el momento. Pasamos muchas semanas y meses solo escribiendo. Fui a las Bahamas un montón de veces, y fuimos a Uruguay y escribí allí en Punta del Este, y allí había mucha gente involucrada en el proceso de escritura del álbum.

Shakira

Yo tenía muchas ganas de hacer una canción que recogiese los sonidos andinos. Siempre me ha gustado mucho la música andina, el sonido del bombo leguero [un tambor tradicional argentino], las flautas andinas. Siempre me he conectado mucho con esa música, y yo quería hacer algo pop, algo popular pero que tuviese un poco ese matiz. Y tenía claro que quería jugar con esas ideas.

Tim Mitchell

Yo siempre pensaba en intentar escribirle una canción al estilo de *Torn*, de Natalie Imbruglia, pero esa canción tiene una armonía mayor. Yo estaba en Crescent Moon [el estudio de Estefan en Miami] el día antes de regresar a las Bahamas a trabajar con ella, y estaba pensando: "Necesito encontrar una manera de hacer esto en modo menor". Quería hacer algo al estilo de *four on the floor* (un ritmo de ⁴⁄₄ donde el tambor se toca en cada pulso) y me salió una especie de versión con acordes menores que se me pareció a lo que estaba buscando.

En las Bahamas teníamos una bonita habitación para escribir, en la casa donde nos hospedábamos. Era increíble, y yo simplemente programé el ritmo, los *drums* y esos acordes, y en cuanto Shakira se sumó, todo se volvió súper creativo. Ella tenía la idea de incluir una flauta andina, y me cantó la melodía que tenía. En esa época estábamos volcados a las guitarras, y ella estaba metida en las guitarras y el rock, así que intenté hacer un ritmo estilo Hendrix, y eso medio que se volvió la parte de la guitarra. Luego, en el *intro* hay una línea de guitarra [canta los compases del *intro* de "Whenever"] que se me ocurrió a mí. Estaba pensando en algo estilo James Bond.

Aún no tenía ninguna melodía. Solo tenía los acordes y el ritmo, y la idea. Entonces nos metimos juntos al estudio, y comenzamos a darle vueltas al tema. Ella es increíble con las melodías. Todas las melodías [canta la melodía de "Whenever"] son de ella, seguro. No puedo pararla. Ella es brillante con las melodías y eso.

Tommy Mottola

Ella tiene su propia perspectiva y su propio punto de vista. Sabía exactamente cómo quería que esto sonara. Lo que más me gustó fue que tenía el sabor de los Andes, y aun así, con todos esos sonidos —la flauta y la percusión—, tiene este sonido y esta vibra pop-rock internacional. Y eso salió de ella. Eso salió absolutamente de ella.

Shakira

Tengo la vaga memoria de grabar a un flautista que trajimos de Argentina, pero fue todo un rollo sacarle lo mejor. Me acuerdo de que le iba dictando la melodía, porque eso lo hago mucho también. Con los arreglos me imagino las melodías de los instrumentos, y se las dicto al instrumentista.

En este caso, fue un parto dictarle a él lo que quería, porque a veces esos instrumentistas, si son muy folclóricos, ya vienen con sus hábitos. Y yo le decía, no, no, que no es así [tararea el ritmo]. El tipo de repente se me iba a otro lado. Hasta que lo logramos. Es que yo tenía ya muy bien concebida la melodía, lo que quería que la flauta hiciera.

Tim Mitchell

Trajimos a un intérprete de flauta andina desde Argentina. Ya yo la tenía programada [la parte de la flauta], así que le añadimos la capa de lo que él hizo a lo que ya teníamos, para mantener las cosas bien amarradas. La canción termina con la flauta.

Yo programé toda la percusión, y luego rehíce todo con la percusión en vivo. Mucha de la percusión que se escucha son *loops*, pero para reforzar tenía tambores de orquesta, timbales grandes. En el *intro* de la canción, donde se escucha un crescendo en el tiempo fuerte, es en realidad un timbal gigantesco. Apenas un golpe, y luego lo puse en reversa y lo aumenté, así que ese es el crescendo que escuchas hacia el tiempo fuerte tras el *intro* de guitarra.

En ese entonces usé un montón de truquillos, pero después de todo fue súper divertido. Todavía me gusta la canción, y eso siempre es una buena señal, que te gusten las canciones que has escrito, y la forma en que fueron producidas.

Emilio Estefan

Ella también quería que él [el flautista argentino] tocara los *drums*, porque quería algo mas típico argentino. Pero él no podía agarrarle el ritmo. Lo usaron en la flauta, pero no en los *drums*. Al final lo toqué yo. Y Tim, que fue mi coproductor, me dice: "No te preocupes por eso, Emilio, me encanta el *feeling*. Es como combinar el sonido de Miami con América Latina". Con Shakira había que hacer una fusión que fuera internacional.

Shakira

Recuerdo salir de Crescent Moon, el estudió en Miami. Habíamos grabado una parte de la instrumentación, pero todavía no teníamos el coro. Yo iba manejando por la US 1, y eran como las 2 de la mañana. Antes trabajaba mucho en la noche, y conducía a esas horas. Y manejando fue que se me ocurrió el coro, y empecé a cantar: "Contigo, / mi vida, / quiero vivir la vida, / y lo que me queda de vida / quiero vivir contigo". Y ahí empecé a gritar yo sola, en el auto, de la emoción. Porque dije: "Eso es una bomba".

Las veces que me pasa eso, no tengo la menor duda de que la canción va a resonar bien entre el público, y de que va a ser un *hit*. Eso no sucede siempre. Es en contadas ocasiones que tienes esa sensación, esa certeza. Y ese fue uno de los momentos en que tuve esa certeza. Se me ocurrió todo, la melodía y la letra del coro juntas, simultáneamente. Eso tampoco es muy común. A veces escribes primero la letra, o tienes primero la melodía y buscas una letra que quepa en la melodía. Pero fueron ambas cosas al mismo tiempo. Fue así como te lo estoy contando. "Contigo, / mi vida, / quiero vivir mi vida, / y lo que me queda de vida / quiero vivir contigo". Fue "pregunta-respuesta", inmediato, con melodía y letra, y empecé a gritar como una loca yo sola.

Tim Mitchell

Gloria [Estefan] hizo la letra de la versión en inglés. Básicamente hizo la traducción del español al inglés. Luego Shak y yo nos juntamos, y Shak quería conservar algunas cosas, como los versos: "Lucky that my breasts are small and humble, so you don't confuse them with mountains" [en español: "Suerte que mis pechos sean pequeños y no los confundes con montañas"]. Yo literalmente le dije: "¿Estás segura de eso?". Gracias a Dios que no la convencí, porque es una letra muy interesante. Me tuve que morder la lengua. Fue una lección que aprendí, seguro.

Shakira

Bueno, fue una licencia poética. Era una canción de amor. Una canción que tenía su muso. Esa canción se la hice a mi ex, que era mi pareja en ese momento. Ese era el propósito de la canción. Por eso habla de la distancia, y de cruzar los Andes para ir a verlo, porque él vivía en Argentina en ese momento. Estaba perdidamente enamorada.

Siempre he escrito letras muy autobiográficas y cotidianas. Y así era como realmente pensaba. Bueno, sigo pensando, porque de hecho mis pechos aún son pequeños, incluso después de haber tenido dos hijos, y debo admitir que lucen intactos. Es un milagro. Un verdadero milagro.

Tommy Mottola

El hecho de que ella apenas estaba aprendiendo inglés fue realmente una ventaja para ella, porque era como poesía. Las mejores palabras que se me ocurren para describirlo son que ella se estaba expresando de un modo líricamente apartado de la norma. Era más poética y más expresiva que una letra normal y directa. Me sorprendió el modo en que ella hacía alusión a ciertas cosas. Me pareció absolutamente brillante.

Shakira

La grabamos en español primero. En ese momento, mi inglés era bastante precario, así que le pedí ayuda a Gloria Estefan con la letra. Ella hizo una adaptación bastante fiel de la letra en español. A partir de ahí, fue como el empujón que yo necesitaba para lanzarme al agua y empezar a nadar por mi propia cuenta.

Creo que esa fue la única canción en la que necesité de alguien para una adaptación.

A partir de ahí, empecé a trabajar con un diccionario inglés-español. Y también tenía un *Thesaurus* azul que me regaló [el productor y compositor] Luis Fernando Ochoa. Me dijo: "Shaki, esto te va a ayudar una barbaridad [habla con acento bogotano]. Esto es un *Thesaurus*". Yo no tenía ni idea de qué era un *Thesaurus*. "Aquí tienes todos los sinónimos y antónimos. Esto es lo que vas a necesitar para toda la vida".

Me metí a navegar por el *Thesaurus* ese, y empecé a hacer canciones. Y recuerdo que la siguiente canción que hice, que fue la primera que hice en inglés sin ninguna ayuda, fue "Objection". Y te digo que con un inglés coloquial bastante precario. Pero a partir de ahí las cosas cambiaron para mí.

Tim Mitchell

Originalmente fue escrita en español. Se llamó "Suerte", y tenía una letra genial, inspirada en su situación amorosa del momento y todo eso. Era fantástica. No fue sino hasta un tiempo después que surgió la idea de hacerla en inglés. No se suponía que fuera un sencillo. Era una de esas canciones que vienen desde atrás y suben a la superficie.

Es gracioso, porque en la medida en que iba saliendo yo empecé a programar un montón de *drums* y percusión, y una manera de catapultarlos al coro, y simplemente salió muy bien. Creo que fue una de esas cosas que, como no le pusimos demasiada presión, porque no se había decidido que fuera el sencillo y por tanto tenía que quedar perfecta, funcionó mejor.

Shakira

Tommy Mottola decidió que ese debía ser el primer sencillo. Tengo que reconocérselo, porque yo había pensado que sería "Objection". Estábamos entre "Objection", "Whenever, Wherever" y "Underneath your Clothes". Y él dijo: "Tiene que ser 'Whenever'". Fue totalmente su iniciativa. Yo tenía dudas, pero él estaba completamente seguro de que ese era el primer sencillo. Y tuvo toda la razón.

Tommy Mottola

Yo fui todo el tiempo parte del proceso, porque nos estábamos encargando de eso en Miami y en varios otros lugares en los que ella estaba en ese tiempo. Por el camino escuché un par de cosas, y luego ella vino y tocó todo el álbum para mí, y yo pensé que íbamos a tener uno de los mejores éxitos que había escuchado.

Ella vino a verme a mi oficina en Nueva York, cara a cara, a puerta cerrada, y se sentó frente a mí en mi oficina con un cuaderno amarillo, para ver juntos cada detalle de sus notas. Ella siempre venía con un cuaderno amarillo; traía notas y tomaba notas. Es muy metódica con eso, extremadamente detallada; una mujer altamente inteligente y obstinada. Eso me encantaba. Me encantaba lo comprometida que estaba con su carrera, y me encantaba comprometerme con ella.

Fuimos viendo juntos canción por canción, y yo le dije cuáles creía que eran los sencillos. Ella quería "Objection". Yo le dije: "Eso es un error. Creo que estás equivocada. Yo pienso que esta es un No. 1". Ella no estuvo de acuerdo. Sucedió que poco después de reunirme con ella vi al director de Z100 y le puse la canción. Recuerdo que me dijo: "¿Puedo tener esto esta noche? Esto es un No. 1. Vamos a explotarla". Y ese fue el fin de la historia.

Emilio Estefan

Ella no estaba convencida con la canción, pero la retroalimentación de Sony era: "Esta es la canción". Me río, porque años más tarde la vi en un comercial de la Pepsi, y la canción que usaron es "Whenever, Wherever".

Creamos un sonido único, un sonido que era ella. Lo de Shakira es la fusión. No es algo forzado; es algo que ella lleva consigo. Ella quería asegurarse de que su sonido fuera diferente. Yo le dije: "Ese sonido es *mid-tempo* (no muy rápido), y va a ser global".

Tim Mitchell

Estaba comprando unos shorts para ir al gimnasio, en Sports Authority, en South Miami, y ella me llama y me dice: "Ese es el primer sencillo, míster". Yo le digo: "¡No jodas! ¿El primer sencillo? ¡*Wow*, increíble!".

No puedes esperar nada mejor que tener el primer sencillo. Nunca olvidaré ese comentario. No sé si ella se acuerda, pero yo sin dudas me acuerdo de ese momento. Es que nunca sabes qué es lo que va a pasar, ¿sabes? Puedes sacar el primer sencillo y que no suceda nada. De modo que yo estaba súper emocionado, pero al mismo tiempo traté de ser realista.

Shakira

El video era mi presentación en sociedad. Era importante que fuese muy genuino, y que de alguna manera reflejara quién era yo artísticamente. Una parte esencial es que me viesen muy orgánica, muy tierra, muy aire, muy agua, muy fuego. Elemental. Primaria. Estar descalza, con el pelo al viento, moverme de la forma que yo sé moverme, que no me la han enseñado, que es la forma como yo siento la música. Y eso fue lo que salió.

Siempre me he sentido así. Yo no soy una artista muy pulida. No creo que lo sea. De algún modo, siento que sigo siendo un poco un diamante en bruto, a pesar de todos estos años. No sé si eso sea algo bueno. Yo quería que en el video también se viera [eso]; no quería cambiar mi personalidad, ni contar una historia que no fuera cierta. Creo que fue mi primer video con un gran director, Francis Lawrence, que un tiempo después dio el salto a Hollywood.

Tim Mitchell

Me encantó el video. Fue la presentación de esta chica, y su personaje salió, en mi opinión, muy distinto de lo demás que estaba ocurriendo. Ella es muy buena bailarina, hace todas esas cosas, pero también tiene incorporada esta especie de vibra súper artística e internacional. No era simplemente una Miss Latinoamérica que baila y la-la-lá. Yo creo que el video refleja la canción y la refleja a ella. [A la canción] le fue muy bien. Se convirtió en No. 1 en todo el mundo. La promovimos como por un año. Obviamente, todo esto antes de las redes sociales. Ahora ni siquiera necesitas salir de tu habitación para promover un álbum, pero en ese entonces era un torbellino.

Estábamos haciendo la prueba de sonido para un *show* de

televisión hace unos años, y de pronto ponen "Whenever, Wherever" de fondo, por los altavoces. Ella se voltea hacia mí, y me
dice: "¿Cómo lo logramos?". El hecho de que saliera tan fácilmente, de que ella la cantara tan bien, de que no hubiera presión
con esa canción, todo eso tenía mucho que ver con que fluyera
como lo hizo. No lo pensamos demasiado, y ahora yo pienso
demasiado las cosas [se ríe]. Pero intento no hacerlo.

Shakira

Antes de hacer [el programa de] Rosie O'Donnell, me enfermé.
Me enfermé mucho. Se me bajaron las defensas, porque me
daba terror la televisión americana. Creo que todavía me pasa
eso. Era el factor en vivo. Nunca había hecho televisión en vivo.
En Latinoamérica todo era pregrabado. Ahora era hacerlo en
vivo, con una entrevista en inglés. Lo de Rosie O'Donnell me
provocó una gran ansiedad. Creo que fue la primera entrevista
en la televisión americana.

Pero todo esto no vino solo. Vino con grandes temores,
expectativas, adrenalina y ganas, y todas esas emociones, que
para una chica de 20 y tantos años tampoco es fácil de gestionar.
Todavía no es fácil de gestionar para una de 42.

Es una canción que viene cargada de mucha emoción. Una
canción que me ha dado grandes alegrías, que ha servido de
puente hacia tantos lugares del mundo. Tengo mucho que
agradecerle.

"Gasolina"

Daddy Yankee
2004

CRÉDITOS

Daddy Yankee (Raymond Ayala): Artista, compositor

Francisco Saldaña (Luny): Productor

Carlos Pérez: Propietario de Elastic People, director del video y director creativo

Gustavo López: Presidente ejecutivo de Saban Music Group, presidente y fundador de Machete en ese entonces

A mediados de julio de 2004, un álbum titulado *Barrio fino* saltó aparentemente de la nada al puesto No. 1 de la lista de álbumes latinos más vendidos de *Billboard*. El artista era un tal Daddy Yankee, cuyo nombre real era Raymond Ayala, un reguetonero puertorriqueño poco conocido fuera de la isla, en una época en la que el reggaetón apenas comenzaba a encontrar el éxito comercial. Sin embargo, en Puerto Rico Daddy Yankee era el rey, el líder de un nuevo movimiento musical nacido en los barrios, que conectaba con cientos de miles de fans que se identificaban con un mensaje creado en sus propias calles.

El éxito de *Barrio fino* no pasó inadvertido en la industria; después de todo, era el primer álbum de reggaetón en debutar en el No. 1 de la lista. Encima, Yankee era un artista independiente, que grababa con su propio sello discográfico, aunque lo distribuía UMVD por medio de un acuerdo con otro sello independiente, VI records.

Entonces llegó la canción.

"Gasolina", el primer sencillo de *Barrio fino*, fue escrito por Yankee con su colaborador frecuente, Eddie Dee, y producido por Luny Tunes, el visionario dúo de productores compuesto por Francisco Saldaña (Luny) y Víctor Cabrera (Tunes), quienes continúan produciendo a algunos de los principales artistas y temas de música urbana. La canción no pasó del No. 17 de la lista Hot Latin Songs de *Billboard* porque muy pocas emisoras en español ponían música urbana en esa época. Sin embargo, con ayuda de los remixes de Lil' Jon y N.O.R.E., llegó a ponerse en emisoras en inglés, alcanzando el No. 32 de la lista Hot 100, y empujando a *Barrio fino* a convertirse en el álbum latino más vendido de 2005 y de la década.

Aun sin ser un *hit* importante en la radio latina, "Gasolina" se convirtió en la canción latina con más atractivo *mainstream* probablemente desde "Macarena", tocada no solo por la radio *mainstream* de EE.UU., sino en todo el mundo, incluyendo a Europa y a Japón. Pero lo más importante, sin embargo, fue que *Barrio fino* y "Gasolina" le abrieron la puerta a la expansión global del reggaetón. Hoy en día, el distintivo ritmo domina las listas globales de *streaming*, y ha ubicado a la música y a los artistas latinos en el mapa de un modo inconcebible una década atrás.

"Yo tenía una visión bien diferente", dice Yankee ahora. "Podía sentir el impacto que estaba teniendo el reggaetón en las calles, en Suramérica, en las calles de Estados Unidos. Me entrevistaban ya desde antes de *Barrio fino*, y podía ver lo que se avecinaba para todo el movimiento. Sabía que estaba a punto de estallar, así que me dije: 'Okay, voy a ser yo el que lo haga'. Y todo el dinero que tenía se lo aposté a *Barrio fino*".

El efecto de "Gasolina" fue profundo en muchos niveles. Musicalmente hablando, introdujo un género nuevo y distinto en el mercado. A diferencia del pop o el rock latinos, el reggaetón, con su distintivo ritmo *dembow*, no era una traducción o adaptación de algo que ya existía en el mercado *mainstream*. Era, además, bailable, y resultaba atractivo para mucha gente, entendieran o no las letras. En términos comerciales, Yankee resultó ser un visionario. Estando el reggaetón inicialmente ausente de las grandes discográficas, él sacó su propia música y puso sobre la mesa un nuevo modelo de propiedad artística que muchos siguen hoy día.

Al final del día, *Barrio fino* y "Gasolina" no solo le abrieron las puertas a un movimiento musical, sino a un estilo de vida construido sobre un ritmo que tuvo un irresistible atractivo global, y que a la larga se convertiría en la base para otros movimientos, desde el reggaetón romántico de Medellín hasta el *trap* argentino.

El punto de inflexión, en cualquier caso, fue una canción acerca de la gasolina, concebida por una ambiciosa estrella en ascenso, en medio de un barrio puertorriqueño.

Daddy Yankee

Yo estaba en Villa Kennedy [un proyecto de viviendas sociales en Puerto Rico], porque tenía mi estudio en el caserío. Ahí vivía con mi esposa y con mis tres hijos. Yo solo hacía música. Fue algo bien espontáneo, allí en Villa Kennedy. Oigo que sale un tipo y grita: "Echa, mija, ¡cómo te gusta la gasolina!". Ahí salió la canción. Así es la música.

Me digo: "Tengo que hacer una canción que se llame así: 'Cómo te gusta la gasolina'". Eso le gritan a las que siempre se están montando en los carros para ir a las fiestas. Creo que parte del éxito de "Gasolina" fue eso, que la gente le buscó tanto significado al tema; que si el alcohol, que si las drogas, y el tema es completamente literal. De los temas más sanos que he escrito. El productor fue Luny. El ritmo es de ellos.

Luny

En 2001 fui a Puerto Rico, a trabajar con Tunes. Creamos nuestro nombre, y empezamos a hacer nuestro álbum, que se llamaba *Más flow 1*.

Ya le había trabajado unas cosas a[l dúo de reggaetoneros] Héctor y Tito, y Daddy Yankee había salido en una de las canciones. [A él] le gustó mucho [como quedó], y me dijo: "Te voy a hacer una canción para tu disco, y tú me haces cinco *beats* para mí, y yo te grabo". En ese tiempo, si él me pagaba los *beats*, eran a dos mil dólares, y seguro él me cobraba $20,000 por una canción. Él ya era el Daddy Yankee en Puerto Rico. Él y Nicky Jam eran los más pegados, y yo estaba loco por trabajar con Yankee.

Entonces me grabó una canción para mi álbum. Decía: "Métele con candela, Yankee, métele con candela". [La canción] se llama "Cógela, que va sin jockey", pero realmente es "Gasolina, versión 1" porque es la misma estructura.

Fue uno de mis mejores temas, y ese fue el primer álbum de reggaetón que hizo *crossover*. Se pegó en Nueva York, y en las discotecas sonaba fuerte. Abrió los caminos, y yo me cargué de trabajo. Y después Daddy Yankee me llamó molesto y me dijo: "Mira, necesito mi ritmo. Ya yo te grabé, y tú no me has dado nada". Agarré esa canción, "Cógela, que va sin jockey", y le hice unos cambios rápidos. Se la entregué, y él se volvió loco. Le gustó, e inclusive hizo la misma estructura de "Cógela sin jockey", pero con otro concepto.

Daddy Yankee

Fui a donde Eddie Dee. Los dos empezamos a construir el tema, y fuimos a donde los Luny Tunes. Yo tenía los refranes y los *flows*. Yo grabo así, con mucho *flow*. La mayoría de las veces voy sacando los *flows*, la estructura melódica, y después voy agregándole la lírica. Las canciones de hip-hop y de rap son diferentes. Ahí sí me siento primero y voy escribiendo. Con el reggaetón, que es más melódico, es más importante buscar un *hook*. En "Gasolina" el estribillo era muy sencillo, muy fácil de recordar. La palabra *gasolina* es gasolina en el mundo entero.

Luny

Antes, los artistas te decían: "Dame un ritmo"; y en base al ritmo se inspiraban a escribir la melodía. Me pasaba con todo el mundo.

Él vino con su canción montada, y ahí grabamos, con una producción que tomó tiempo. Le metí motora —voom, voom, voom—, le metí carros. Tú oías la pista, y pensabas en carreras, en carros, en gasolina, en *Fast & Furious*. Nosotros siempre ayudamos a arreglar cosas. Es lo que hace un buen productor: ayudar al artista a llevar su concepto a otro nivel.

Yo le dije: "¿Sabes qué? La canción es chanteo todo el tiempo.

Necesitamos hacerle un *break*, un corito. Ese fue el "Tú me dejas algo y no sabes" donde él se tiró de cantante. En ese disco lo ayudamos a lanzarse cantando, metiendo ese *break* que es más cantado.

Después que grabamos, estuve con él haciéndole cambios al *beat* para que sonara a la perfección. Yo ya tenía el máster. Estuvimos dándole para atrás como 15 veces a la canción. Se masterizaba y volvía, y para ese tiempo sonaba bastante bien. Will.i.am, cuando la escuchó, me dijo: "*Wow*, ¿cómo hiciste la Gasolina? ¿Dónde la mezclaste que suena tan grande en las discotecas?". Lo hice con Fruity Loops, un programa que nosotros tenemos que cuesta 100 dólares. No lo pudo creer. Ahí hacíamos todo. Y todavía eso es lo que uso para producir.

Daddy Yankee

Cambié el *beat* muchas veces. En el tema "Gasolina" no creía nadie, ni el mismo Luny, porque la gente se acostumbró al [reggaetón] clásico solamente. *Barrio fino* es un álbum que cambió la tendencia urbana completamente. Quitó lo monótono, y las personas se abrieron a empezar a incorporar diferentes fusiones a la música urbana. Todo [lo que había ganado con] *ElCangri. com* y los *Homerun-es* [sus dos discos anteriores] lo aposté en *Barrio fino*.

Mi esposa [Miredys] me apoyó. Obviamente, hay jonrones y hay ponches, pero yo tenía un gran presentimiento de que esto no iba a fallar, de que tenía la visión correcta. No era solo la canción. Era un movimiento completo. Yo me sentaba a ver los Premios Lo Nuestro, y decía: "Diablos, qué aburrimiento".

Carlos Pérez

Era 2004. Mi compañía tenía dos años. Yo había estudiado diseño, arte y pintura, y aún trabajaba en mi dormitorio. Justo acababa de terminar "Jaleo", de Ricky Martin, y un amigo mío, Raúl López, no paraba de hablarme del reggaetón, pero a mí no me interesaba.

Yo estaba viviendo en Miami, así que no sabía mucho de reggaetón. Había hecho la cubierta para un álbum llamado *MVP*, que incluía "Dale, Don, dale", pero ni siquiera quería el crédito por ello. Le dije a Raúl: "El único modo en que yo trabaje para el reggaetón es si trabajo con el Michael Jordan del reggaetón". Y él me dijo: "Te tengo al tipo. Se llama Daddy Yankee".

Mi oficina todavía estaba en mi apartamento de Miami, y allí nos reunimos. Milton, el hermano de Miredys, lo dejó y lo recogió allí. Él me preguntó qué hacía yo, y yo me senté con él y le presenté lo que podíamos hacer. Nos tomó como tres días, con él yendo línea por línea y preguntando: "¿Qué es esto? ¿Por qué necesito hacer esto? ¿Para qué necesito una eCard?". Lo mismo con la página web. Ningún artista en esa época tenía una página web como Dios manda. Mi impresión de él es que era alguien que sabía de mercado. Era un visionario. Finalmente, dijo: "Lo quiero todo. ¿Cuánto cuesta?". Sin el video, todo costaba alrededor de $30,000. No era barato para la época, ni para un artista independiente, pero él simplemente dijo: "¿Puedes dividirlo en tres pagos?".

Trabajamos en el proyecto por alrededor de cuatro meses. Era la primera vez que un artista me contrataba para hacerlo todo, el paquete completo: identidad, fotografía, web, video. Siempre decíamos que queríamos hacer el *marketing* y la identidad de alguien al nivel de los mejores artistas de hip-hop. Ni siquiera estábamos mirando lo que teníamos alrededor en el underground. Estábamos mirando a Jay-Z.

Mi apartamento estaba en The Grand, en Biscayne Boule-vard, Miami, y ese primer día, cuando tuvimos nuestro primer encuentro, lo juro por Dios, él miró por el balcón y dijo: "Un día voy a ser dueño de un apartamento aquí". Tres años después lo logró.

Daddy Yankee

La cosa empezó desde el empaque. Yo veía que nadie se había tomado el riesgo de hacer carátulas conceptuales. La música latina era todo bien barato. Siempre que iba a las tiendas y compraba música americana, veía que le metían un montón al arte. Así fue como conocí a Elastic People, y él me dijo: "¿Qué tú quieres hacer?". Estaban en lo mismo que yo. Empezamos los dos de cero. Carlos vio lo amplia de mi visión, y que quería elevar el nivel, desde los videos hasta las carátulas y un *website* interactivo.

Costó $30,000, que era un montón. Me la jugué, porque si me la quería ver en grande, tenía que hacerlo. Saqué todos mis ahorros y los invertí. Carlos también dirigió mi video. Lo filmamos en República Dominicana.

Carlos Pérez

Volé a Puerto Rico, y él me puso el álbum completo por primera vez mientras masterizaba. "Gasolina", dijo, "es el exitazo". Yo le dije que creía que tenía canciones mejores, y él literalmente me dijo: "Comprobado por el pueblo. Fui al barrio, les puse la canción a niños y abuelos, y a todos les gustó. Esto es un exitazo garantizado".

Para el video él quería lucir "joven y fresco". Por eso sale bien afeitado, usando el sombrero blanco.

En esa época, MTV permitía videos de cuatro minutos, así que él usó esos minutos y los dividió en tres canciones: "Gasolina", "No me dejes solo" —con Wisin & Yandel— y "King Daddy". En ese tiempo hacer eso era algo común; si voy a invertir dinero, hagamos un tres en uno. "King Daddy" era la canción conceptual para el personaje de Daddy Yankee, y él consideraba que "No me dejes solo" y "Gasolina" eran temas más comerciales.

El tratamiento del video pretendía aprovechar las carreras de autos. Mi papá trabajaba en la industria automotriz, y me dijo que habría una carrera dos semanas después; así que terminamos filmando en la República Dominicana, y mi papá consiguió conectarme con el equipo local. Filmamos un lunes, después de la carrera.

La noche anterior, uno de los dos autos tuvo un accidente en la carrera, y el chofer del auto que íbamos a usar falleció. Pensé que al menos tendríamos a uno de los choferes, pero la gente del equipo dijo: "Miren, perdimos a nuestro chofer. El otro era amigo suyo y no podemos filmar el video. Ninguno de nuestros pilotos puede ir, pero les mandaremos otro auto". Es por eso que hacer videos es un 90% de resolver problemas, y un jodido 10% de creatividad. Nos mandaron un Mustang 5.0, el cual no vimos hasta el día de la filmación.

Como el video original tenía las otras dos canciones pegadas, hicimos "King Daddy" en una comuna [un proyecto de viviendas sociales], la parte de "Gasolina", en la pista de carreras, y "No me dejes solo", en el estacionamiento de la pista de carreras, con Wisin y Yandel. Lo que más me duele fue que solo filmamos un minuto y medio de "Gasolina".

Una vez que el tema comenzó a subir, Yankee me llamó y me

pidió una versión completa del video, pero yo no tenía material suficiente, y no teníamos tiempo para ir a filmar más. La cosa estaba explotando tan rápido que tomaron el material en bruto y prácticamente lo repitieron. De hecho, hay tomas en la versión final del video que yo jamás habría usado. En cualquier caso, usaron las tomas dos veces, y el video despegó.

Gustavo López

Barrio fino salió justo antes de que lanzáramos Machete, pero Universal tenía los derechos para EE.UU. a través de VI Music. Negocié directamente con Yankee, sin VI Music, y acordamos una licencia global para *Barrio fino*.

En ese tiempo, el reggaetón estaba comenzando a explotar. Un montón de gente realmente no sabía qué hacer con el género, e incluso los grandes artistas no sabían qué hacer con su música fuera de EE.UU. y Puerto Rico. Estaban pasando un montón de cosas alrededor del reggaetón, y *Barrio fino* fue un punto de referencia.

Yankee había anunciado el álbum en canciones anteriores, tal vez desde dos años antes. Salía en un disco y de pronto decía: "¡*Barrio fino*, próximamente!".

Yankee siempre fue muy independiente. Puso mucho esfuerzo en enfocarse como un láser en Puerto Rico y Nueva York, porque él apoyaba los mercados principales en los que hacía sus *shows*. Yo me atribuyo crédito por haber tenido fe en la canción desde el comienzo. Y creo que Yankee y Luny sabían [que sería grande]. Recuerda que en esa época no había radio para esta música. Lo ponías en Mega New York y en un par de emisoras más del Noreste. Fue el propio Yankee el que tomó la iniciativa. No puedo atribuirme ningún crédito por su fe en "Gasolina" o *Barrio fino*. Él lo condujo todo.

El papel que yo desempeñé fue: "¿Por qué a esto le va tan bien?". Veía ventas en lugares donde típicamente no ves ventas. Lo que hicimos con *Barrio fino* fue ponerlo en los lugares en que no estaba.

Daddy Yankee

Yo ya tenía una visión bien diferente. Ya yo sentía el impacto que estaba teniendo el reggaetón en las calles, en Suramérica, en las calles de Estados Unidos. Me entrevistaban ya desde antes de *Barrio fino*. Yo sabía que estábamos a punto de explotar y, viéndola venir para todo el movimiento, dije: "Okay, tengo que ser yo". Porque la movida en la calle estaba demasiado fuerte. Quienes no la vieron fueron los que estaban en los sellos disqueros arriba, que no estaban en las discotecas.

Luny

Cuando estábamos terminando el disco, yo iba a sacar la música bajo mi sello, con distribución de Universal. Voy a Miami con Yankee, nos reunimos con Gustavo López en el lobby de un hotel, y le hablo del proyecto. Le digo: "Este disco va a vender medio millón de copias". Gustavo me dijo: "Tú estás loco". Lo dije para vender el producto. Yo no pensaba que iba a ser un éxito tan grande. Por eso dicen que a veces uno tiene que tener cuidado con lo que dice, porque se hace realidad.

Cuando el disco salió, Gustavo me llamaba y decía: "Mira, ¡vamos por 100,000! Mira, ¡vamos por 300,000! ¡Tú lo dijiste!". Ya después dijimos: "Olvídate, esto no va a parar".

Daddy Yankee

Me empezaron a llamar de lugares como Europa y Japón. En Japón vendió platino. Cuando los sellos principales se enteraron de que era un artista independiente, todos trataron de firmarme. Fue bien interesante, y a la vez una lección para mí, porque el disco *Barrio fino* se lo ofrecí a disqueras antes de que explotara, y nadie lo quiso.

Para nosotros, los reggaetoneros, los que nos dieron *break* fueron las emisoras americanas, no las latinas. Hice un remix con N.O.R.E. Las "Power" *stations* sí colocaban reggaetón, porque los americanos tienen géneros urbanos como el rap y el hip-hop; pero lo latino era algo completamente nuevo. Yo entendí todo lo que estaba sucediendo, porque yo viví la era del rap y yo sabía que podía explotar.

Gustavo López

Recuerdo que fui a visitar mercados, y los ejecutivos me decían: "Es una gran canción, pero aquí nunca se pondrá reggaetón". La resistencia era enorme. Vivimos en un mundo que es todo sobre el repertorio local. Es ya bastante difícil traer repertorio de afuera, para traer encima todo un movimiento latino.

En ese entonces salió el remix en inglés de "Gasolina", que puede haber pasado inadvertido, pero realmente ayudó al sencillo, y lo ayudó a hacer el *crossover*. Hubo dos momentos que fueron históricos: uno fue que KISS FM [una emisora en inglés] puso la canción en Los Ángeles; y lo otro fue que un pelotero japonés estaba usando la canción cada vez que salía a batear. Eso catapultó las ventas en Japón. Y, claro, a través de Universal fuimos clave en empujar la canción fuera de EE.UU., porque ahora teníamos la licencia.

Realmente fue la canción que rompió la puerta. "Dale, Don, dale" y "Gasolina" fueron las dos canciones que tocaron como locos en emisoras no tradicionales, y provocaron que muchas emisoras comenzaran a cambiar [a un formato más urbano]. No había quien las parara.

Carlos Pérez

Él tenía un par de cosas únicas a su favor. Era un tipo presentable, y lo hizo bien, sabiendo que quería diversificarse. Y yo creo que lo más importante fue el concepto de *Barrio fino*. El nombre solamente; era la primera vez que alguien le ponía una connotación positiva al barrio: "Barrio fino". Lo más fino del barrio. Vamos a limpiar las cosas y apelar al nivel de las leyendas del hip-hop, y atraer una mirada positiva al género, que en ese tiempo era algo único. La foto que usamos para la carátula fue la última que tomamos ese día, en uno de los puentes de Key Biscayne, con él usando la gorra de los Yankees.

Luny

Ese fue el disco que marcó la historia del reggaetón. Llevó el reggaetón a otro nivel, al nivel de los americanos. Eso fue lo que nos abrió las puertas, y todo el mundo lo sabe. Y es un disco perfecto, que lo puedes escuchar ahora todavía y no suena viejo. Suena *up to date*.

Daddy Yankee

A *Barrio fino* lo conocen por "Gasolina", pero es todo una *masterpiece*, porque le trajo *glamour* al barrio. Puso el barrio a un nivel muy alto, y les dio a los chamacos la posibilidad de pensar: "Contra, si Yankee pudo, yo puedo".

"Vivir mi vida"

Marc Anthony
2013

CRÉDITOS

Marc Anthony: Artista

Julio Reyes: Compositor

RedOne: Compositor, productor

Carlos Pérez: Propietario de Elastic People y director del video

Afo Verde: Presidente y CEO de Sony Music para América Latina/Península Ibérica

En abril de 2013, Marc Anthony estrenó un nuevo sencillo, "Vivir mi vida", durante los *Billboard* Latin Music Awards. El momento era significativo por muchas razones.

Marc Anthony es uno de los íconos más perdurables de la música popular latina; un hombre cuya voz prodigiosa puede navegar tanto por el pop como por la salsa, con igual facilidad y belleza. "Vivir mi vida" fue el primer sencillo de su álbum *3.0*, anunciado como el primer álbum de salsa que el artista grababa en estudio en una década. Todo un hito. Especialmente si se considera que los días de gloria de la salsa estaban un poco en el olvido. El género que alguna vez dominó las listas de éxitos de música latina, y que definió la música ante el mundo, estaba en franca decadencia comercial desde que sedujo a Anthony por allá por los años 90, en la cúspide de su popularidad.

No era que la música tropical en sí hubiera perdido popularidad, pero la salsa sí que lo había hecho, diezmada primero por el reggaetón a comienzos de la década del 2000, y más tarde por la bachata. "Vivir mi vida" rompió la maldición.

La canción era una nueva y afirmativa versión de "C'est la vie", un tema originalmente grabado por el cantante argelino Khaled y producido por RedOne que se había convertido en un éxito en Europa, el Medio Oriente y África. La versión de Marc Anthony tomó prestado mucho de la original, principalmente en su radiante estribillo, amplificado como un coro de estadio. Pero Marc Anthony le añadió su propia letra, transformando una canción que hablaba sobre recuperarse de un desengaño amoroso en un himno de esperanza de cara a la adversidad.

La combinación de la voz, la letra y el ritmo de salsa resultó explosivo. "Vivir mi vida" permaneció 18 semanas en el No. 1 del Hot Latin Songs de *Billboard*, convirtiéndose en la primera canción tropical en alcanzar la cima de la lista en una década (y sin la ayuda de remixes), y en la canción tropical que más tiempo ha permanecido en el No. 1 de la historia. Así mismo, *3.0*, lanzado a mitad de año, se convirtió en el álbum latino más vendido de 2013, según Nielsen SoundScan.

Reconociendo aún más sus raíces salseras, Marc Anthony insistió en filmar el video en el barrio de East Harlem, donde se crio, literalmente en medio de la calle y de su gente. A diferencia de posteriores exitazos latinos de la época —como "Despacito", "Bailando" o "Mi gente"—, "Vivir mi vida" no fue un éxito importante en la lista Hot 100 de *Billboard*, que mide canciones en todos los idiomas, y donde solo alcanzó el No. 92. Eso se debió a las circunstancias del momento en que salió, justo antes del *streaming* masivo. Eso significó que las casi mil millones de vistas que tuvo el video en YouTube nunca se tuvieron en cuenta. Y, tal vez lo más importante fue que Marc Anthony (por suerte) nunca sacó una versión remezclada y bilingüe de "Vivir mi vida".

Sin embargo, "Vivir mi vida", sin ayuda de nadie, prendió de nuevo el interés en la salsa, atrayendo a una nueva legión de fanáticos al género. Para Marc Anthony, ese fue un logro aún más notable, en una carrera llena de logros, que cementó su permanencia en el momento en que se embarcaba en la gira más larga de su vida.

Para la música latina, fue el comienzo de un nuevo camino no explorado hacia la globalización. Con "Vivir mi vida", Marc Anthony tomó un tema popular en otro idioma y otro hemisferio, y lo convirtió en la banda sonora de la música latina, multiplicando su atractivo exponencialmente. Cuatro años más tarde, J Balvin haría algo parecido con "Mi gente", solo que esta vez estarían disponibles todos los mecanismos para medir su éxito a nivel mundial.

La nueva "explosión latina" había comenzado oficialmente.

RedOne

Yo me pasé alrededor de un año en París, y conocí al que en ese momento era el presidente de Universal para Francia y Canadá.

Hablamos de música, de esto y de lo otro; yo le puse algunos temas, y él estaba feliz con todo el éxito. Entonces me dice: "Red, necesito pedirte un favor personal. ¿Tú conoces al artista Khaled?". Yo le digo: "Sí, es una leyenda, pero no hemos sabido de él en 10 o 15 años". Él me dice: "Exacto. Necesito un *hit*. Tú lo lograste con P Diddy, con Enrique. Necesito que hagas lo mismo con él". Yo digo: "Para mí es un honor. Soy un súper fan".

Estaba un poco nervioso porque él había tenido una canción muy buena, "Aicha" [un súper éxito en Europa en 1996]. Digo: "El único problema es, ¿cómo voy a superar 'Aicha'?". Y él me dice: "Red, tú eres un hacedor de éxitos. Puedes hacerlo". Hablé por teléfono con Khaled, y él estaba emocionado. En ese momento yo estaba en Suecia trabajando, y él me dice que puede ir a verme a Suecia. Yo le digo: "Puedes venir la semana que viene". El día antes de que llegara, me digo: "Tengo que pensar en algo". Así que hice lo típico. Agarré la guitarra y comencé a escribir. Quería hacer algo que tuviera un elemento que todos pudieran corear.

Cuando piensas en temas como "Bad Romance", todo es multitud, multitud. A mí me encanta que la multitud cante. Comencé a tocar los acordes en la guitarra [comienza a cantar la introducción], y me salió esto, exactamente así. Quise conservar el "la-la-la-la" tal cual. Antes de que él llegara, le mandé el demo, toda la canción, sin la letra, para que él la fuera interiorizando. Cuando llegó, hicimos la letra juntos, él, otro grupo de gente y yo, y la llamamos "C'est la vie" (Así es la vida). "Nos vamos a amar los unos a los otros, vamos a bailar porque así es la vida, lalalala". Él dice: "Me encanta, me encanta".

La grabamos, la terminamos y le digo al presidente de Universal: "Dios mío, él está de vuelta". La lanzamos y fue lo más grande en los países del norte de África y en el Medio Oriente. Fue la canción más grande de su vida.

Marc Anthony

Un amigo mío, RedOne, descubrió a Lady Gaga, y estaba al rojo vivo con ese disco. Él también grababa con Jennifer [Lopez, quien estaba casada con Marc Anthony en esa época]. También fue el autor de un par de éxitos de ella, incluido el que hace con Pitbull. Nos hicimos amigos, y él se convirtió en una especie de hermano, un gran amigo.

Un día estaba en mi casa, y me dice: "Marc, escucha esta canción. La grabé con Khaled, se llama 'C'est la vie' ". Yo estaba en la cocina. Supe enseguida que era un himno porque mi hijo Ryan vino corriendo y dijo: "¿Qué canción es esa?". Él la puso de nuevo. No solo reaccioné yo a la canción, sino que supe que, si Ryan había reaccionado igual, la canción tenía que tener algo realmente especial. La pongo otra vez, y Ryan dice: "Espera un momento. Tengo que buscar a Christian [su hermano], porque él tiene que oír esta canción". Corre arriba y busca a Christian, diciéndole: "Christian, Christian, tienes que oír esto". Y Christian dice: "Ponla otra vez, ponla otra vez".

Cuando vi su reacción fue que nació la idea. Ahí fue cuando realmente lo supe. Esa canción era casi como la mantequilla; cabe en todas partes.

RedOne

Yo trabajé con Marc, y él escucha todo lo que yo hago. Y él me dice: "Red, esta canción me habla. Me habla". Él estaba pasando por un momento de esos en su vida, y me dice: "Esto es amor, esto es amor". Entonces llegan sus hijos y dicen: "Dios mío"; y Marc dice: "Red, esto es un *hit*. ¿Puedo hacer una versión en español?". Yo digo: "¡Claro!", porque una buena canción funciona en cualquier idioma. "Mi hermano, será un honor", le digo.

Si Marc Anthony canta una canción tuya, sé que eso te llega hondo. Pensé: "Ay, Dios mío. ¿Marc va a cantar esta hermosa melodía? Va a llegarle a la gente". Sabía que el resultado iba a ser increíble. Marc casi puede jugar contigo con esa voz hermosa. Incluso si la melodía es mediocre, él puede hacer que suene muy bien; aunque yo sabía que esta canción era especial.

Le digo: "Haz lo tuyo". Hay un nivel grande de confianza entre nosotros, yo sé que él escucha mis opiniones, pero sé que no lo va a hacer mal y sé que va a conservar la melodía. Por supuesto, lo hizo a su manera, y la hizo suya. Es perfecta. Miel para los oídos. Y la letra es hermosa: "Voy a reír, voy a bailar, vivir mi vida, lalalala".

Marc Anthony

Estaba grabando mi álbum, había elegido varias canciones y fui a mi primera reunión con Sergio [George], en su estudio de Boca Ratón. Estaba camino al aeropuerto y, aunque el estudio estaba cerca, me puse a escuchar las canciones en el carro.

RedOne me había dado la grabación sin la voz, y yo hice un demo de la canción [cantando] encima de lo que él hizo para Khaled. Era la versión pop. Y Sergio dice: "Ese es el primer sencillo". Fue uno de esos momentos de "Ajá". Estaba muy feliz. Dije: "Yo también lo creo". Me parece que arreglamos la canción como en 15 minutos, máximo. Me apoyé en Sergio al principio, porque él tenía una visión, y yo no tenía idea de cómo convertirla en una canción de salsa, hasta que la escuché.

Julio Reyes

Marc tenía una canción que le había dado RedOne. Y fue muy chistoso, porque me dice: "Dokisito", él me dice Dokisito, "¿por qué no me haces la traducción?". Pero eso estaba en marroquí. El coro de la canción estaba en francés —"On va danser, c'est la vie, la, la, la, la, la"—, pero el resto de la canción estaba en marroquí. Yo le dije: "Marc, yo no hablo árabe".

Pero en esa época yo estaba súper enfermo. Tenía un rollo digestivo grave. Estaba muy vulnerable, y pensé: "Esta va a ser mi sentencia de sanación". Y decidí escribir la letra. Quise hacer de esta canción una declaración de sanación. En esa época estaba compartiendo con los chicos que me estaban haciendo el estudio [nuevo], que eran súper cristianos. Yo entraba todas las mañanas y los encontraba tomados de la mano, orando. Al comienzo, yo decía: "Qué oso". Y al mes estaba yo cogido de la mano con ellos. Detrás de todas las paredes del estudio escribieron oraciones y líneas de la Biblia. Encontré muchas medio sobrenaturales. Y en ese marco, en ese contexto, empecé a escribir la letra de esta canción.

De hecho, es un poco como una parábola de la Biblia, cómo calmar la sed. Me refiero a que está construida con la arquitectura de muchas de las lecturas de la Biblia, sobre todo de las parábolas que tienen esa función de trascender el juicio de la mente e ir directamente al espíritu. Esa es la idea de lo que quería generar con eso, y hablar de lo relativo que es todo. Si uno quiere hacer de algo una tragedia, eso es lo que va a tener. Y si no, no. Ese fue el ADN de la letra: tomar una cosa muy negativa, y tratar de mejorarla. Es gracioso, porque me he enterado de que la cantan en muchas iglesias cristianas.

Marc Anthony

La versión en español la hicimos entre Julio Reyes y yo. Me senté con Julio y su esposa, y les dije que la letra tenía que estar en primera persona. Eso era muy, muy importante. La letra salió de una charla que me dio Will Smith. Yo estaba filmando *Hawthorne* con Jada, y estábamos conversando en el desayuno, y Will comenzó a hablar de cómo uno tiene una sola vida. Eso se me quedó, por el momento en que yo estaba en mi vida. Le dije a Julio: "Tiene que ser sobre eso, pero quiero cantarla en primera persona". Sentí que tendría un mayor impacto. Quería que la gente sintiera que era su historia cuando yo la cantara; su voz. Julio pensó que era muy buena idea.

El mensaje de la canción original no tiene nada que ver con "Vivir mi vida". Trataba sobre una chica que le rompió el corazón al tipo. Lo que la hizo personal fue mi mensaje. Sabía que era diferente. Las canciones que elijo grabar suelen ser profundas, y están contadas desde la perspectiva del narrador. Son como noveletas. Pero esta era una corta declaración de dónde estaba yo en mi vida, y necesitaba eso en ese momento.

Julio Reyes

Fueron dos días súper clavados, y un gran aporte de Marc fue que la primera versión del coro era un poquito como un sermón, así que me dice: "¿Por qué no escribimos 'voy' en lugar de 'vamos', para eliminar esa sensación de decirle a la gente lo que tiene que hacer?". En lugar [de dar una orden], pusimos el ejemplo para seguir.

Todo fluyó muy naturalmente. Y yo en el rollo de escribir letras siempre soy muy arquitecto. No soy muy juglar. Pero en este caso fluyó rapidísimo. Y, sobre todo, tratar de escribir en un lenguaje de imágenes. Creo que eso es lo más efectivo y lo que más le llega a la gente. Es una narrativa, pero de imágenes.

Marc Anthony

Tuve muchas reacciones negativas con el mensaje. Mucha gente que es muy importante para mí, cuya opinión valoro, cuando la canté para ellos me dijeron: "No eres tú. No es el Marc Anthony que esperamos. Marc Anthony no es 'lalala, vivir, vivir, bailar, bailar'".

En contraste con lo que yo había grabado antes, esto resultaba anacrónico. Y yo pensé: "*Wow*, tal vez he perdido el toque. Tal vez no es tan especial como yo pensaba, porque la gente en la que realmente confío me dice que no lo es". Me pasé como cuatro días, no voy a decir que deprimido, pero realmente dudando de mí mismo. Finalmente llamé a todos, y les dije: "Lo siento, pero este va a ser el primer sencillo". Me dijeron: "Este no es realmente tu ADN. Es tu primer álbum en años, y esta canción no va con el álbum". Así que yo tomé la decisión y dije: "Todos me pueden besar el trasero". Estaba pasando por lo que estaba pasando con Jennifer y con la vida en general. Tenía que encontrarme a mí mismo. Tenía que encontrarme y encontrar mi motor para ser feliz.

¿Ayudó la canción? Sí. Se convirtió en mi grito de batalla. ¿Sabes qué? La vida sigue, no hay que llorar por eso. A veces hay sequía, así que un día de lluvia no es una situación de mierda. Solo hay que buscarles el lado positivo a las cosas. Que pasen cosas malas no es el fin del mundo. A veces necesitas el silencio para escucharte pensar. Y ese era el ímpetu.

RedOne

Fui al estudio, y tocaron la nueva versión para mí. Me encantó, pero le dije [a Marc]: "Lo único es que la multitud no es suficientemente grande". Le dije que me diera las voces grabadas, yo tengo una técnica para hacerlas sonar como un estadio.

Creo que estaba en Marruecos cuando me mandó la versión final y la escuché por primera vez. Me impactó. Se me salieron las lágrimas. Era muy especial.

Afo Verde

Recuerdo que Marc venía a nuestra convención de Sony. Marc acababa de terminar el disco, y me había dicho que tenía una canción que lo tenía enloquecido. Y como yo adoro a Julio y tenemos cercanía, de muchos lugares recibía noticias de lo bueno que era lo que estaba haciendo Marc. Es uno de esos proyectos que te ilusionan, pero que quieres escuchar cuando estén más avanzados. Teníamos la convención y le dijimos: "Ven, presenta el disco entero". Esas convenciones tienen un lado formal. Estaba el chairman de internacional, que vino desde Londres, y todo su equipo de Londres más todos los países latinos. Marc muestra una canción, muestra otra canción y dice: "Creo que esta canción es muy importante y creo que debe ser el próximo sencillo". La puso, y un minuto y medio después me volteo y veo a todos bailando. Lo importante era manifestar que "Vivir mi vida" era el *single*. Pero lo mejor es que el álbum entero era espectacular. Tener una canción que resalte tanto en un álbum espectacular no es tan sencillo.

Carlos Pérez

Él quería filmar en Nueva York, así que la idea inicial del video era algo como lo que hizo U2 para "When the Streets Have No Name", montar una actuación sorpresa en medio de la cuadra, y documentarla. Cuando mandamos la solicitud a la oficina de permisos en Nueva York, nos la denegaron. Dijeron: "Podemos permitirles que filmen el video en cualquier parte, menos en esta cuadra, porque él es una estrella, y es arriesgado".

Tuve que ir a ver a Bigram [Zayas, el hermano de Marc Anthony y su representante en esa época] y a Marc, y decirles que nos habían negado el permiso por la oficina de cine de Nueva York. Y ellos dijeron: "¿Quién, quién? ¿Quién lo rechazó?". La oficina de cine de Nueva York es tan poderosa como una entidad gubernamental. Dijeron: "Vamos a volver a intentarlo". Y, por supuesto, consiguieron el permiso. No sé con quién hablaron, pero consiguieron el jodido permiso. Les dijeron: "Te vamos a dar el permiso, pero no pueden anunciar que esto va a pasar". Era 2015, y las redes sociales estaban comenzando a ganar fuerza. Dijimos: "De acuerdo, vamos a hacerlo desde la base". Desde la base quiere decir ir a tocarle la puerta a la gente y a decirle que Marc va a tocar ahí al día siguiente.

En la mañana de la filmación, el llamado era como a las 7 a.m., y yo iba durmiendo en el auto. El productor iba manejando, y recibe una llamada. Inmediatamente, por el tono de su voz, me doy cuenta de que pasó algo. Me hice el dormido, escuchando la conversación, pero sabía que algo se había jodido. Me despierto y digo: "¿Qué pasó?", y él me dice: "Mataron a un tipo en la esquina, y la policía cerro la cuadra". Se estaban llevando el cadáver, pero no sabíamos si habría represalias. Antes de que pudiéramos siquiera empezar, la cuadra estaba completamente cerrada. No se iba a poder hacer.

Llevar a Marc temprano al set es una misión, pero ya él estaba allí, puntual. Nuestra intención era filmar el video dos veces, con Marc entrando, y después, saliendo, pero voy a ver a Bigram y le digo que no lo van a permitir. Claramente sucede algo. Hay cinta amarilla [en la calle]. La gente acudió, pero no los dejan pasar. Le digo a Bigram: "A menos que conozcas a alguien por encima del jefe de policía, no nos van a dejar tener un set abierto". "¿Qué le decimos a Marc?", me preguntó él. "Le decimos la verdad, que mataron a alguien".

Tenemos listo todo el equipo de producción, *setup*, cámaras y todo. Ya no se trata de la parte creativa; ahora se trata de resolver problemas. Así que le digo a Marc: "Tú conoces tu barrio. Mataron a alguien, y la policía no deja pasar a nadie, así que estamos viendo qué hacer". "¿Cuáles son las opciones?", pregunta él. Yo le digo: "Esto es cine, podemos hacer una puesta en escena".

Es una cuadra jodidamente grande. Le digo a Bigram: "Podemos hacer dos cosas. Podemos *no* filmar el video, y filmarlo otro día, pero tenemos que pagar por todo esto; o podemos ver si la policía nos deja filmar, y podemos hacer una puesta en escena. Podemos escoger un reparto de 100 personas, o tantas como la policía nos permita. Vamos a necesitar que Marc cante la canción, no dos veces, sino como 10, para poder distribuir a los extras alrededor. Esto es cine. No es la primera vez que hacemos una puesta en escena".

Marc Anthony

El video también era simbólico. Yo necesitaba volver a mis raíces. Necesitaba sentir que eran mías otra vez. Todo el mundo en el barrio gritaba: "Tony, Tony, Tony". Fue simbólico de muchas maneras. Necesitaba regresar al lugar del que había salido. En ese momento, mi vida era complicada. Mi estilo de vida era complicado, el éxito era complicado. Simplemente, necesitaba regresar.

Recuerdo la situación con la filmación. No recuerdo exactamente los detalles, pero me sentí en casa.

Carlos Pérez

Le digo a Marc que tendría que cantar 8 o 10 veces, porque íbamos a usar la misma gente, y tendríamos que cerrar los planos para dar la impresión de que el lugar estaba lleno, a pesar de que solo teníamos una cantidad X de personas. Marc está vestido de traje, y hace un calor del demonio. Me dice: "Okey, al carajo, vamos a hacerlo".

Pero Marc es siempre Marc. Habla con la policía y ellos le dicen: "Podemos dejar pasar 100 personas, pero tenemos que pedirles identificación". Se convierte en todo un protocolo. Estábamos escogiendo el reparto, consiguiendo planillas, era una pesadilla. Parte del enfoque del video era que queríamos documentar la interacción con el barrio, pero cuando haces una puesta en escena es jodidamente difícil captar un sentimiento auténtico.

Había cientos de personas paradas junto a la cinta amarilla, al final de la cuadra, así que esto es lo que hace Marc. [Él] dice: "Okay, Carlos, vamos a hacer una puesta. ¿Cuántas cámaras tienes? Voy a salir de este carro, no voy a prestarle atención a la policía y voy a saludar a mi gente. Vamos a filmarlo todo". Todos los contraplanos del video son de Marc literalmente saliendo de su auto y la policía diciendo: "¿Adónde vas? ¿Qué haces? Si él va para allá, vamos a cancelarlo". Y nosotros simplemente siguiendo al artista.

Marc pasa por debajo de la cinta amarilla y se sumerge en el medio de la jodida confusión. Está en medio de la multitud. Es como un superhéroe en el barrio. Ellos están aquí porque fuimos casa por casa haciéndole saber a la gente que esto iba a pasar. Irónicamente, la reacción de la gente es abrazarlo, pero todos se comportan bien. De repente, él está haciéndose fotos con niños y con ancianas. Era Marc siendo Marc. Fueron como 5 minutos, y pareció una hora. Todos los contraplanos del video de Marc en la multitud son cinco minutos de Marc sumergiéndose entre la gente.

El video final comienza con un *intro*, en el que él sale de su oficina. Ese era el concepto: documentar ese momento en el que Marc regresa a sus raíces. Era como un mensaje inspirador para la gente. Por eso es que sale de la oficina con esas vistas hermosas de los rascacielos, maneja por las calles con su mensaje inspirador y aquí está el barrio recibiéndolo.

Marc Anthony

Había gente sentada en las escaleras de incendio, y eso me recordó cuando yo era Tony. Y toda esa gente es mi gente. No es que yo no hubiera visto eso de niño. Las circunstancias cambian, pero yo sigo siendo el tipo que camina entre su gente. Ni siquiera pienso que eso sea interesante. Por supuesto que yo caminaría entre mi gente.

RedOne

Lo llevó al nivel que se suponía. La otra versión también es hermosa, pero es otra emoción: es del Medio Oriente, con sabor francés. No podría ser más feliz de crear una canción histórica con Marc Anthony, que es mi hermano y, a la vez, una leyenda viva. He tenido muchos *hits*: "Bad Romance", "On the Floor". Pero este fue grande en toda América Latina.

Afo Verde

En Argentina cuando bailamos nos fracturamos. Casi te podría decir que Marc me enseñó a bailar. Se merece todo lo que pasó con "Vivir mi vida".

Julio Reyes

Escribí la letra en español como un *work for hire*. Ni siquiera me preocupé por que saliera mi nombre en [la versión en] español. Es un ejemplo de que uno no sabe en qué se van a convertir las cosas. Pero ha sido uno de los mejores regalos de mi vida: ver a la gente cantarla en el American Airlines Arena [con Marc] me da gran satisfacción.

Marc Anthony

Recuerdo que nunca la escuché cuando salió. Lo que destaca de esta canción es toda la duda que provocó al comienzo. Eso me hizo dudar de mí mismo, porque habían pasado los años, y yo no sabía si aún podía competir [con lo nuevo]; la salsa había pasado de moda. Comencé a dudar de mí mismo, pero entonces tuve los huevos de decir: "Escuchen, no voy a dudar de mí mismo. Este va a ser el primer sencillo". Luego de eso, les pregunté a las mismas personas cuál debía ser el segundo sencillo, y todos dijeron: "El que tú digas. Nunca más vamos a dudar de ti".

"Bailando"

Enrique Iglesias con Descemer Bueno y Gente de Zona
2014

CRÉDITOS

Enrique Iglesias: Artista, compositor

Descemer Bueno: Artista, compositor

Alexander Delgado (Gente de Zona): Artista, compositor

Randy Malcom (Gente de Zona): Artista, compositor

Antes de "Despacito", vino "Bailando", el exitazo de Enrique Iglesias con el cantautor cubano Descemer Bueno y el dúo cubano Gente de Zona. En su momento en 2014, el tema rompió, por mucho, todos los récords en la lista Hot Latin Songs, permaneciendo 41 semanas en el No. 1. Su competidor más cercano, "El perdón" (no es coincidencia que fuera otro exitazo de Iglesias, este con Nicky Jam), se anotó 30 semanas en el No. 1, una diferencia enorme con "Bailando".

"Recuerdo que 'Bailando' me hizo sentir exactamente igual que cuando saqué mi primer álbum", me dijo Iglesias recientemente. "Me emocionó. Me afectó, no solo musicalmente, sino en la manera en que me sentía. Recuerdo que pensé: 'A la mierda, esta es la razón por la que comencé todo esto, y la razón por la que he estado en ello por un montón de años. Es difícil describirlo. Simplemente me hizo sentir extremadamente feliz'".

Si "Despacito" resultó revolucionaria con su mezcla de reggaetón y pop, rap y melodías, "Bailando" abrió la puerta a esa posibilidad, fusionando el pop movido de Iglesias con la vibra del cantautor Descemer Bueno y —este fue el golpe de gracia— el ritmo de reggaetón y las voces gruesas de Gente de Zona. El tema fue producido por Carlos Paucar, colaborador por largo tiempo de Iglesias.

"Bailando" no fue el primer tema en unir el reggaetón con la sensibilidad pop. Iglesias ya había hecho el experimento de fusionar el dembow del reggaetón con pop en "No me digas que no" y "Lloro por ti", dos temas del 2009 y el 2010, respectivamente, junto al dúo reggaetonero de Wisin & Yandel. Pero el éxito de "Bailando", ayudado por el remix bilingüe con Sean Paul que propulsó el tema hasta el No. 12 en la lista Hot 100 de *Billboard*, pavimentó el camino para una nueva explosión latina. Con su mezcla de pop y música urbana, inglés y español, grabación original y remix, "Bailando" se convirtió en el patrón a seguir del sonido que terminaría dominando la música latina durante la mayor parte de la década.

Del mismo modo, su video musical, una cornucopia de baile, se convertiría en el primer video musical en español en alcanzar la marca de mil millones de vistas (hasta la fecha, "Bailando" se mantiene entre los 10 videos más vistos de todos los tiempos, a pesar de haber sido lanzado antes de que el *streaming* se hiciera verdaderamente *mainstream*). Encima, en una época en la que los artistas cubanos que residían en Cuba llevaban largo tiempo ausentes de las listas de *Billboard*, "Bailando" los trajo de vuelta, con venganza: en 2014, Gente de Zona se convirtió en el primer grupo musical radicado en Cuba en llegar al No. 1 de las listas radiales de *Billboard*, tras su participación en "Bailando".

Pero no fue una progresión natural.

Iglesias escribió "Bailando" con Bueno, un frecuente colaborador, en una de las muchas sesiones de composición que tuvieron ambos en casa de Iglesias. La canción fue engavetada, hasta que Bueno la llevó a su Cuba natal y la grabó con Gente de Zona, un grupo inmensamente popular dentro de la isla, pero poco conocido fuera de ella.

Tras escuchar la nueva versión, Iglesias volvió a sumarse y, desafiando la convención de juntarse solo con artistas igualmente populares, insistió en mantener a Gente de Zona y a Bueno en la mezcla. En ese sentido, Iglesias fue también pionero. Si bien la colaboración entre estrellas y artistas menos conocidos era, desde hacía mucho, parte del ADN de la música urbana latina —hecho que fue clave en fomentar la popularidad del movimiento—, la práctica era menos común en el mundo del pop. Tampoco eran comunes los remix bilingües en el pop.

"Bailando" lo hizo todo. No solo rompió esquemas, sino que también abrió las puertas para la creación de una nueva generación de éxitos latinos globales.

Enrique Iglesias

Descemer y yo nos conocemos, y hemos estado escribiendo juntos desde 2005 o 2006. La primera vez que nos encontramos y comenzamos a escribir en mi casa, fue raro, porque yo había coescrito canciones en inglés, pero no estaba acostumbrado a escribir en español con alguien más.

La primera canción que escribimos juntos fue "El perdedor". Pasa el tiempo y hemos escrito un montón de canciones, incluida "Lloro por ti". Me encanta escribir con Descemer. Llegamos a ser como hermanos, en el sentido de que puede que no nos veamos en seis meses, pero hemos desarrollado una unidad que es difícil de describir. Muchas veces escribes con otros compositores, y no es que se sienta como un trabajo, pero se puede sentir como una tarea de 9 a 5. Con Descemer no es así porque escribimos rápido y sabemos que no vamos a estar en la misma habitación por más de unas pocas horas.

Él escribe un montón de canciones al mismo tiempo, escribe una melodía, tal vez no la termina, y va de acá para allá. Con "Bailando", cuando vino y comenzamos a tocarla, la letra no estaba del todo completa. Tenía unas estrofas, y lo que yo sentía que era el estribillo, pero sentía que le faltaba el puente. Le dije: "Mira, necesitamos ponerle algo en el medio; no deberíamos ir directamente a 'con tu físico y mi química'". Entonces comencé a cantar: "Bailando, bailando"; pero pensé: "¿Quiero un 'Bailando'? Ya tengo una canción llamada 'Bailamos'. Tal vez no sea buena idea, pero al carajo".

Le dije a Descemer que yo a menudo pensaba en "Héroe", que salió en 2011, cuando ya había otras canciones llamadas así. De modo que se quedó como estaba. Carlos [Paucar] produjo el tema.

Descemer Bueno

Esta era una idea que yo había concebido como una bachata para Romeo. Pero se la presenté a Enrique. Le gustó la idea, y [...] ahí empezamos nosotros el periplo de "Bailando".

Empezamos [Enrique y yo] con una idea primaria que fuimos desarrollando, y cambió muchísimo en el camino. Era una versión mucho más acústica, por ejemplo, y le faltaba el pedacito que después le añadió Gente de Zona: "Yo quiero estar contigo, vivir contigo, bailar contigo". Con Enrique trabajamos mucho tiempo. Él es muy bueno en eso... construyendo canciones que no están terminadas. Por ejemplo, el estribillo de "Bailando" no tenía la frase "Bailando, bailando"; él quería repetirla dos veces. Tomó bastantes sesiones entre él y yo para poder llegar a esa parte de "Bailando", y después se hacía una sola vez. Y toda la letra de "tu físico y tu química" la fuimos encontrando juntos.

Lo que pasó fue que, cuando se la llevé a Enrique, él estaba muy atareado en ese momento. Hasta donde la dejamos, se quedó un poco así y nunca se terminó, como pasa con muchas canciones. Yo le dije: "Mándale esa canción a Don Omar, porque yo veo que si Don Omar entra, esta canción va a ser muy grande". Él me dijo: "Dale". Se la mandó a Don Omar, y lo que hizo Don Omar fue mandar para atrás otra canción que se llama "De noche y de día". Y Enrique se olvida completamente de "Bailando" y me pide que por favor lo ayude a escribir los versos de "De noche y de día". Y yo sufro. Pensaba que nuestra canción era mejor. Pero dije: "Déjame terminar 'De noche y de día'". Después se complicó, y Don Omar se salió de la canción. Entonces "Bailando" quedó así como en un limbo. Ahí fue cuando decidí dar el siguiente paso con Gente de Zona.

Enrique Iglesias

Descemer y yo siempre estamos cocinando un montón de canciones al mismo tiempo, y unas toman más tiempo para escribir, y otras menos. He grabado canciones que se han escrito hace años, pero el momento no era correcto para sacarlas. En este caso, Descemer fue a Cuba y grabó la canción con Gente de Zona, y ellos añadieron lo de "Yo quiero estar contigo, bailar contigo". Ahí es cuando te das cuenta de que lograr una canción que se sienta como magia es extremadamente difícil, y que todas las estrellas tienen que alinearse. Si Descemer no hubiera llevado la canción a Cuba y no la hubiera grabado con Gente de Zona, esa última parte de la canción no se le habría añadido. Todas las estrellas se alinearon.

Descemer Bueno

Fueron meses también en Cuba. Yo no estaba metido con la música urbana, pero sí oía a Gente de Zona, aunque no tenía ningún acercamiento. Hay un chico que trabaja con ellos que antes trabajaba conmigo. A él le había mostrado la canción muchas veces, y un día me dijo: "Ya sé quiénes son los que van en esa canción. Este grupo en Cuba es el que está más pegado".

Me fui a este estudio de este tipo que me había hablado de Gente de Zona, y me acuerdo de que me dio tremendo trabajo también conseguirlos. Ellos eran bastante conocidos en esa época en Cuba, y me costó un poco de trabajo. Una vez que se metieron en el estudio, sí me acuerdo de un gran entusiasmo allá.

Randy Malcom

Un amigo en común de nosotros y de Descemer, que hoy es nuestro ingeniero de sonido, nos puso en contacto. Descemer estaba en Cuba, con una popularidad increíble. Estaba arrasando. Nosotros éramos fans de sus canciones, y sabíamos la pluma que tenía. Ese hombre escribe como Dios.

Alexander Delgado

No lo conocíamos, pero sabíamos que era un gran compositor, que era el compositor de muchas personas. Éramos fans de sus canciones.

Randy Malcom

Nos reunimos en un restaurante para hablar de qué podíamos hacer juntos. Para nosotros era fácil engranar. Y [Descemer] nos dice, hay una canción que se llama "Bailando". Yo digo: "Vamos al estudio, vamos a escucharla y a ver qué sale". Nos metimos en el estudio en La Habana, y empezamos ahí a crear y a crear, y cuando llegamos a la parte de "Bailando", Alexander dice: "Esta es mi parte, y nadie me la toca".

Alexander Delgado

Yo dije: "Esa parte de la canción la canto yo".

Descemer Bueno

Compusimos la parte de "Quiero estar contigo, bailar contigo, una noche loca con tremenda nota", y el "Oh, oh, oh, oh". Si no tuviera [esos elementos], verdaderamente le faltaría a la canción una parte bien energética y bien importante. Pero cuando oí a Alexander cantar "Bailando", yo dije: "Aquí hay algo".

Randy Malcom

Empecé a escribir esa parte que dice: "Quiero vivir contigo, bailar contigo...". Y digo: "¿Qué creen de hacer otro precoro después de este coro?".

Y Alexander empezó: "Con esta melodía...". Y así se fue creando, se fue creando.

Alexander Delgado

Cuando se termina de estructurar la canción en el estudio, yo dije que con esa canción me iba a hacer famoso a nivel mundial, y que me iba a ganar unos dólares.

Randy Malcom

Fue algo tan mágico. Empezó a llegar gente extraña al estudio, y estábamos tan emocionados con la canción que se la empezamos a poner a todo el mundo. Empezamos hasta a comprar botellas de ron, cerveza, y nos pusimos a escuchar la canción y la oímos más de 50 veces. Y dije: "Creo que tenemos una canción para la historia". Hicimos el video los tres solos, antes de que alguien lo escuchara, y el video se hizo número uno en toda Cuba en menos de un mes.

Descemer Bueno

El "Bailando" en la voz de Alexander, creo que ese fue el gancho. Eso le gustó a Enrique. Cuando lo escuchó, me dijo: "¿Y esa voz?". Pero una vez que se la mandé a Enrique, igual, pasaron dos meses. Como no oí nada, pensé: "No le gustó la canción, voy a seguir adelante". Y salió el video, y en cualquier parte que me paraba salía la canción. En Miami, si yo iba en el carro y bajaba la ventanilla, la canción salía de las casas. No estaba en la radio, pero nos enteramos de que la estaban poniendo en discotecas en Los Ángeles, y no sabíamos cómo. Se regó. Y nosotros no hicimos nada.

Ese "Bailando" en la voz de Alexander, yo creo que ese fue el *hook*. A Enrique le gustó. Cuando finalmente escuchó la canción, dijo: "¿Y esa voz?".

Randy Malcom

Más que un sonido diferente, estábamos haciendo una colaboración con Descemer, que viene de la trova. Hicimos la canción para tener una canción en Cuba. La hicimos para nosotros, y nosotros estábamos en Cuba. Queríamos un número uno ahí.

Enrique Iglesias

Es una historia un poco loca, porque un amigo [el promotor de conciertos Ernesto Riadigos] me llama desde Cuba. Estaba en un taxi, y me dice: "Acabo de escuchar una canción llamada 'Bailando', y me ha encantado. Y tu amigo la canta". Yo dije: "¿¿Bailando??"; porque en ese momento no sabíamos si llamarla "Física y química". Y él me dice: "Ve a verla en YouTube". Yo le digo: "Ernesto, ¡yo escribí esa canción con Descemer!". De modo que llamo a Descemer, y le digo: "¡Descemer, sacaste la canción y no me dijiste nada!". Y él me dice: "Sí, estaba en Cuba, pero la música que haces aquí se queda aquí".

Era la primera vez que yo siquiera oía hablar de Gente de

Zona, a quienes yo solía llamar Zona de Gente. Fue la mezcla de demasiadas cosas que no puedes planear. Lo mismo nos ha pasado a Descemer y a mí muchas veces. Realmente no puedes planear estas cosas. Sea que alguien escriba algo en una canción, o que le pongan voces, de repente lo escuchas de un modo diferente. A veces es muy difícil escuchar la música con tu voz en ella, y cuando la escuchas en la voz de otra gente puedes ser más objetivo.

Descemer Bueno

La lucha que tuvimos con la disquera para que dejaran a Gente de Zona. Decían que Gente de Zona era un grupo nuevo que nadie conocía, que sería mejor usar a un artista más grande. Y a Enrique le tocó luchar por eso. Para él eso son cosas que él considera personales. Enrique siempre ha sido un tipo de no olvidar a nadie, de no dejar a nadie atrás. Ya son 15 años. Siempre ha sido muy, muy, muy generoso con esas cosas. Pero también luchó por que el video lo hiciera Alejandro Pérez. No dejó a nadie atrás. Toda la gente que estuvo desde el comienzo, se mantuvo. Yo, verdaderamente, no tenía por qué estar en la canción, pero me imagino que a él le pareció bien que yo hiciera al menos una pequeña presentación para ponerme también.

Randy Malcom

Descemer nos dice: "Señores, Enrique se quiere montar en la canción". Estábamos en Cuba. No creímos eso.

Alexander Delgado

Cuando Descemer nos lo dice, nosotros no le creímos. Y luego estamos en Miami, en Las Vegas, en un *show*. Me llaman a mi teléfono, y me dicen: "Oye, soy Enrique Iglesias". Pensé que me estaban molestando, y le colgué el teléfono. Mi manager me llama y me dice: "Comemierda, Enrique Iglesias te esta llamando". Y le dije: "Pensé que era una máquina [tomadura de pelo]". Después me volvió a llamar, muerto de la risa.

Empezamos a hablar de la canción. Me dijo que estaba contento de participar en la canción, que habría estado en la canción con Descemer, pero que la habían dejado así. Que le gustaba muchísimo el trabajo, y que él quería participar, y que todo se podía cambiar excepto la parte mía de "Bailando". Que eso no se podía tocar. Él iba a cantar la canción, pero el "Bailando" se quedaba en mi voz.

Randy Malcom

A los 15 días estábamos en Cuba y nos mandan la versión con Enrique. Y dijimos: "Ahora sí, esto sí cambió. Nuestras vidas van a cambiar". Nadie había logrado cantar con un artista de ese calibre, y menos estando en Cuba. Sabíamos que iba a ser una revolución. También sabíamos que era una señora canción. Lo sientes cuando la cantas y cuando ves a la gente cantándola. Uno sabe. Ya era número uno en todas partes. Uno sabe.

Ya había un video anteriormente. Cuando se hace la canción con Enrique, se manda a tumbar el video de YouTube. Era [parecido], pero había que involucrar a Enrique. Hay muchas partes que se quedaron del original. Las partes de los bailarines más que todo.

Enrique Iglesias

Lo único que hicimos fue ir a filmar el video otra vez, con Gente de Zona y Descemer. Probablemente no te haya dicho esto, pero en 2014 yo estaba musicalmente en un punto en el que estaba un poco... no sé si la palabra es "saturado", pero no estaba tan emocionado en lo que respecta a la música. Y recuerdo que "Bailando" me hizo sentir exactamente igual que cuando saqué mi primer álbum. Me emocionó. Me afectó, no solo musicalmente, sino en la manera en que me sentía. Recuerdo que pensé: "A la mierda, esta es la razón por la que comencé todo esto, y la razón por la que he estado en ello por un montón de años". Es difícil describirlo.

Descemer Bueno

El video era del director Alejandro Pérez, que era la persona en la que yo confiaba para entregar un trabajo de calidad a Enrique. La coreografía es de la compañía de Lizt Alfonso, la más importante maestra de flamenco en Cuba. Ellos tuvieron mucho que ver en el éxito de la canción. Ese día, la bailarina estaba castigada por estar pasada de peso, y en una de las andanzas del director, que se fija en todo, se encuentra con una chica aislada y le pregunta: "¿Porqué estas aquí solita?". Y ella le dice: "Estoy castigada porque estoy gorda". Y él pidió que le quitaran el castigo para hacerle las pruebas de fotografía. Le añadieron la historia de Enrique con la chica, que también le dio una fuerza muy grande. Hubo una química para poder hacer esta interacción, porque él no es fácil para estas cosas. Para todo él es muy quisquilloso.

Enrique Iglesias

Simplemente me hizo sentir extremadamente feliz. Recuerdo el encuentro con Republic Records. Habíamos sacado un sencillo al que no le había ido tan bien, y Monte Lipman y Charlie Walk vienen y me dicen: "Bueno, sacamos un sencillo, y no le ha ido muy bien. ¿Qué más tienes para nosotros?". Esto fue entre bambalinas en el Madison Square Garden. Recuerdo que le dije a Monty: "Está esta canción en español que yo siento que pudiera ser la mejor canción que he hecho jamás en español". Y él dijo: "Tócala". Después de escucharla, me dice: "Traduce esa mierda".

Y yo pensé: "¿Cómo coño voy a hacer eso?". Había hecho traducciones antes, pero yo sabía que esta era una traducción que podría hacerla triunfar o joderla en el mercado anglo. No soy bueno con las traducciones, porque creo que si una canción se escribe en español, debe ser en español, y si se escribe en inglés, debe ser en inglés. Entonces pienso para mis adentros: "Cállate de una vez. No hay reglas". Así que traduje la canción y escribí las letras en inglés. Un mes después de tener a Monte y a Charlie encima, llamo a Sean Paul, que sabía que lo entendería. Él es bueno para agregarle elementos a canciones que tal vez no estaban en inglés, pero él las hizo sonar bien.

Randy Malcom

En Cuba nadie tuvo problema. Al contrario. Fue una revolución mundial. Para nosotros, pisar la plataforma de los *Billboard*, siendo cubanos, viviendo en la isla, fue increíble, algo que nadie pensó iba a pasar en muchos años. Y en los ensayos de *Billboard*, estábamos ensayando y el presentador dice: "Enrique Iglesias, con la canción 'Bailando'". Y Enrique para el ensayo, y dice: "No, la canción no es mía sola. Necesito que presenten a Enrique Iglesias, Gente de Zona y Descemer Bueno". Nos dio el respeto que no nos dieron. Puso las cartas sobre la mesa y las cosas como son. Es la canción que nos cambió la vida completamente.

Descemer Bueno

La canción salió el 16 de abril. En algún momento voy a empezar a celebrar el cumpleaños de "Bailando". Es como si fuera mi cumpleaños. Sin "Bailando", no hubiera habido un "Despacito". Es una canción que se ha convertido en un punto de referencia. Hubo muchas canciones que se parecían, con la misma armonía, con un ritmo parecido, con muchos toques rítmicos parecidos. Y, verdaderamente, creo que fue una fórmula ganadora. Nunca va a dejar de tocarse esa canción.

Tampoco inventamos nada. Dimos con una armonía que no es de nadie, que tal vez hasta ese momento no era la que se perseguía.

Enrique Iglesias

No me percaté de todo el impacto hasta meses después. Un amigo mío me manda una canción de Nicky Jam titulada "El perdón". Pienso: "Mierda, esto es muy bueno". Y me doy cuenta de que está usando un montón de las progresiones armónicas de "Bailando". Pensé que era una genialidad en el sentido de que podías darte cuenta de que estaba inspirada en ella; pero pensé que tenía que ir a preguntarle en persona. Y, cuando me encuentro con él, le digo: "¿Cómo se te ocurrió 'El perdón?'. Él me dice honestamente: "Estaba escuchando 'Bailando', y de pronto me salió 'El perdón'".

Creo que veo a "Bailando" abriendo más puertas a otras colaboraciones. Déjame ponerlo de este modo: si no tuviera "Bailando", "El perdón" no habría caído en mis manos. Si no fuera
por "Bailando", el género no habría ido a donde fue.

"Bailando" me hizo amar la música de nuevo. Me motivó a
regresar al estudio y a no olvidar lo que me llevó allí. Se trata de
la canción, no de ti. Realmente se trata de la canción.

"Despacito"

Luis Fonsi con Daddy Yankee y Justin Bieber
2017

CRÉDITOS

Luis Fonsi: Artista, compositor

Daddy Yankee: Artista, compositor

Erika Ender: Compositora

Mauricio Rengifo: Productor

Andrés Torres: Productor

Carlos Pérez: Director del video

Scooter Braun: Representante de Justin Bieber

Jesús López: Presidente de Universal Music América Latina/Península Ibérica

Juan Felipe Samper: Tutor de español de Bieber

Monte Lipman: Presidente de Republic Records

Los movimientos nunca son producto de una sola acción. Sin embargo, muchos de los acontecimientos recientes en la música latina llevan el sello de "antes" o "después" de "Despacito".

En el verano de 2017, una canción gigante reinó en el No. 1 del Hot 100 de *Billboard* por unas sorprendentes 16 semanas, empatando el récord de mayor cantidad de semanas en el No. 1 de "One Sweet Day", de Mariah Carey y Boyz II Men (este récord fue roto en 2018 por Lil Nas X con "Old Town Road").

"Despacito" se convertiría en la canción más escuchada en el planeta, y el video original (nunca se filmó uno con Bieber) se convertiría en el más visto jamás en YouTube. Más importante aún es que abrió las puertas para una oleada de canciones en español y con ritmos latinos que permearon no solamente las listas de *Billboard*, sino la conciencia del mundo entero. Hoy en día ya no se habla del próximo "Despacito", sino de un movimiento musical latino en desarrollo.

A pesar de que "Despacito" pareciera un fenómeno de causa y efecto, la canción y su impacto —después de todo, este libro está inspirado en ella— fueron el resultado de una larga cocción que tomó años de procesos musicales y culturales. Para cuando salió "Despacito", la popularidad global de la música latina en general, y el reggaetón en particular, se había demostrado una y otra vez. Pero "Despacito", innegablemente una muy buena canción pop, también apareció en un momento en el que los servicios de *streaming* habían realmente madurado. Por primera vez, tal vez en la historia, el consumo de música latina podía ser medido con verdadera precisión, y el mundo pudo ver el ascenso de una canción en español a través de las listas de YouTube y Spotify.

El éxito de la música latina ya no era algo anecdótico. Era real.

Lanzada el 13 de enero, "Despacito" fue grabada originalmente por el baladista puertorriqueño Luis Fonsi, con la estrella del reggaetón Daddy Yankee como invitado, producida por Mauricio Rengifo y Andrés Torres, dos productores colombianos bilingües. La canción debutó en el No. 2 del listado Hot Latin Songs de *Billboard* el 3 de febrero, y alcanzó el No. 1 apenas tres semanas después de su lanzamiento. Pronto se elevó al No. 3 en la lista global de Spotify, algo sin precedentes para una canción en español, y el video ascendió al No. 1 en las listas globales de música de YouTube, sobrepasando a Ed Sheeran. Sin embargo, para abril, tres meses después de su lanzamiento, el tema solo había alcanzado el No. 48 en el Hot 100. Entonces apareció el remix de Bieber. En una semana, "Despacito" saltó al No. 9, luego al No. 4, al No. 3 y, en la lista del 24 de mayo, al No. 1.

Vale la pena recordar que EE.UU. necesitó de la interpretación de Bieber para realmente fijarse en "Despacito", cuando el resto del mundo ya había devorado la canción en su versión en español. Esto resaltó la diferencia entre países no latinos como Estados Unidos e Inglaterra, en los que escuchar una canción en español en la radio era aún cosa rara, y el mercado global de *streaming*, en el cual la música latina ya era considerada *mainstream*.

"Despacito" abrió de par en par las puertas de la posibilidad. Si "Livin' la vida loca" había sido la punta del iceberg de la "explosión latina" de 1999, "Despacito" fue la catalizadora de una nueva versión que no dependía del inglés para hacer el *crossover*.

"Dos años y medio después, lo que realmente me impresiona es el hecho de que abriera una puerta enorme para que el mundo no latino vibrara con la música latina", dice Fonsi hoy. "Fue la punta de lanza de un movimiento latino global. Quiero hacer énfasis en que con ello no quiero decir que fuera todo gracias a mí o a la canción; fue la suma de muchas canciones y de muchos artistas. Pero la canción definitivamente abrió la puerta".

Luis Fonsi

[El día en que la escribí], me levanté con "Des-pa-ci-to" en la cabeza. Estaba tan alto y claro que tuve que investigar a ver si esta era una canción que ya existía y que tal vez había oído antes. Entonces fui corriendo al estudio que tengo en casa, encendí los equipos, agarré la guitarra y empecé a grabar. Quería asegurarme de que no se me fuera a olvidar, porque sentí que había algo interesante en su simpleza. Tenía la idea principal del coro completa antes del café de la mañana. Esa tarde tenía una sesión programada con mi querida amiga Erika Ender para sentarnos a escribir. En cuanto ella entró por la puerta, le canté la idea del coro y ella la captó enseguida.

Erika Ender

Llegué a su casa, en Miami, tipo 2 de la tarde, nos pusimos al día con los bochinches, nos tomamos un cafecito y luego pasamos a su estudio. Él me dice: "Desde la mañana tengo la idea de hacer una canción que se llame 'Despacito', y me canta la primera línea. Entonces me canta la segunda línea, diciendo: "Vamos a hacerlo en una playa en Puerto Rico". Y yo le digo: "Hasta que las olas griten: 'Ay, bendito'". [Se ríe].

A partir de ahí empezamos a construir la canción desde arriba, moviendo la línea de "Puerto Rico", para que no sonara tan regional, y creando una historia. Estábamos haciéndolo con él en la guitarra, buscándole melodías a la canción. De hecho, tengo la sesión grabada. Siempre que uno tiene una sesión, uno va grabando; por lo menos esa es mi técnica. Me gusta ir al tope para crear una historia. También era para sacarlo [a Fonsi] de su zona de confort; porque la gente lo conoce como un baladista, pero él es un artista súper versátil, y es totalmente creíble. Baila, canta, compone.

Luis Fonsi

[Terminó siendo] una de las primeras canciones del álbum. Hice un demo con la guitarra. Entonces entró Erica y escribimos la canción. Escribí el coro, hice el demo de arriba abajo, y seguí trabajando en el álbum con este experimento llamado "Despacito", que me guardé bajo la manga, y me decía: "Tengo esta canción, pero siento como que le falta algo. No sé si dejarla así como cumbia pop, o meterle un *beat*". [En ese momento] todavía como que el álbum no tenía identidad. De hecho, tenemos una versión más pop.

Erika Ender

Una canción tiene que ser un matrimonio entre letra y música, y tiene que tener una historia fácil de entender para enganchar al oyente. Algo que los hiciera decir: "Esa canción es para mí", o "Esto es algo que puedo dedicarle a alguien". Eso fue lo que hicimos [con "Despacito"], buscar una historia que pudiera tener a la mujer en el lugar que se merece.

En la letra yo estaba tratando de plasmar el modo en que a mí, como mujer, me gustaría que me trataran; porque a las mujeres nos gusta que nos traten despacito, que nos conquisten despacito. Vivimos en una época de inmediatez, donde el sexo va por delante, y la mujer está siendo tratada como un objeto. Entonces era un poquito invitar a la gente a vivir la vida más despacio, a que la mujer sea conquistada de otra manera. Yo no tengo problemas con ningún tipo de género musical; tengo problemas con los mensajes que no son positivos para la humanidad. Estábamos realmente emocionados mientras escribíamos. Tanto, que lo posteé en Facebook Live y dije: "¡Tenemos un *hit*!".

Luis Fonsi

Le doy muchísimo crédito a Andrés y a Mauricio. Yo conocí a Andrés hace mil años. Yo solía contratarlo para hacer los demos para mí en Los Ángeles [donde radican Rengifo y López] cuando escribía con [la compositora] Claudia Brant. Mientras Claudia y yo escribíamos, él se sentaba ahí y hacía los *tracks*. Luego empezamos a escribir juntos. Después le dije: "Andrés, ¿por qué no nos sentamos a escribir? Hazme *tracks* desde cero, yo hago las melodías y las letras". Eso funcionó hasta que le dije: "Loco, quiero que produzcas algunas de las canciones del disco". Y él me dijo: "Yo tengo un socio, Mauricio". Así que vinieron a mi casa en Miami, y se quedaron por 10 días, y el último día les dije: "Chicos, escuchen esto"; y les puse el tema con mi voz. Telepáticamente —porque los dos se comunican sin hablar—, dijeron: "Loco, eso es reggaetón". Y se pusieron a editar y ya. Yo te diría que el 90% del *track* que escuchas hoy en día se hizo en mi casa en dos horas.

Mauricio Rengifo

Cuando Fonsi nos la tocó, no tenía reggaetón como tal, y eso es gran parte de lo que hace tan digerible la canción. Pero sí tenía el "Despacito", que es un golazo y una idea brutal. Conforme íbamos trabajando la canción, nos íbamos encontrando los tres.

La canción se demoró bastante, no tanto por lo que pasamos en el estudio, sino por la parte burocrática, que si la canción se hizo, que si no se hizo. Mucho ensayo y error. Pero esa es una de las virtudes que tiene la canción, que tuvimos mucho tiempo para depurarla.

Luis Fonsi

Después, ya empezamos a depurarla. Qué le podemos añadir para que tenga ese sabor a Puerto Rico. Y ¿qué instrumento más puertorriqueño que el cuatro? Llamamos a Cristian Nieves, un cuatrista muy conocido en la isla. Yo lo conocí porque Tommy Torres lo usó mucho. Sabe unir un instrumento muy tradicional dentro de canciones pop. Le pedí que le añadiera el cuatro a la canción, y como dos días después me envía una referencia [grabada en su estudio en Puerto Rico]. Ya los muchachos [Andrés y Mauricio] habían regresado a Los Ángeles. Y ya cuando lo armamos sobre el *track*, hay una línea del cuatro en el coro que para mí fue lo que le dio sentido a todo; es la estrella del *show*.

Hubo varios momentos clave: El día en que escribí la canción con Erika; el día en que trabajé con Andrés y Mauricio, [cuando nos dimos cuenta de] que no era como nada que estaba sonando en la radio; cuando añadimos el cuatro. Después de esto, yo mezclé la canción. Y ahí es que digo: "Uf, necesito un *feature*". Necesitaba ese momento de explosión en el segundo verso.

Mauricio Rengifo

Inicialmente, Fonsi le había pedido a Nicky Jam que la grabara con él, y este lo hizo; pero tenía un conflicto de intereses con el lanzamiento de su propio álbum, así que Nicky le sugirió a Fonsi que llamara a Daddy Yankee.

Daddy Yankee

Fonsi me envía un email, diciendo: "Oye, tengo esta canción loca". Obviamente él es el creador y el autor principal, pero a la canción le faltaba algo. Fui al estudio, e hice lo mío: el verso y el *pre-hook*, "Pasito a pasito", esa fue mi creación. El final de la canción también era muy diferente. Le dije a Fonsi que hacía falta repetir "Pasito a pasito" después del puente. Él me dio mucha libertad.

Luis Fonsi

Cuando entró Yankee, fuimos al estudio [Criteria, un muy conocido estudio de grabación], ya en Miami. Yo estuve todo el tiempo allí mientras trabajábamos. Él escribió [su parte] en el momento. Obviamente, yo le había enviado [la canción], pero ahí mismito él fue creando, y se grabó. De Criteria nos fuimos a mi casa, a editar la voz de Yankee y a ponerlo en la sesión, y ahí fue el último momento clave, ahí fue cuando dije: "¡Wow!". Yankee le dio esa energía. Yo no tengo eso en la voz. Yankee es un tipo con mucha energía. Tiene esa habilidad de sacarte de la silla. Con mi aporte, que es mas melódico, es la combinación ganadora.

Mauricio Rengifo

La canción tomó forma al 100% el día que Yankee grabó. Eran las dos de la mañana cuando fuimos a la casa de Fonsi. Y cuando oímos el *track* la millonésima vez, sentimos musicalmente que la canción por fin estaba.

Erika Ender

Me encanta lo que adicionó Yankee. [La canción] pasó por varios arreglos musicales, y en eso Fonsi tiene absolutamente el crédito, porque se metió al estudio con los productores y no salió hasta que tuvo el arreglo que él quería.

En ese momento los planetas se alinearon, el momento fue el correcto y todo cayó en su lugar. Son fichas de ajedrez colocadas por el mismo universo. Ninguno de nosotros se imaginó que esto iba a tener esta trascendencia. Sabíamos que teníamos un éxito, pero no teníamos noción de que [iba a ser] tan rápido.

Luis Fonsi

El video es exactamente lo que quise proyectar el día que agarré la guitarra con la idea original: esa idea original de hacer una canción que tuviera una esencia latina, que te diera ganas de bailar, que representara la manera en que recuerdo a mi Puerto Rico, donde me crie. Para mí, ese es el video, y así lo trabajamos desde el primer día.

Llamé a Carlos Pérez, que es mi amigo, y le dije: "Esto es lo que quiero: un video que no sea un cliché. Nada de piñas coladas. Quiero que sea un Puerto Rico mas crudo". Y ahí entre los dos empezamos a crear.

Carlos Pérez

Un día él me llama, y dice: "Tengo una canción que va a ser mi próximo sencillo, y quiero que hagas el video. Es algo muy puertorriqueño, y quiero trabajar con un director puertorriqueño. Quiero que sea auténtico. Es con Nicky Jam, y tiene un *beat* urbano. Te voy a mandar el demo, óyelo y me llamas". El desafío mayor era hacer un video para Luis Fonsi con un tema urbano que fuera creíble. Tuve un bloqueo de escritor.

[Finalmente] escribí el primer tratamiento de "Despacito". Sabía que era un poquito en exteriores. Creo que era como una película. La chica era una bailarina o una *bartender*, y los dos están intentando enamorarla, y al final creo que se va con otra chica.

Fonsi lo lee, y me llama y dice: "Te lo agradezco, pero estás pensando demasiado. Quiero Puerto Rico, quiero colores brillantes, quiero una chica sensual, quiero baile, quiero barrio". Entonces, mientras estaba en el proceso de escribir el segundo tratamiento, me llama y dice que Nicky Jam no podía hacerlo porque salía su propio sencillo.

Una semana más tarde, me manda el demo con Daddy Yankee. La nueva versión, con la parte de "pasito a pasito", te mete en una fiesta, cosa que no tenía la original. Creo que fue la creatividad que Yankee trajo a la fiesta. Le digo a Fonsi: "Bueno, tenías una canción buena. Ahora tienes una canción cabronamente buena".

Universal obviamente la apoyó, y a Fonsi le hacía falta eso. Él era una estrella pop de Universal que había estado un poco pasivo. Todo el mundo era consciente de la importancia del tema.

Luis Fonsi

Nos fuimos a La Perla [un barrio costero de San Juan, Puerto Rico, conocido por sus casas coloridas]. Teníamos el elemento del baile. No queríamos una coreografía que fuera "Fonsi y sus *dancers*". Queríamos que fuera como *Dirty Dancing*, pero a lo latino. Esa manera de bailar que no es cursi, sino como cuando uno entra a esos bares chiquitos en Puerto Rico y Nueva York, y [la gente] empieza a bailar.

Todo fue fríamente calculado. Después vino la modelo. Yo no quería cualquier modelo; tenía que ser LA modelo. No es un video exótico de mucho beso y mucha pasión. Hay mucho coqueteo, pero nunca hay un beso. Te repito que todo eso está fríamente calculado. Llamo a Zuleyka [Rivera, antigua Miss Puerto Rico y Miss Universo]. Me llama y me dice: "Amo la canción".

Todo cayó en su lugar. Hasta ese fulanito que dice: "¡*Way*!". Yo llamé a mis percusionistas para que fueran extras en el set, y entre las congas empezamos con ese relajo. Le dije a Carlos: "Abre el micrófono. Vamos a grabar esto". Y lo grabamos, y terminó siendo parte del video. Hicimos una fiesta, aunque no suene en la grabación de la canción.

Carlos Pérez

Había dos cosas de las cuales estaba convencido desde el principio. Una era que necesitábamos filmar en La Perla, para lograr lo que Fonsi y Yankee querían. Y, cuando lo escribí, sentí que Zuleyka era la persona indicada. Estaba convencido de que ella era la que podía hacerlo, porque ella es obviamente bella, pero también yo sabía que ella había sido bailarina. No hay nada más peligroso que filmar con una modelo que no sabe bailar.

El factor único de esta filmación, comparada con cualquier otra [de las que he hecho], es que la vibra de la canción se les pegó a los actores, al equipo, a los que pasaban por ahí. Todo el mundo estaba involucrado. Nunca antes había sentido eso en una filmación. Lo que se ve en el video es exactamente lo que se sentía allí.

No es mi video más artístico, pero es el más honesto de los que he hecho en lo que respecta a la canción.

Jesús López

Quería que fueran el primer video y sencillo lanzados en 2017, y presioné al equipo para tener todo listo antes de las vacaciones de Navidad. Nadie podría haber predicho lo que sucedió. La radio realmente no esperaba un tema de Luis Fonsi. La contribución de Yankee fue crucial para que la canción se expandiera artísticamente, y luego, tanto el video como las redes sociales fueron elementos clave para garantizar el despegue que aceleró la respuesta de los medios tradicionales, la radio, la televisión y la prensa.

Luis Fonsi

Probablemente como un mes después del lanzamiento, me di cuenta de que esto iba a cambiar mi vida. La respuesta fue instantánea. Ahora estaba haciendo promoción en mercados donde mi música nunca antes se había puesto, lugares donde en general la música latina rara vez se escucha.

Jesús López

Para fines de enero, estábamos viendo números que nunca antes habíamos visto. Siempre habíamos tenido un remix en mente, pero nuestro primer intento de encontrar un artista anglosajón fue fallido, hasta que Justin Bieber escuchó la canción en un club en Bogotá [Colombia]. En ese momento supe que la última y más difícil barrera se iba a desmoronar. Al fin teníamos la oportunidad de ser el No. 1 en EE.UU. y el Reino Unido, y supe que eso desataría un efecto dominó a escala global.

Scooter Braun

"Despacito" ya era una gran canción en el mundo latino cuando Justin se sumó; entonces se volvió una locura. Me sentía frustrado escuchando en las noticias al presidente de Estados Unidos hablar de los mexicanos y los latinos de la manera en que lo hacía. Me ofrecieron hacer el remix de "Despacito" con uno de mis clientes, pero el cliente no quiso hacerlo, de modo que dije: "Justin, ¿por qué no te sumas a esto?". Él estaba en Bogotá, y escuchó "Despacito" en un club y dijo: "Hombre, las chicas se volvieron locas. ¿Debería hacer esto?". Y yo le dije: "Sí. Pero, si lo haces, tienes que hacerlo en español". Y él dijo: "Pero yo no hablo español". Y yo le dije: "Sí, pero puedes imitar cualquier cosa. Y pienso que es importante que la gente te escuche cantando en español, se van a volver locos". Dijo que lo haría, y yo mandé a un ingeniero [de sonido] allá [a Colombia] para grabar.

Juan Felipe Samper

Bieber iba a tocar en Bogotá, y me llamaron para pedirme que me reuniera con su equipo, porque necesitaban un traductor. No dijeron qué era lo que querían que tradujera. Me reuní con ellos en el hotel W, y me dijeron que fuera a un estudio de grabación al día siguiente, y que allí solo estaríamos dos personas: el ingeniero de sonido y yo. Estaban mandando al ingeniero de Justin desde Nueva York. Me dijeron que fuera y esperara allí alrededor de las 2 p.m.

Recibí un mensaje diciendo que Justin estaba en camino. Él llegó con dos amigos, y me dijo: "¿Has oído hablar de una canción llamada 'Despacito'? Esto es lo que vamos a hacer: Poo Bear (productor y compositor) me va a mandar la letra de la canción en español, y necesito que seas mi tutor y te asegures de que mi español es correcto".

Fue algo emocionante y estresante a la vez. Había sido tutor antes, pero nunca en otro idioma. Lo primero que se me ocurrió fue algo que había hecho con [el compositor] Jorge Luis Piloto, quien tradujo canciones para Mariah Carey: él escribía las canciones fonéticamente en inglés, de modo que ella simplemente podía leerlas en su propio idioma. Así que lo escribí, y dije: "Lee esto: Des-pah-zee-toh".

Trabajamos en la pronunciación por alrededor de media hora, y luego comenzamos a grabar. Cuando terminó, salió de la cabina, me dio un abrazo y me dijo que le había encantado la manera en que habíamos trabajado. Fue una experiencia increíble, como si Michael Jackson me hubiera invitado a grabar "Thriller".

Luis Fonsi

Pasaron cuatro días desde que él la escuchó hasta que salió. Lo que mucha gente no sabe es que hay una versión de la canción completamente en inglés; pero él dijo que quería hacer su propia versión.

[Él] le añadió un nivel extra a la canción. A veces escuchas un remix, y es diferente, o vas al original. Él fue muy inteligente al hacer que la canción comenzara con su voz, porque el oyente promedio no sabe quiénes son Daddy Yankee o Luis Fonsi. Eso fue muy inteligente.

Juan Felipe Samper

Cuando profundizamos en los detalles, las palabras más difíciles fueron "pasito a pasito". Para nosotros es fácil, pero ellos [los no hispano-hablantes] pasan trabajo distinguiendo la "a" entre ambas palabras. Y "Para que te acuerdes" fue lo más difícil, porque él no podía escuchar el comienzo de "acuerdes".

Monte Lipman

Tenemos una relación muy cercana y desde hace mucho tiempo con Jesús y su equipo. Cuando "Despacito" salió, supimos que había oportunidad de hacer el *crossover*, y sabíamos que para ello era necesario un remix, para ir a las emisoras en inglés.

Scooter Braun me llamó un martes, y me dijo: "Esta canción de la que me hablaste, a Bieber le encanta, pero el problema es que quiere que salga en 48 horas". Estamos hablando de grabar, hacer la mezcla, masterizar. Tuvimos que mandar a alguien a Suramérica ese día para grabar la voz.

Si hubiéramos intentado hacer el *crossover* de la versión original, habríamos tenido cierto nivel de éxito, pero cuando sumas a alguien como Justin Bieber, estás creando un suceso. Según la reacción inmediata del mercado, cualquier cosa que no fuese un No. 1 era inaceptable. Del modo en que lo vimos, era el universo hablándonos. Lo que Fonsi y Yankee hicieron fue excepcional. Bieber fue la salsa picante extra, y eliminó cualquier excusa de que no podían poner la canción.

Scooter Braun

Cuando mandé la grabación a la radio, hubo programadores americanos que me llamaron y me dijeron: "Tiene mucho español". Se supone que sea un *crossover*.

Mike Chester era mi director de radio en esa época. Le dije: "Mike, diles que la pongan por dos semanas. Si en dos semanas no funciona, regresaremos al estudio y le pondremos más inglés". Obviamente, la pusieron durante dos semanas y se montó en el No. 1 por 16 semanas seguidas. No esperaba que ocurriera eso. Quería que fuera el No. 1 por una semana; y estuvo en el No. 1 durante todo el verano, el primer verano de Trump en la presidencia.

Mauricio Rengifo

El gran éxito que tiene la entrada de Justin, más allá del mercadeo, es que él, como compositor e intérprete, abordó la canción de una manera completamente distinta al reggaetón o a la música latina. Su primer verso fue completamente distinto a lo que haría cualquier latino. Para todos fue muy impresionante y muy *cool* ver su voz haciendo lo que él hace. Su acercamiento de melodías y canciones americanas le funcionó muy bien a una pista que no estaba concebida para el mercado latino.

Andrés Torres

[En respuesta a las críticas que recibió Bieber por cantar en español] El hecho es que Justin Bieber está cantando una canción en español, y la canción está en el No. 1.

Mauricio Rengifo

El hecho de que él haya hecho el esfuerzo de cantar la canción en español es un signo de respeto hacia nuestra cultura y nuestro idioma. Si no le importara, no la hubiera hecho en español; o hubiera dicho "Despaciro". Pero él respeta tanto el español que lo hizo en español, y eso es vital.

Erika Ender

Creo que fue una gran canción, con un buen arreglo, en un momento en el que los latinos estábamos haciendo ruido con un género como el reggaetón, que ya no es reggaetón solo, es pop fusión. La gente está regresando a ese rollo de bailar y sentir el ritmo, pero también se necesita un mensaje. Y creo que "Despacito" tiene un mensaje. A pesar de que su tono es sensual o sexual, creo que la forma en que lleva el mensaje hace toda la diferencia. Se unió el momento con una buena canción, con el hecho que Bieber se montara en la ola y nos abriera más puertas.

Creo que estamos en ese momento donde lo latino dejó de ser [simplemente] latino y comenzó a ser *cool*.

Luis Fonsi

Es una canción que he cantado en todos los continentes del planeta, en lugares donde culturalmente hay mucha diferencia: el Medio Oriente, Asia, Rusia, lugares muy alejados de nuestra manera de vestir, de bailar, de sentir, de movernos, de sentirnos. Sin embargo, la canción logró traspasar todo.

Ahora [una canción como] "Despacito" es normal, pero si me preguntas hace cuatro años, cuando estaba mezclando esa cumbia con una guitarra, con un cuatro puertorriqueño que se usa para la música navideña tradicional... Mezclar un artista pop con el Rey del Reggaetón, meter después un remix con Justin Bieber, ahora es muy normal, pero en ese entonces no lo era.

"Mi gente"

J Balvin y Willy William
2017

CRÉDITOS

J Balvin: Artista

Willy William: Artista

Fabio Acosta: Representante de Balvin

Jesús López: Presidente de Universal Music América Latina/Península Ibérica

Anthony Belolo: Presidente de Scorpio Music

Harold Jiménez: Cofundador de 36 Grados

Rebeca León: Ex representante de Balvin

Jean Rodríguez: Tutor de dicción

2017 fue el año de la nueva explosión latina. Todo comenzó, por supuesto, con "Despacito", un éxito tan grande, tan repentino y tan inesperado que al principio parecía un golpe de suerte. Pero entonces llegó "Mi gente". La reinterpretación de J Balvin de "Voodoo Song", del DJ francés Willy William, lanzada en abril, tenía todos los rasgos de un *hit* global, desde su concepción como canción que aunaba influencias y raíces globales hasta su provocativa ejecución.

"Mi gente" ascendió rápidamente en las listas, y para el 1o de agosto se había convertido en la primera canción en español de la historia en alcanzar el No. 1 de la lista global de Spotify. Para Balvin, la estrella colombiana que había reinventado la música urbana con una estética global y distintiva, era una confirmación. Apenas un año antes él había predicho que los artistas latinos no necesitarían hacer más *crossover* cantando en inglés para alcanzar el No. 1 global.

Sin embargo, "Mi gente" tenía otras cumbres que alcanzar. El 28 de septiembre Beyoncé posteó en su Instagram un fragmento de video con un pie de foto más bien críptico: "Voy a donar las ganancias de esta canción a las ayudas a los damnificados por el huracán en México, Puerto Rico y otras islas caribeñas afectadas". Al día siguiente, más de 5 millones de usuarios que hicieron clic en el enlace escucharon a su reina cantar en español, en un remix de "Mi Gente".

La canción nunca llegó al No. 1 de la lista Hot 100, como lo hizo su parienta "Despacito". Pero en octubre el remix con Beyoncé alcanzó el No. 3 en dicha lista, mientras que "Despacito", con Justin Bieber, se quedó en el No. 9. Era la primera vez en la historia que dos canciones mayormente en español habían llegado simultáneamente al top 10. Incluso en 1999, en la cúspide de la explosión latina, Ricky Martin, Enrique Iglesias y Jennifer Lopez solo compartieron puestos en el top 10 con sus versiones en inglés.

El éxito de "Despacito" y "Mi gente" marcó un tipo diferente de explosión latina, una que enfatizaba un cambio demográfico, y el apetito global por los ritmos latinos, por primera vez fácilmente consumibles gracias a los servicios de *streaming* a nivel mundial.

Beyoncé invitaría luego a Balvin a tocar con ella en Coachella, sentando las bases para la presentación del colombiano al año siguiente, cuando por primera vez un artista latino encabezó el evento. Al año siguiente, la misión de Balvin de llevar al mundo la música en español continuó su progreso, con su actuación en el *show* de medio tiempo del Super Bowl.

Willy William

Comencé a escribir esta canción alrededor de octubre de 2016. Estaba trabajando en otros proyectos y, al igual que hacen muchos artistas, buscando sonidos, patrones para baterías, para un *hook*. En el proceso, me empecé a interesar por los sintetizadores y los *loops*, y encontré este sonido [el *hook* instrumental que sirve de introducción a "Mi gente"]. Era especial. Sonaba realmente bien.

La cosa es que estaba trabajando en varios proyectos con diferentes tempos y elementos, pero renuncié al proyecto en el que estaba trabajando para enfocarme en este *hook*, añadiéndole mi voz. Me pasé una hora en eso, y finalmente se convirtió en el *hook* de "Voodoo Song". Le añadí la percusión, algunas baterías, y luego de quizás tres horas tenía delante la versión instrumental de "Voodoo Song", sin la voz. No la toqué después de eso. Simplemente le añadí la melodía. Y la cosa es que cuando terminé el instrumental de "Voodoo Song", toda la parte de la voz salió muy rápido. Estaba realmente inspirado por ese *hook*, por el instrumental.

Antes de "Voodoo Song" y "Mi gente" estaba trabajando en cosas marginales. Me tomó tiempo darme cuenta de que era algo bueno, porque estaba enfocado en cosas diferentes, pero cuando se la mandé a un par de amigos cercanos, me dijeron: "Tienes algo realmente loco aquí".

Entonces hicimos el video de la gallina bailando. Yo estaba en Miami por otros asuntos, y perdí el vuelo, de modo que me tuve que quedar en el hotel, y decidí poner 15 minutos de "Voodoo Song" en el video de una gallina perreando que encontré en un link. Lo edité, lo posteé en redes sociales, y 48 horas más tarde, cuando estaba en el vuelo de regreso a Francia, todo se volvió súper viral. Conseguí entre 40 y 50 millones de vistas en Facebook antes de que lo bloquearan porque mostraba a un animal perreando. Esto fue meses antes del lanzamiento oficial de la canción.

Anthony Belolo

La canción ya era grande en Francia, y con Willy teníamos el sueño de hacer una colaboración con un artista latino. Escuchamos "Ginza", de J Balvin, y pensamos en él para hacer una versión latina de nuestra canción. Contactamos a Fabio [Acosta, correpresentante de Balvin], y él contestó inmediatamente y todo fue súper rápido.

Fabio Acosta

Estábamos en París. Él como que me dijo: "Consigámonos al artista más pegado aquí en Francia". Fue cuando fuimos a un evento de Chanel... creo que en diciembre de 2016. Y eso quedó ahí. Y un día estábamos en Nueva York, en una camioneta, yendo a algún lado, y él me dice: "Oye esta canción". Me la pone, y le digo: "*Wow*, el tema es buenísimo. Es un palo". Y me dice: "Este tema lo hace un francés que se llama Willy William. Ya lo llamé, y lo vamos a grabar". José es así con todo lo relacionado con la música. Él es su mismo A&R.

J Balvin

Mohombi [un cantante y DJ sueco-congoleño] me envió la canción original de Willy William en francés. Yo estaba en casa cuando la escuché. El *beat* fue lo que me hizo decir: "Esto es un súper *hit*". Y ahí fue que me tomé el atrevimiento de hacerle un nuevo coro, hacer un verso, y creía ciegamente que iba a ser un éxito mundial. Y dije: "Hagámosla, pero déjame hacer el coro, déjame escribir en español y déjame escribirte el verso en español, porque creo que la canción tiene todo para ser un gran éxito". Ya había salido la canción en francés, y Willy estaba un poco dubitativo en lo referente a la versión que yo le daba, que no era un remix, sino una versión propiamente.

Willy William

Mi equipo de Scorpio comenzó las negociaciones, y Balvin y yo nos conectamos por Instagram. Todo fue muy natural. Él me escribió algo, y yo me di cuenta de que era Balvin escribiéndome en Instagram. Pensé que tal vez no fuera el verdadero Balvin. Contesté, pero no estaba realmente convencido. Pensé: "Okay, estoy hablando con J Balvin. Qué loco". Pero al mismo tiempo mi gente de Scorpio estaban en medio de sus conversaciones aburridas.

Jesús López

Llegamos a un acuerdo con Scorpio, e hicimos un negocio muy bueno para nosotros, y nos quedamos con el control de la canción. Pensamos que iba a ser un *hit* enorme.

Fabio Acosta

José descubrió el *track*, y lo que siguió después fue que se invitó a Willy William a Miami a grabar y a hacer el video. Él venía con la idea de grabar en inglés o en francés, y José le dijo: "No, no, no, vamos a romper esto en español". Y la parte de Willy William es totalmente en español.

Esa letra la escribieron entre ellos esa noche en Miami, y se grabó la canción en un estudio del Doral que pertenece al padre de[l cantante] Tomás the Latin Boy. Era como la 1 a.m.

J Balvin

"Mi gente" es realmente una canción de amor. Trata sobre no discriminar a mi gente. Grabamos el verso de Willy William en Miami, y al día siguiente filmamos el video. Él todavía dudaba un poco, pero le dijimos que confiara, que yo sabía lo que hacía. Pero él dudaba; pensaba que su versión iba a ser un *hit*, lo cual yo respeto; pero íbamos a ganar de un modo o de otro. Si esta no funcionaba, su versión lo haría. Finalmente él creyó, y siguió completamente mi dirección.

Tengo esa certeza y esa fe. Esa intuición que no me falla, que es un regalo que creo que me dan el universo y Dios. Y el resto es historia. La canción se volvió el himno del planeta, de los DJs, de las discotecas. Es una canción que es de mucha inclusión, es para todo el mundo. Para mi gente. Todas las razas, todos los colores, todos los géneros sexuales. Es una canción incluyente al 2,000 por ciento. Un himno a la tolerancia.

Rebeca León

Él lo grabó en español. Tenía una visión: "Voy a tomar esta canción, y quiero hacerla en español. Va a ser algo enorme". Estaba muy claro. Lo sabía.

Willy William

Finalizamos el paquete en 48 horas, un día en el estudio y un día filmando el video. Era mi primera experiencia haciendo las cosas de este modo. Era mi primera gran experiencia internacional y mi primera gran colaboración. Desde entonces he aprendido mucho, y sigo aprendiendo.

Balvin y yo nos conocimos al encontrarnos en el estudio, pero se sentía como si lo hubiera visto el día anterior. Pasamos quizás una hora hablando de todo, para captar la vibra y ponernos cómodos. Después de eso, todo fluyó naturalmente. Y lo puedes sentir en la canción.

Yo creo cien por ciento en el karma y en el universo, y en que no existen las coincidencias. Todo se trata del momento perfecto.

Anthony Belolo

El desafío mayor fue que cuando llegamos a Miami a encontrarnos con José, se suponía que fuéramos al estudio con Willy, pero él tenía *jet lag*. Grabamos la canción, pero su voz no sonaba bien, y él no estaba muy conforme. Cuando llegamos al hotel, en el último minuto, reservamos un estudio para primera hora de la mañana, porque teníamos que filmar el video a las 8 a.m. Nos montamos en un taxi a las cinco de la mañana, y volvimos a grabar la canción, la parte de Willy y la parte en español. El *track* final no estuvo listo hasta que llegamos al set del video con la nueva versión que grabamos tres horas antes.

Willy William

Cuando nos conocimos, yo no tenía tiempo para impresionarme, porque fueron 48 horas de insensibilidad. Yo debía entregar la versión final tras la sesión en el estudio, y en lugar de dormir me puse a mezclar el *track* hasta las 7 de la mañana, y teníamos que estar listos para la filmación a las 9 a.m. Por eso ese periodo fue tan intenso. 48 horas de intensidad. El *jet lag* y la presión.

J Balvin

Les dije: "Tenemos que hacer un video que haga la diferencia, que sea totalmente entendible para cualquier etnia. Que tenga mucho de Colombia, pero de una manera *cool*, sin llegar a ser muy folclórico. Y si se va al folclor, que se muestre *cool*". No es que el folclor no sea *cool*, pero hacerlo más entendible para todo el mundo. Lo principal era tener un documento visual que todo el mundo entendiera, sin hacer que la gente tuviera que pensar mucho, y darle un *look* totalmente *cool*. Y lo logramos.

Harold Jiménez

El primer video que hicimos con José fue "6 a.m.", y después "Ahí vamos". Hasta que llegó "Mi gente".

José había comprado su primer avión, y nos invitó a ir a unos premios. Estábamos hablando, contando historias y poniendo música, y entre esas canciones estaba "Mi gente". Era una canción de Willy William, y José la agarró y la transformó totalmente. Pero, desde que la puso, la energía fue como "Uf. Esta canción está muy buena". Nos ponía a mover la cabeza. De hecho, nos pegamos: "Esa canción nos hace mover la cabeza. Pongamos a la gente en el video a mover la cabeza". Sonaba diferente a las canciones de reggaetón que se estaban haciendo en el momento.

Con José nos pasa algo particular, y es que siempre nos exige mucho. Siempre que vamos a hacer un video con él, dice: "Olvídense de los videos que hemos hecho, este va a ser nuestro primer video, y la tenemos que romper". Siempre nos mete esa presión, pero siempre nos da una guía. En el de "Mi gente" también nos dijo: "La tenemos que romper. Esta canción es diferente, y la tenemos que romper".

36 Grados es un trabajo en equipo. Las ideas no salen de una sola persona. Tenemos un equipo creativo que se sienta, y empezamos a tirar ideas y a buscar esos elementos característicos de nuestra cultura que podríamos meter en el video. Los fondos donde José aparece cantando son inspirados en las molas, que son esas figuras del Pacífico colombiano. Hay una palenquera, que son esas mujeres morenas que te encuentras en Cartagena vestidas de colores. Escogimos una chica morena, pero le pusimos un vestido de un diseñador y la paramos en una plaza de Medellín. Cuando aparece José en un bus con las banderas de Colombia, la idea original era hacerlo en las chivas, los carros

típicos de los pueblos; pero el video se grabó un día en Miami, donde estaban los artistas, y un día en Medellín. Y en Miami era imposible conseguir esa chiva. Nos encontramos un bus escolar que estaba pintado con la bandera de Colombia, y subimos a José en el techo, porque es muy típico en Colombia que las personas vayan montadas en el techo.

Willy William

Nunca le he dicho esto a nadie, pero ¿recuerdas la escena en la que estoy en una silla alta rodeado de chicas? Estaba cansado, porque realmente no había dormido, y además estaba practicando la letra en español y no me sentía cómodo con esas partes. Estaba sentado en la silla, con el teléfono en la entrepierna para poder mirar la letra. Aparento saberme la letra, pero no me la sabía. Eso no se ve en el video, porque todo se mueve a mi alrededor. Y por eso es que llevo gafas de sol. Estaba intentando leer.

Harold Jiménez

Fue un video muy sufrido. Fuimos a hacerlo a Miami, y ya estábamos montando toda la producción y la disquera nos hace un adelanto del 50% de la producción (ese video costó $100,000), pero el dinero entra a Colombia, no a Estados Unidos.

Nosotros en Estados Unidos teníamos un productor que nos estaba ayudando a conseguir locaciones y gente, y dos días antes dice: "Necesito que me entre el dinero ya, o cancelo la producción". Yo le digo: "Hermano, la plata entró, pero se demora más de 24 horas para trasladarla a Estados Unidos desde Colombia. Pero te doy mi palabra, te firmo el contrato y la plata te llega".

Y el *man* dice: "No. Si mañana al mediodía la plata no está, no hay rodaje". Tú no te imaginas el estrés en el que yo entré. Yo tenía 26 años. Con qué cara iba a llamar a la disquera a decirles que no había rodaje. Willy William ya había llegado de Francia. Nosotros habíamos llegado a Miami. Eso tenía que pasar como fuera.

Empecé a llamar a amigos a ver quién me podía prestar plata para solucionar el problema de la producción y, medio día antes, un editor que trabaja con nosotros me vio tan, pero tan embalado, que me dijo: "Parche, deje que llamo a mi papá a ver si tiene cupo en las tarjetas". Y este señor tan querido no tenía la plata, pero llamó a su tarjeta de crédito y pidió un adelanto, y me prestó la plata para el rodaje. Estábamos en un restaurante en Wynwood, y en una línea estaba alegando con el productor, cuando me entró la llamada. [El hombre] me dijo: "Ustedes han ayudado a mi hijo, y yo confío en ustedes", y nos dio la plata.

Fabio Acosta

Con esa canción se logró algo histórico, que fue que por primera vez una canción cantada totalmente en español llegó al No. 1 en la lista de Spotify. Para mí fue la canción que le abrió las puertas del mundo a la música en español. Fue la canción que rompió las discotecas; los DJs la adoptaron. La primera vez que vimos que la canción la tocó un DJ importante fue en el Ultra de Europa. Y la canción ahí la toma Cedric Gervais, un DJ que vive en Miami. Él hizo una versión, y la canción empezó a tomar mucha fuerza en un mundo y en una escena donde la música en español nunca había sido fuerte, que era la escena electrónica.

"Mi gente" logró llegar a mil lugares donde no había sonado la música en español en la radio. En Italia, en Inglaterra, en

Asia. Creo realmente que, aparte de que fue la primera canción en español que logró ser No. 1 en *streaming*, fue la canción que realmente abrió las puertas a lo que pasa con la música en español hoy en día, que se ha vuelto global, especialmente la música urbana.

Rebeca León

Realmente queríamos que la canción tuviese un remix para el mercado general, pero queríamos que la versión en español se mantuviera un rato, y que creciera hasta donde pudiera a escala global. En medio de ese proceso se nos acercó mucha gente, pero cuando nos enteramos de que Beyoncé estaba considerando hacerla, bueno. Somos grandes fans de Beyoncé, y supimos que su hija estaba obsesionada con la canción.

El equipo de Beyoncé se comunicó con el de Balvin, y dijeron: "A Blue le gusta mucho esta canción". En ese momento Beyoncé no estaba hablando de hacer un remix, así que le dijimos: "Bueno, si estás dispuesta, nos encantaría que te sumaras a la canción".

Jesús López

Por mi parte, tenía buenas relaciones con Roc Nation [la agencia que representaba a Beyoncé] y su jefa de operaciones, Desiree Pérez. Coincidentemente, ella vino a una reunión a discutir proyectos entre Roc Nation y nosotros, y cuando terminó le dije: "Tenemos un éxito enorme entre manos, y me gustaría que Beyoncé lo cantara". Tres días más tarde nos dijeron que lo haría. Aparentemente, a su hija le encantaba la canción.

J Balvin

La mano derecha de Beyoncé, gran amigo mío, me llamó para decirme que la reina quería sumarse al remix. Le dije: "No tienes ni que preguntar".

Jean Rodríguez

Yo había trabajado como instructor de canto para Balvin en "Hey Ma". Rebeca me avisó de lo de Beyoncé, excepto que no podía decirme que se trataba de Beyoncé. Me dijo: "Oye, necesito que vengas a Nueva York mañana. Confía en mí, es para una artista descomunal". Me dijo que era algo relacionado con "Mi gente", que ya era un monstruo de canción, así que supe que tenía que ser algo grande.

Llegué esa noche, y me fui al hotel. Había estado comunicándome con una persona que trabajaba con Beyoncé, pero en ese momento no sabía quién era ni para quién trabajaba. A la mañana siguiente bajé a desayunar, y me la encontré en el elevador. Mientras desayunábamos, dije: "Mira, tengo que preguntar, ¿con quién estoy trabajando?". Y ella dijo: "Estás trabajando con Beyoncé". Me quedé sin palabras por unos segundos, e inmediatamente me embargó la emoción. Era una combinación de emoción y nerviosismo. Iba a trabajar con la vocalista más dura que existe. Fuimos a los Hamptons, a un estudio provisional que habían construido solo para esto. Ella estaba allí con su ingeniero, y eso fue todo.

Rebeca León

De modo que le enviamos las partes. Todo fluyó. La verdad es que fue gracias a Blue. Sky [el productor del *track*] hizo su letra en español. No estábamos allí cuando ella grabó. Solo Jean Rodríguez fue a ayudarla.

Jean Rodríguez

Beyoncé había grabado antes en español, pero nunca había hecho nada tan urbano. Estaba un poco preocupada, porque la cadencia y el aspecto rítmico eran diferentes que en una balada. Cuando pronuncias un montón de palabras en español en un verso, requiere un poco más de esfuerzo en términos de articulación.

Fuimos directo al grano. Ella es un encanto. Tiene ese encanto sureño que es genial, porque me ayudó a calmarme. Cuando llegué, ella acababa de grabar la parte en inglés. Hablamos un poco, ella hizo que le imprimieran la letra, y comenzamos a ir verso por verso. Ella repetía lo que yo le decía, y la hice escribir en un papel lo que *ella* entendía [fonéticamente], lo cual fue de mucha ayuda. Cada artista es diferente. Grabé su parte en mi voz, y ella entró a la cabina y comenzó a grabar encima de mi voz, hasta que se sintió lo suficientemente cómoda como para grabar ella sola.

No puedes presionar demasiado a las personas en una cabina de grabación. Cuando les dices que lo repitan y lo repitan un millón de veces, pueden bloquearse. Sin embargo, ella lo hizo muy bien. Obviamente, yo no tuve que preocuparme por la afinación ni por el tiempo; cada toma fue perfecta en ese sentido. Realmente nos enfocamos en la articulación, y en asegurarnos de que sonara auténtico. Incluso añadimos un poco de *slang*, de modo que no solamente ella tuvo que cantar en español perfecto, sino que tuvo que decir algunas cosas de modo inapropiado para que encajaran con la canción.

Cuando se graba en español, las palabras con "R" a veces pueden ser una dificultad. Las terminaciones son muy importantes. Hay un montón de palabras en español que tienen terminaciones secas. Las "O", por ejemplo, es normal que los estadounidenses las hagan abiertas en lugar de cerradas. Uno tiene que asegurarse de que "Cantando" suene como "Kan-Tan-Do" en lugar de "Candandoh". Esos pequeños detalles toman tiempo. Ella los dominó relativamente rápido. Lo captó todo en tres o cinco horas.

J Balvin

Lo hermoso de "Mi gente" es que se convirtió en No. 1 global sin un remix. Luego, cuando Beyoncé se sumó, se convirtió en algo aún más especial. No fue una estrategia, simplemente sucedió. Y el hecho de que todo el dinero que ella ganó se lo donó a Puerto Rico, es algo hermoso. A raíz de "Mi gente" Beyoncé me invitó a cantar con ella en Coachella, y después de eso yo toqué solo en Coachella [en 2019], y fui titular en Lollapalooza. La primera fue el comienzo; la otra, la confirmación. Coachella fue el comienzo de hacer una declaración en vivo, y Lollapalooza demostró que no se trataba de mera suerte.

Jesús López

A partir de ahí, las cosas cambiaron para él. José reafirmó su potencial de convencimiento con la gente. Él es un tipo que, desde que yo lo conozco, me dice: "Vamos a escribir una historia que va a hacer que yo sea una leyenda viviente".

Anthony Belolo

Scorpio ya tenía éxito, pero estaría mintiendo si dijera que la canción no cambió la percepción de la gente sobre nosotros, [sobre] que un francés pudiera producir un *hit* global. Tal vez les damos esperanzas a otros jóvenes productores en Francia y en Europa, que sepan que si tienen una buena canción, luchen por ella.

J Balvin

Era clave que toda la canción fuera en español, porque sabía que ya era el momento. "Despacito" fue antes que "Mi gente". Ya se estaba pavimentado cada vez más nuestro movimiento latino. Yo decía: "El mundo está listo para otro [*hit*], y para que [ambos] fueran seguidos". Normalmente pasaba un tema en español cada cinco años. Esto fue inmediatamente. Y cuando "Mi gente" estaba bajando en consumo, salió "X" [con Nicky Jam]. Y después de eso vino Cardi B [y Bad Bunny] con "I Like It". Creo que es el comienzo. Y ese es el sueño. Borrar esa delgada línea entre el español y el inglés.

Yo soy un soñador. Como buen colombiano, armo alboroto. Estoy súper bendecido. Vamos a hacer más historia. Esto es solo el comienzo.

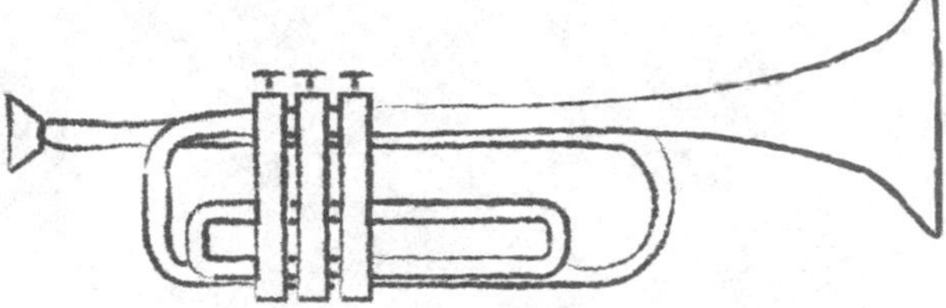

"Malamente"

Rosalía
2018

CRÉDITOS

Rosalía: Cantante, compositora, productora

El Guincho (Pablo Díaz-Reixa): Productor, compositor

C. Tangana (Antón Álvarez Alfaro): Compositor

Rebeca León: Representante

Afo Verde: Presidente de Sony Music Latin/Península Ibérica

En 2018, el reggaetón dominó completamente la música latina, y tuvo una presencia enorme en el panorama global.

La música latina, entendida como música predominantemente en español, era efectivamente parte del *mainstream*, un elemento fijo en las listas y una fuerza dominante en YouTube, donde los videos con estrellas latinas estaban regularmente entre los más vistos en todo el mundo. Además, por primera vez en años, las mujeres latinas estaban teniendo un impacto notable en las listas.

Ya era hora. Durante años, las mujeres habían sido una ausencia evidente en el foco musical, relegadas a un rincón invisible por la arremetida del reggaetón y la música urbana, de la cual no eran parte. En 2015 solo una artista mujer —Shakira (con Maná)— llegó al Top 50 de la lista de fin de año de las mejores canciones latinas de *Billboard*. En 2016, ninguna. El mercado era saludable, había una plétora de artistas masculinos, pero ¿dónde estaban las chicas?

"Siempre había obstáculos cuando ibas a la radio —dice Mayna Nevarez, dueña y fundadora de Nevarez Communications, una firma de relaciones públicas y marketing cuya lista de clientes incluye a Daddy Yankee y a Natti Natasha—. "Siempre decían lo mismo: que las mujeres no podían ser demasiado sexys porque no vendían. Que eran divas y complicadas". Durante años eso se convirtió en una profecía cumplida, hasta que las discográficas —y la industria en general— hicieron un esfuerzo coordinado para abrir los ojos y oídos a las voces femeninas.

Las nuevas mujeres también tuvieron un nuevo aliado con el *streaming*, que les permitía llegar directamente a los fans, sin intermediarios. Los resultados fueron muy potentes. En 2017 hubo 11 temas interpretados por o presentando a mujeres en el Top 50 de la lista Hot Latin Songs de *Billboard*. Cinco de esos temas fueron de Shakira. En 2018 el número aumentó a 17, con 12 de esos temas siendo interpretados o cointerpretados por artistas femeninas, incluidas las recién llegadas Natti Natasha y Karol G (tres temas cada una), y Becky G y Anitta (dos cada una).

Fuera de EE.UU., en España se cocinaba un sonido diferente. Una cantante de flamenco, por entonces de 25 años, llamada Rosalía, estaba llamando la atención en los círculos alternativos con su aproximación más contemporánea a la venerable música española tradicional.

Rosalía, nacida en Barcelona y rigurosamente entrenada en el arte del flamenco, había lanzado *Los Ángeles*, un álbum aclamado entre los círculos más especializados. Llamó la atención de estrellas como Alejandro Sanz, quien la invitó a actuar en la gala privada del Latin Grammy Person of the Year, en el otoño de 2017. Allí, por vez primera, la industria en pleno pudo ver a la prodigiosa intérprete con una voz maravillosa. Para entonces, Rosalía, una artista independiente, ya estaba en negociaciones con Sony Music en España, mientras preparaba su siguiente álbum, que llamaría *El mal querer*. Basado en una novela del siglo XIII titulada *Flamenca*, estaba concebido a modo de serie, con cada canción conformando un capítulo de la historia de amor malhadado.

Lo que nadie sabía era lo que conllevaba *El mal querer*. En lugar de seguir derecho por la ruta del flamenco, Rosalía estaba trabajando con C. Tangana, un conocido rapero español, y con Pablo Díaz-Reixa, alias El Guincho, un productor y artista electrónico conocido por sus *samplings*, programaciones y producciones virtuales.

Su primer sencillo, "Malamente", era completamente distinto a todo lo que estaba ocurriendo en la música latina o, de hecho, en la música popular en general. Lanzado en tándem con un video asombroso y provocativo, cargado de imaginarios y simbolismos españoles, "Malamente" rompió paradigmas visual y musicalmente, amalgamando la voz de flamenco de Rosalía con *loops*, *beats* y rap, y dándole vuelta a todas las ideas preconcebidas acerca de la icónica tradición musical de su país.

De repente, estábamos frente a una bailarina profesional que había cambiado sus tacones y sus vestidos de cola por zapatillas de plataforma, blusitas cortas y sudaderas; una *cantaora* tradicional que colaboraba con raperos y reggaetoneros; una apasionante intérprete en vivo, que mezclaba movimientos de hip-hop y flamenco con precisión militar frente a imágenes psicodélicas. Pocos meses más tarde, cuando Rosalía actuó en una convención de Sony, "Todo el mundo enloqueció. Era como si hubieran tocado los Beatles", recuerda Afo Verde, presidente de Sony Latin.

A pesar de no tocar en la radio, y de decididamente estar fuera del ámbito de la música "comercial", "Malamente" se hizo comercial, y Rosalía se convirtió tanto en objeto de la crítica de los puristas como en artista predilecta, celebrada por una horda de celebridades provenientes de distintas disciplinas, desde Billie Eilish y Pedro Almodóvar hasta Kyle Jenner y Drake.

Rosalía terminaría firmando con Sony, ganaría dos Grammy latinos por "Malamente" ese año, y cuatro al año siguiente, incluido el del álbum del año por *El mal querer*. Se convertiría en la primera artista que cantaba solamente en español en ser nominada como mejor artista novel en los Grammy, y también sería la primera artista de flamenco en actuar en dichos premios. "Ella es exactamente la artista femenina que no sabíamos que necesitábamos", dice su representante, Rebeca León.

La música "latina" —vista en este contexto como música en español— había llegado a ser, verdadera y finalmente, un fenómeno global. Y todo comenzó con "Malamente".

Rosalía

"Malamente" fue una de las últimas canciones que compuse para el disco *El mal querer*. No se compuso en Barcelona, sino en El Hierro, en las Islas Canarias. Esta es una isla a la que también han ido Bjork y otros artistas a inspirarse. En El Hierro nos quedamos en una casa que casi era como una cueva, hecha de piedra. No había mucha luz.

Nos fuimos ahí porque tenía la ilusión de escribir desde otro lugar. Porque el disco está hecho en Barcelona, a excepción de "Pienso en tu mirá" y "Malamente". Tenía ganas de salir de la casa donde habíamos trabajado el disco durante un año, año y medio. Hacía falta salir de ahí, y buscar otro entorno que nos hiciera pensar diferente, para inspirarnos de manera diferente.

C. Tangana

Parecía que el primer sencillo iba a ser "A ningún hombre", pero al final no fue así. El Guincho, que es canario, nos propuso que nos fuéramos unos días a El Hierro, que es una isla muy pequeña de Canarias, a componer y ver qué salía. Tenían algún *beat* y algo así, pero no habían hecho nada. Querían aislarse un poco para crear. Y realmente el estudio donde estábamos era bastante precario. Era en una casa. Nos metimos ahí, y nos pusimos a escribir como locos.

Rosalía

Yo llevé mi ordenador [computadora] y mi teclado. Pablo llevó su ordenador, una tarjeta de sonido y un micro. Nos llevamos cuatro instrumentos, cuatro tonterías. Había muy poca cosa [para grabar].

Yo tenía la ilusión de que la canción que abriera el disco fuera como cuando una película empieza con un flashback. Ves el *opening* y sabes lo que va a pasar, sabes la historia de la película, pero aún así quieres verla. Para mí el *feeling* era un poco eso, que explicara de qué va a ir el disco, qué va a pasar en el disco; [que] te lo resuma muy brevemente y te dé una pincelada del disco y la historia.

Empecé a escribir la letra de esta canción casi un año antes de terminarla en El Hierro. La empecé sola, y luego Antón [C. Tangana] también colaboró en la letra para acabar de redondear y estructurar.

C. Tangana

Rosalía quería seguir una serie de capítulos para el disco, que estaban basados en una novela que se llama *Flamenca*. En el primero de todos, el tema era como el augurio de que algo malo iba a pasar. [Rosalía ya había escrito algunas cuartetas]. Yo empecé a escribir unas cuartetas que tenían que ver con eso. Rosalía me había dado el tema, y yo intenté crear como coplas que pudieran explicar lo que ella quería decir, porque eran conceptos demasiado abstractos. Eran complicados.

Ya habíamos compuesto unos cuantos temas, y parecía que no había *single*, y no se sabía si iba a ser una *intro* o una canción. Empezamos a buscar el *hook*. Yo tenía las cuartetas esas, pero no las melodías, porque estas las ponía Rosalía. Yo solo tenía la letra, y teníamos que buscar el *hook*. En un momento determinado salió esto de "Malamente".

Rosalía

"Malamente" está inspirada en la cuarteta octosílaba tradicional flamenca, tiene el cuatro por cuatro que es tan típico en el ritmo en el flamenco, de palmas por tangos, pero también hay *sampleo*. La letra, si la analizas, está inspirada en esa estructura tradicional. Y, concretamente, hay un *loop* de palmas.

No es que las palmas estén tocadas todo el rato. Hay 3 o 4 segundos de palmas tocadas, que se repiten. Son palmas por tangos flamencos. Pero el *hook* del tema es muy especial. Pablo lo construyó a base de improvisaciones vocales que yo hice. Me puse a improvisar palabras, a improvisar *ad libs*, un poco pensando en el *feeling* de la canción. Esos *ad libs* él los tomó, los editó y creó ese *hook*, a partir dc una improvisación vocal.

En cambio, el verso es una melodía que escribí inspirada en coplas flamencas, pero solo esa vibra, porque no es nada tradicional. Se siente como *catchy*. Es un verso *catchy* el de "Malamente".

El Guincho

El meollo de la canción se hizo muy rápido. Comenzó como unas palmas improvisadas que grabamos con Rose [Rosalía]. Seleccionamos la parte que quedó mejor, casi como un *hook* en sí, y luego le pusimos encima la pista del patrón de *drum*, que termina siendo la que se escucha en el estribillo. Hicimos la secuencia de acordes en la tarde. Para mí, se sentían un poco como acordes de danzón, así que añadí el Sol en el tercer acorde, y el Fa en el cuarto, para hacerlo un poco más frigio. Añadí la pista de un 808 [una máquina de ritmo], para que fuera con los acordes, y con esto ya tenía básicamente las dos secciones de la canción.

Recuerdo que estaba a punto de irme del estudio, cuando se apareció Rose y le puse el *beat*. Ella puso esa cara que pone cuando está a punto de hacer algo especial; empezó a improvisar melodías en una nota de voz, y eso terminó convirtiéndosc cn lo que se escucha en los versos. Se le ocurrió muy rápido.

Rosalía

La parte que se dice "Malamente, si, si, tra, tra" es muy repetitiva. Muchas veces esos *ad libs* están presentes en el flamenco, igual que en el hip-hop.

En el flamenco están los jaleos, que es el equivalente de los *ad libs* en el hip-hop. Los jaleos es cuando la gente se dice cosas entre ellos mientras están tocando. Por ejemplo, si está cantando La Perla, el que está junto a ella le dice: "Vámonos" o "Vamos allá". Eso es muy habitual. Entonces el final está un poco inspirado en eso.

C. Tangana

Guincho decía que quería hacer como un *drop*. Quería que hubiese típicos estribillos, en los que solo se dice una palabra, y dejar sonar el *beat* como si fuera un momento para bailar. Y ahí nos pusimos con eso. Cuando dice "Malamente", y empiezan a sonar los *ad libs*, eso es como el *drop*. No es un *drop* realmente. La técnica es como un *drop*, pero es mucho mas sofisticado. Y luego, cuando entran los versos, el *beat* está mucho más abajo.

El Guincho

Tenía la idea de hacer una canción para el disco con un *hook* hecho enteramente de *ad libs*. La naturaleza del *beat* me hizo pensar que era el adecuado para intentarlo. Cuando propuse la idea, Rose estuvo inmediatamente de acuerdo. Comenzamos a grabar una "biblioteca" de jaleos, y enseguida los secuencié encima de los *drums* del *hook* de una manera que se sentía bien, como otra pista rítmica de *drums*.

Estar de acuerdo con esa idea para el *hook* es una de las principales razones que hacen que Rosalía destaque como artista, [que] esté a un nivel diferente y se diferencie de sus colegas. Por loca, desafiante o inusual que pueda ser una idea, ella está de acuerdo porque es consciente de que su talento, su destreza como intérprete y su persona la van a convertir en algo único y relevante.

C. Tangana

El sonido que estaban buscando era muy complicado, porque estaban buscando meter un nivel de producción muy sofisticado. Todos veíamos claro que realmente se podía hacer algo más global con eso, aunque partiera solo de flamenco.

En general, todo lo que estaban haciendo sonaba distinto.

El Guincho

Trabajamos un poco más en la producción. El *break* del segundo verso vino después, igual que el diseño de sonido definitivo de la canción. Pero el meollo, tanto del sonido como de la letra, se hizo realmente en un día.

Para mí no se trata de *trap*. Es copla. Una visión más moderna que toma de otros géneros, pero sigue siendo lo que es.

C. Tangana

Empezamos a meter lo de los *ad libs*. Le hice una pasada, luego Guincho hizo otra. Cambió algunos de los que yo había hecho. Rosalía también hizo otra, y empezaron a elegir cuáles iban y a regrabarlos. De repente, los *ad libs* empezaron a tener mucha importancia. Y, de hecho, algunos de los que iban a grabar, hasta poquito antes de que acabaran el máster no sabían quién los iba a meter. Querían que los metiera alguien más, porque los *ad libs* eran como muy raperos. Eran más urbanos que flamencos, y entonces querían que los hiciera otra persona [para mantener la vibra del flamenco]. Pero al final los *ad libs*, "Tra, tra, tra", es de lo mas *catchy* que hay en el disco. Es como una insignia.

Sí... lo de "estúpido" es buscar un poco la estupidez, porque esto quiere decir que es fácil entenderlo. Estúpido también implica que es un poco divertido. Estábamos buscando qué cosas flamencas se podían decir. En el flamenco se dicen muchas cosas como "Tra, tra", "Agua", "Olé", cosas que dicen mucho los palmeros.

Rosalía

Todo lo que se grabó ahí, se quedó. "Malamente" tiene las tomas de la demo de El Hierro. Luego lo regrabamos en Barcelona, y no tenía vibra. Dejamos todo como estaba grabado en la primera, que era la buena: las palmas, el teclado que grabó Pablo, las voces de improvisación que hice en El Hierro. Todo es bien improvisado y crudo, y ahí se quedó. Creo que por eso suena como suena.

C. Tangana

En un momento determinado, yo dije: "Este tema, si no lo queréis para el disco, me lo grabo mañana y hago el video". Al final, sí se quedó como *single*.

En general, todo lo que se hizo en El Hierro no sonaba como

nada que se hubiera hecho antes. La producción era tan sofisticada. Los tonos R&B que le querían meter de música negra, y las armonizaciones flamencas, eran un conjunto muy, muy raro. Yo sentía que eso no se había hecho nunca. Incluso las letras. Todas las letras del disco están inspiradas en el romancero, y en esa forma de hablar así como en español antiguo. Era algo que no se había hecho nunca.

Rosalía

La historia que vertebra el disco de *El mal querer* está toda muy pensada a nivel conceptual, y la canción es un *opening* de esta historia. Y el video clip —no sabía si iba a hacer más video clips, porque en ese momento no estaba firmada como artista—, yo quería que reflejara un poco el universo de inspiración: el microcosmos de *El mal querer*, que son esas inspiraciones flamencas, inspiraciones del imaginario cultural de donde yo crecí en Barcelona, pero también del sur de España; tradiciones que tienen que ver con mi país, revisitando una tradición como puede ser, por ejemplo, el toreo, pero descontextualizándolo.

En vez de haber un animal, es una mujer en una moto. Al final, lo que estoy haciendo es encarnando al toro. Me pongo en la piel del toro. Y al final esa imagen sirve como metáfora de esa historia tóxica de amor que se explica en todo *El mal querer*. Hay muchos símbolos en el video, y se usan luego para explicar la historia. Y creo que el director, Nicolás Méndez, de [la compañía de producción de video] Canada, lo hizo con genialidad. Simplemente le dije: "Me gustaría que volvieras a explicar la historia, y me gustaría que usáramos algunos de estos elementos". Y él creó toda esa maravilla de video que, madre mía, para mí no podría ser mejor.

Cuando nos fuimos de la isla, ya en el avión de vuelta a Barcelona, tenía lo que habíamos grabado en *repeat, repeat, repeat,* y tenía los pelos de punta. Normalmente yo no escucho mi música. No me gusta oír mi música. Eso era muy raro. Y pensé: "Esto es una señal de que creo en esta canción y [de que] esta canción es especial para mí, y creo que también puede ser especial para otras personas".

Rebeca León

Ella venía de hacer un disco "alternativo", no un disco "comercial". Tenía algunas canciones, y estaba muy convencida con ellas. Pero no sonaba como nada que existiera en el mundo. Recuerdo que estábamos en mi auto, en el semáforo de la 5ta y Washington [en Miami], y ella lo puso y dijo: "Va a ser un *hit*". Estaba convencida.

Rosalía

Yo creí en la canción. Estaba en su coche, y tenía el ordenador en mis piernas. Le estaba enseñando esa canción y la de "Piensa en tu mirá", y le decía: "'Malamente' es un *hit*, es un *hit*". Es experimental, pero es un *hit*. Creo en ella. Sé que no es el típico *hit*, pero es un *hit*. Es especial.

Aunque no es súper accesible, lo es. Tiene esa dualidad. Lo sentía en mi corazón, aunque tenía la duda, porque no soy un A&R. Yo no puedo escuchar música y decir: "Sí". Yo solo sabía que para mí era algo grande, aunque nunca se tiene la certeza.

Rebeca León

Ya estábamos hablando con Sony, pero la prioridad era sacar algo para los Grammy. Y YouTube lo vio, así que dijimos: "¿Sabes qué? Vamos a hacer una cosa. Vamos a sacarlo por nuestra cuenta, con el apoyo de YouTube, a ver qué pasa". "Malamente" explotó. Era algo mucho más grande que lo que ninguno pensó a nivel internacional.

Afo Verde

Yo conocí a Rosalía en los Latin Grammy en noviembre. [José María] Barbat [el presidente de Sony en España] me había hablado de ella, y la conocí en la fiesta de Person of the Year. Me pareció de otro planeta.

[Unos meses después,] Rebeca me manda una canción, y me dice: "Mira esta maqueta a ver qué te parece". Me volví loco. Me pareció absolutamente genial, genial, genial. Lo que más me impresionó fue esa combinación de lo que siento que hace un genio —y Rosalía es una genio—, y es que los genios saben rodearse bien.

Con su equipo de trabajo, lo que armaron fue increíble. No fueron irrespetuosos con el flamenco puro. Al contrario. Fueron tan respetuosos que lo llenaron de modernidad. [Ella] me parece una artista audiovisual. No es una artista que piense solo en audio. Escuchas "Malamente", y es una canción; ves el video, y la entiendes mejor. Y creo que eso es Rosalía. Una cosa complementa la otra.

Rebeca León

La apoyaron mucho en YouTube. Y funcionó y despertó el interés, sobre todo de muchos artistas. La comunidad artística empezó a buscar a Rosalía. La música era increíble, el video era increíble y ella era increíble. La gente suele preguntar: "¿Quién es el director del video?". Y yo respondo: "Es la visión de Rosalía". Ella no improvisa nada.

Afo Verde

Organicé una reunión de *managing directors* especialmente para esa canción. Llamé a los seis que me reportan a mí, y les mostré la canción y el video. Les dije: "Si esta compañía no puede contar bien la historia de Rosalía, no sé para qué existimos". No es *world music*, no es urbano; es Rosalía.

Un momento importante fue el Lollapalooza en Argentina. Todo el mundo cantaba "Malamente" a gritos. Que en Buenos Aires todo el mundo cantara "Malamente" a gritos significaba que algo hicimos bien. Al equipo internamente les recordaba el proyecto de Adele. Cuando empezamos con Adele [en el mercado latino], era lo que el mercado NO necesitaba. Nuestra Adele era Rosalía. Contra todo un mercado que parecía que iba a ser complicado, un proyecto así es como una evangelización. Y nada hubiera pasado con Rosalía sin "Malamente".

C. Tangana

Creo que es un *banger*, la verdad. Es algo muy valioso para la cultura urbana y para la cultura española. Ha ayudado mucho a que la gente piense distinto, a que la gente busque un sonido diferente. Es como que de repente la originalidad haya entrado en el mundo latino. Antes, parecía que solo valían los números. No había nada sofisticado, complicado ni arriesgado. Estaba el ritmo latino, el sabor latino, que es muy característico, pero no había una doble vuelta para la música en español. Y, a partir de "Malamente", eso ha cambiado. Dentro del *mainstream* también se busca la experimentación, y eso antes no existía en la música en español.

Rosalía

Yo sabía que era una canción que podía ser grande, que podía ser fuerte. Pensaba que era la canción más fuerte y más accesible del disco, pero nunca me imaginé el impacto.

Agradecimientos

Gracias a Bruno del Granado por insistir en que este era un sueño viable; a Cristóbal Pera, el Rolls Royce de los editores: definitivamente soy una mujer con suerte; a Caitlin Landuyt, cuyo ojo agudo y constante entusiasmo empujaron este manuscrito hacia la recta final; a Arthur, quien me ha permitido ver de primera mano el proceso de crear y producir música; a Allegra & Arturito por su amor incondicional, café fresco y masajes; a *Billboard* por su apoyo incondicional; a José Feliciano, Los Tigres del Norte, Julio Iglesias, Gloria y Emilio Estefan, Willie Colón, Juan Luis Guerra, Los Del Río, Carlos Vives, Selena, Elvis Crespo, Carlos Santana, Ricky Martin, Shakira, Daddy Yankee, Marc Anthony, Enrique Iglesias, Luis Fonsi, J Balvin y Rosalía por permitirme contar las historias detrás de sus canciones.

Gracias además al extraordinario róster de ejecutivos, productores y autores que también me regalaron su tiempo y sus memorias para narrar lo que sucedió: Rick Jarrard, Susan Feliciano, Albert Hammond, Enrique "Kiki" García, Jeffrey Shane, Sergio

Rozenblat, Omar Alfanno, Marty Sheller, Roger Zayas, Amarilys Germán, Álvaro de Torres, Jesús López, Jammin Johnny Caride, Carlos de Yarza, Iván Benavides, Mayte Montero, Egidio Cuadrado, Abraham Quintanilla, José Behar, Roberto Cora, Oscar Llord, Rob Thomas, Itaal Shur, Clive Davis, Desmond Child, Draco Rosa, Randy Cantor, Tommy Mottola, Jerry Blair, Angelo Medina, Tim Mitchell, Francisco Saldaña, Carlos Pérez, Gustavo López, Afo Verde, Julio Reyes, Red One, Descemer Bueno, Gente de Zona, Erika Ender, Mauricio Rengifo, Andrés Torres, Scooter Braun, Juan Felipe Samper, Monte Lipman, Fabio Acosta, Anthony Belolo, Rebeca León, Jean Rodríguez, Willy William, El Guincho y C. Tangana.

Créditos de las imágenes

LATINX
En busca de las voces que redefinen la identidad latina
de Paola Ramos

Los jóvenes latinos en los Estados Unidos están redefiniendo su identidad, rompiendo con estereotipos, y despertando políticamente. Las voces de muchos de ellos —afrolatinos, indígenas, musulmanes, *queer* e indocumentados tanto en zonas urbanas como rurales— han sido históricamente ignoradas en el modo en que la diversa población de casi seis millones de latinos en los Estados Unidos ha sido representada hasta ahora. La periodista y activista Paola Ramos emprende una búsqueda de los individuos y las comunidades que dan vida a un nuevo movimiento que define el término controversial "latinx". Relevante e inspirador, *Latinx* nos invita a expandir nuestra percepción de lo que significa ser latino y estadounidense, y cómo ambas identidades conviven dentro y fuera de esta comunidad.

Estudios sociales

¡BUEN DÍA, BUENAS NOCHES!
de Lin-Manuel Miranda

Antes de ser catapultado a la fama internacional con *Hamilton*, Lin-Manuel Miranda inspiraba a sus seguidores de Twitter con palabras de ánimo al inicio y final de cada día. El autor escribió estos originales refranes, aforismos y poemas tanto para él mismo como para los demás. Pero a medida que su público crecía, estos mensajes fueron tomando vida propia. En este libro, Miranda ha reunido lo mejor de sus saludos diarios en una hermosa colección ilustrada por el aclamado artista Jonny Sun. Lleno de consuelo y motivación, *¡Buen día, buenas noches!* es esencial para cualquier persona que necesite levantar su ánimo.

Autoayuda

LA CORPORACIÓN
Una historia épica de la mafia cubanoamericana
de T. J. English

Historia épica de gánsteres, drogas, violencia, sexo y asesinatos callejeros, *La Corporación* revela cómo una generación entera de exiliados políticos, refugiados, estafadores, policías corruptos y sicarios se vio enredada en una saga americana de desesperación y construcción de imperios. T. J. English interconecta las voces de infiltrados, que por primera vez hablan abiertamente, con un extraordinario material de investigación que ha reunido durante décadas para contar la historia de esta empresa criminal, y lo contrasta con el trasfondo de la revolución y el exilio cubano, para presentar por primera vez unas de las grandes historias americanas de gánsteres hasta hoy desconocida.

Crimen

EL PODER DE LOS INTROVERTIDOS
en un mundo incapaz de callarse
de Susan Cain

Apasionadamente escrito, investigado y repleto de historias de gente real, este libro cambiará para siempre la manera en que vemos a los introvertidos, y mejor aún, la manera en que ellos se ven a sí mismos. Susan Cain analiza la preponderancia del "ideal extrovertido" durante el siglo XX y explora la profundidad con que ha llegado a permear nuestra cultura. A través de la investigación en la biología y la psicología del temperamento, este libro provee diferentes ejercicios que nos benefician a todos, incluyendo ejemplos de cómo socializar si odias hablar de trivialidades, cómo modular tu personalidad dependiendo de las circunstancias, y cómo empoderar a los pequeños introvertidos.

Psicología

VINTAGE ESPAÑOL
Disponibles en su librería favorita
www.vintageespanol.com